쉽고 재미있는

경영학

SMI전략경영연구소

탑 북 스

서문

오늘날 기업들이 직면하고 있는 기업환경은 예측이 불가능하고 불확실성이 높으며 급속하게 변화하고 있다. 그러나 이러한 변화는 기업들에게 위협으로 다가오지만 한편으로는 지금까지 볼 수 없었던 새로운 사업 기회를 제공하고 있다. 물론 기업이 이러한 급속한 환경변화 속에서 생존하고 성장하며 발전하기 위해서는 자신만이 가지는 경쟁력을 발휘할 수 있어야만 한다.

이를 위하여 기업은 새로운 경영기법과 함께 기업 활동의 모든 영역에서 기존의 사고방식에서 벗어나서 시대에 맞는 새롭고 유연한 사고방식을 갖도록 노력하여야 한다. 또한 기업을 경영하는 경영자뿐만 아니라 기업의 모든 구성원들도 시대에 맞는 가치관과 유연한 사고를 갖추어야 한다.

특히 정보통신기술(ICT)과 4차산업혁명기술의 혁명적인 발전은 기업의 모든 패러다임을 근본적으로 바꾸어 놓았는데, 이러한 새로운 패러다임에서 기업은 경쟁력있는 경쟁우위요소를 확보하여 지속적인 성장을 이끌어내야 한다. 만약 이렇게 급속하게 변화하는 패러다임에 기업이 적응하지 못하고 올바르게 대처하지 못한다면 기업은 멀지 않아 소멸할 수 밖에 없다.

최근에는 4차산업혁명기술이 기업을 이끌고 있다고 볼 수 있는데, 사물인터넷(IoT: Internet of Things), 인공지능(AI: Artificial Intelligence), 빅데이터(Big Data), 3D프린팅, 5세대(5 Generation) 이동통신기술의 발전과 융복합이 대표적이라고 할 수 있다.

기술의 발전은 기업 활동에 광범위하게 영향을 미치고 있으며, 기업의 생산활동, 유통 및 판매시스템, 서비스 방법 등을 모두 새롭게 바꾸어 놓았다. 물론 소비자들의 가치관, 구매 행태 및 구매 방법도 바꾸어 놓았다.

기업환경과 소비자의 의식 변화는 과거에 사용하였던 경영관리 방식이나 패러다임을 모두 바꾸어 놓았는데, 만약 기업이 이러한 환경변화에 적응하지 못하면 살아남을 수 없게 되었다. 따라서 과거와 다른 새로운 경쟁우위 요소들을 확보함으로써 기업을 성장시켜야 한다.

이렇게 경영환경은 급변하고 있으며, 불확실성이 높아지고, 경쟁이 치열해지면서 기업을 이끌어가는 경영자의 역할과 능력이 더욱 강조되고 있다. 경영자에게 요구되는 능력으로 중요하게 강조되는 것은 주주 · 투자자를 비롯한 모든 구성원에게 기업이 나가야 할 미래지향적인 비전을 제시하는 능력, 급변하는 경영환경에 대응하여 기업을 주도적으로 이끄는 리더십, 각종 첨단기술의 변화를 능동적으로 수용하는 혁신 능력과 미래 예측력, 도덕적으로 존경받을 수 있는 윤리성 등이다.

기업이 요구하는 이러한 능력 있는 인재를 기업에 공급하는 것이 경영학을 배우는 사람들에게 주어진 중요한 과제이다.

경영학이라는 학문은 누구나 쉽게 이해하고 접근할 수 있는 실천적이고 현실적인 학문이다. 그래서 경영학을 전공하지 않은 사람들도 쉽게 이해가 가능해야만 경영학이라는 학문이 우리 실생활에 광범위하게 쓰일 수 있다. 이 책은 경영학을 처음 접하는 사람들에게 경영학의 기초개념을 제공하고, 급변하는 경영환경에 따라 새롭게 변화하는 경영패러다임을 쉽게 이해할 수 있도록 노력하였다. 특히 4차산업혁명기술의 영향력, ESG경영을 강조하는 시대에 기업이 고려해야 하는 내용을 포함시키는데 초점을 맞추었으며, 간단한 예를 통하여 이해를 돕고자 하였다. 또한 본 연구소에서 경험한 내용을 쉽게 전달하도록 노력하였다.

이 책은 전체 5부 13장으로 구성하였으며, 읽는 사람이 경영학을 좀 더 쉽게 체계적으로 이해하는데 도움을 주려고 노력하였다. 제1부에서는 경영학의 기초개념(경영학의 기초, 경영학의 발전 과정, 기업의 형태), 제2부에서는 경영환경과 창업(경영환경, 창업의 3요소·창업·성장), 제3부에서는 ESG경영(친환경 경영, 사회적 책임경영, 기업지배구조와 윤리경영), 제4부에서는 경영관리(경영계획, 경영조직, 경영지휘, 경영통제), 제5부에서는 경영전략에 대하여 살펴보았다.

이같이 본서는 우리 주변에서 흔히 볼 수 있는 현상을 비롯하여 실무에서 자주 사용하는 간단한 예를 통하여 경영학을 쉽게 이해할 수 있도록 노력하였다. 또한 경영학을 처음 공부하는 사람들이 나중에 심화과정을 학습하는데 필요한 기초적인 개념을 이해하는데 도움이 될 수 있도록 설명하였다.

이 책을 통하여 경영학을 처음 접하는 사람들이 경영학을 쉽게 이해하는데 조금이나마 도움이 되었으면 한다.

2023년 1월

저자

차례

제1부 경영학의 기초 개념

제1장 경영학의 기초

제2장 경영학의 발전과정

제 2 부 경영환경과 창업

제 4장 기업의 경영환경

제 5장 창업의 3요소 · 창업 · 성장

제 3 부 ESG경영

제 6 장 친환경 경영

제 7 장 사회적 책임경영

제 11장 경영지휘

제 12장 경영통제

제 5 부 경영전략

제 13 장 경영전략

제 1 부
경영학의 기초 개념

1부(1장, 2장)에서는 경영학의 기초 개념을 살피고, 경영학의 발전 과정을 미국 경영학을 중심으로 설명하였다.

1장에서는 경영학을 배우기 위해 필요한 기본적인 지식을 살피고, 경영학의 학문적 성격, 체계 등을 설명하였다. 1장을 잘 이해하는 것은 앞으로 경영학을 체계적으로 이해하는데 많은 도움이 될 것이다.

2장에서는 경영학의 발전 과정을 살펴보았다. 경영학의 출발은 중세 유럽의 해상 무역을 하던 이탈리아를 시작으로 프랑스, 독일 등에서 체계화되었다. 그러나 19세기 말부터 미국 경영학이 세계경영학을 주도하고 있기 때문에 미국 경영학을 중심으로 설명하였다. 미국경영학의 과거 발전 과정을 살펴봄으로써, 경영학이 미래에 어떻게 발전할 것인가를 추측해볼 수 있다.

3장에서는 기업의 형태를 여러 가지 기준으로 분류하고, 각각의 기업형태가 가지고 있는 특징을 살펴보았다.

제1장 경영학의 기초

제1절

경영학이란?

1. 경영의 개념

1) 경영의 정의

우리 사회에 존재하는 모든 조직이나 집단은 그들만의 독특한 목표가 있기 때문에 자신의 목표를 달성하기 위하여 노력한다. 이때 목표를 가장 합리적으로 달성할 수 있도록 돕는 개념이 경영이다.

경영이란 용어는 모든 사람이 쉽고 흔하게 사용한다. 그러나 경영이 무엇이냐는 질문에는 명확하게 대답하기가 쉽지 않다.

경영(business management)이란 다양한 형태로 정의를 내릴 수 있지만, 다음과 같이 몇 가지의 정의를 살펴볼 수 있다.

① ‘조직이나 집단이 생존하고 발전하기 위한 자기만의 목적을 달성하기 위해 내리는 최적의 의사결정과정’이다.

② ‘명시된 조직이나 집단의 목표를 달성하기 위하여 동원할 수 있는 모든 자원을 사용하여 구성원들의 노력을 계획, 조직, 지휘, 통제하는 일련의 과정’이다.

③ ‘조직이나 집단의 목표를 효과적으로 달성하기 위하여 여러 가지 자원(사람, 자본, 자원, 기술, 정보 등과 같은 모든 투입요소)을 효율적으로 활용하는 과정’이다.

위와 같이 경영을 여러 가지로 정의할 수 있지만, 이 책에서는 경영을 다음과 같이 정의하고자 한다.

경영이란 “조직의 목표를 효율적 · 효과적으로 달성하기 위하여 조직이나 집단이 갖고 있는 여러 가지 자원을 계획, 조직, 지휘, 통제하는 과정이다”라고 규정하고자 한다.

좀 더 구체적으로 살펴보면, 경영은 먼저 조직의 목표를 달성하는데 초점이 있으며, 목표를 달성하되 효율적으로 그리고 효과적으로 달성하고자 한다. 또한 이를 위해 조직이 갖고 있는 여러 가지 자원(인적 · 물적, 유형 · 무형)의 활용 방법을 계획, 조직, 지휘, 통제하는 일련의 과정(process)이다.

2) 경영의 적용 영역

경영이라는 개념을 적용하는 조직이나 집단에 관해서는 몇 가지 주장이 있다. 영리를 추구하는 기업 조직에 적용하여야 한다는 주장과 영리조직인 기업뿐만 아니라 비영리조직까지 포함해야 한다는 주장이 있다.

(1) 좁은 의미의 경영 개념

영리를 추구하는 기업만을 경영의 대상으로 보는 개념이다. 기업은 한정된 자원을 효율적으로 이용하여야 하며 또한 의도한 목적을 달성할 수 있도록 사용하여야 하는 조직이다.

기업이 목적을 달성하기 위해서 계획을 세우고, 업무를 분담하고, 조직을 만들고, 함께 일하는 사람들이 열심히 일하도록 독려하고, 일의 진행 내용을

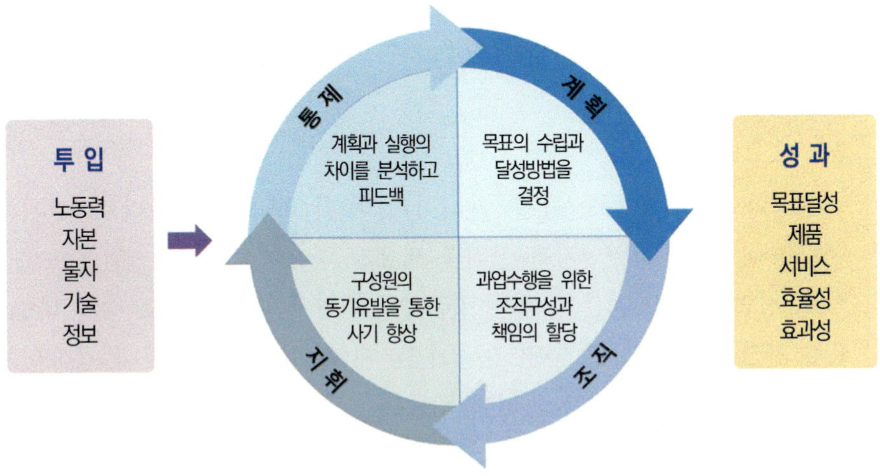

그림 1-1. 경영의 과정

지속적으로 확인하고, 계획한 대로 업무가 수행되지 않으면 수정조치를 취하는 과정을 지속적으로 반복하는 경영을 말한다.

(2) 넓은 의미의 경영 개념

기업은 물론 공공기관, 학교, 종교단체, 병원 등 비영리조직의 경영까지도 포함하는 개념을 말한다. 비영리조직을 포함하는 이유는 아무리 비영리를 추구하는 집단이라 하더라도 합리적인 운영을 하지 않으면 지속적인 활동을 이어갈 수 없기 때문이다.

비영리 조직이 더 좋은 서비스를 제공하기 위해서는 합리성을 추구하는 경영의 원리가 적용되어야 하기 때문에 국가경영, 도시경영, 학교경영, 병원경영 및 각종 종교단체에도 경영의 개념이 일반화되고 있다.

이같이 경영의 개념은 갈수록 적용하는 영역이 넓어져 가고 있는데, 이는 모든 조직을 운영하는 기본원리로서의 경영의 개념이 중요하다는 것을 의미하는 것이다.

2. 조직과 경영

1) 조직의 정의

경영학이란 개념을 쉽게 이해하기 위한 방법 중 하나로 먼저 조직(organization)이 무엇인가를 살펴볼 필요가 있다. 우리 사회에는 규모가 크고 작고, 사람이 많고 적은 수많은 조직이 존재하지만 모두 서로 다른 다양한 목표를 가지고 있다. 예를 들면 가정(가계), 대학, 정당, 병원, 군대, 종교단체, 공공기관, 기업 등 여러 가지 형태가 있다.

이와 같은 조직들은 서로 상호작용하면서 거대한 사회를 구성하고 있다. 그렇기 때문에 인간과 사회의 역사는 조직의 역사라 해도 과언이 아니다.

예로부터 사람들은 자신들의 어떤 특정 욕구를 달성하기 위해 조직의 형태를 형성하였는데, 조직은 개인이 달성하기 어려운 욕구나 목표를 보다 수월하게 달성할 수 있게 한다.

요즘과 같은 고도의 산업사회에서도 인간은 조직 없이 살 수가 없다. 인간은 병원이라고 하는 조직에서 태어나고, 학교라고 하는 조직에서 교육받으며 성장하고, 기업이라는 조직에서 직장생활 또는 사회생활을 하며 살아간다.

우리가 소비하는 수많은 제품은 기업에서 생산되며, 유통기관이라는 조직을 통하여 일반 소비자에게 전달된다. 또한 공공기관을 통하여 각종 서비스를 제공받는다.

가정이라는 조직을 예로 살펴보면, 부부 혹은 부모와 자녀들이 모여서 보다 행복한 삶을 영위하기 위해 의식주를 같이 하고 있다. 모든 가정은 행복이라는 공통의 목표가 설정되어 있으며, 구성원 각자가 해야 할 역할과 책임이 있다. 만약 이러한 목표, 역할이 제대로 이루어지지 않으면 가정이라는 조직은 해체된다.

이러한 예를 통해서 조직에 대한 정의를 내리면 “조직이란 여러 사람이 공통된 목표를 달성하기 위해 상호작용하는 유기적인 행동의 집합체”라고 할 수 있다.

이와 같은 일련의 과정을 거치면서 인간은 평생을 살아간다. 따라서 우리 사회에는 다양한 조직이 존재하며 이러한 조직들이 어떻게 합리적으로 서로 작용하며 도움을 주는지의 여부에 따라 개인 · 사회 및 국가의 발전이 결정되는 것이다.

2) 조직의 특성

위에서 살펴본 조직에 관한 정의와 내용을 토대로 조직이 지니고 있는 특성을 살펴보면 다음과 같다.

첫째, 공동의 목표가 있어야 한다.

조직은 구성원들이 함께 추구하는 공동의 목표를 갖고 있어야 하는데, 조직의 목표는 조직이 처한 환경에 적응할 수 있도록 구체적이어야 한다. 왜냐하면 명확한 목적이 없다면 어떠한 행동과 의사결정이 개인에게 요구되고 있는가를 알 수 없기 때문이다.

기업을 예로 들면 특정의 사업목적이나 생산목적, 판매목적 등의 구체적인 목표가 있어야 한다. 목표를 나타내는 또 다른 예는 다음과 같다. 기업은 수익성을 추구하는 것이 목표이며, 군대조직은 전쟁에서 승리를 목표로 하고 있고, 행정조직은 철저한 서비스를 통해 국민의 삶의 질을 향상시키는 것이 목표이다.

둘째, 분업을 통하여 역할을 분담하고 있으며, 서로 협력하여야 한다.

조직에서는 업무가 분업화되어 있는데, 업무를 그 특성에 따라 세분화하고 분담하여 추진하여 높은 성과를 기대할 수 있다.

인간은 분업을 통하여 훨씬 능률적으로 목표를 달성할 수 있다는 것을 알기 때문에 조직을 구성한다.

셋째, 계층구조와 함께 권한의 체계를 가지고 있다.

조직은 공동체인 만큼 분명한 계층구조를 가지고 있으며, 그에 맞는 권한의 체계를 갖추어야 한다. 이 같은 체계는 조직을 원활하게 움직이는 원동력이 된다.

예를 들면 높은 지위에 있는 상사는 아랫사람에게 지시하고 감독하는 권한의 체계를 갖추어야 한다. 왜냐하면 조직은 명령을 하달하고, 업무 결과를 평가하여야 하기 때문이다.

또한 아무리 잘 구축된 조직이라도 인간들로 구성된 조직은 반드시 구성원 간의 갈등과 마찰이 있게 마련이기 때문에 이러한 갈등과 마찰을 계층구조와 권한의 조정과 통제기능으로 조화와 균형을 유지해야 한다.

넷째, 조직이 목표를 달성하기 위해서는 자기 조직만의 고유한 운영규칙을 갖고 있어야 한다. 그러나 규율이 지나치게 강제성을 띠게 되면 구성원의 사기가 낮아지고 창의성을 발휘하는데 어려움이 있다.

따라서 구성원 스스로 자율적으로 규칙을 지켜나가도록 유도하는 방법이 유리하다.

3) 경영과 관리

경영이라는 개념과 관리라는 개념을 구분하여 사용할 것인가, 아니면 동일한 개념으로 취급할 것인가에 대해서는 통일된 견해는 없지만 경영현장에서는 경영이란 용어와 관리라는 용어가 의미상 구분 없이 사용되는 경우가 많다.

그러나 일반적으로 경영을 관리보다 포괄적인 개념으로 간주하고, 경영을 상위의 개념으로, 관리를 하위의 개념으로 사용하기 때문에 경영은 목적을 설정하는 기능이고, 관리는 그 목적을 달성하기 위하여 노력하는 기능으로 볼 수 있다.

경영과 관리의 개념 차이를 좀 더 구체적으로 살펴보면 다음과 같다.

- **경영** : 경영은 관리보다 상위의 개념으로서, 조직화, 장기 경영계획 수립 및 운영방침의 결정, 외부 이해집단과의 이해관계 조정과 같은 거시적 · 포괄적 · 유기적인 행동이며 최고경영층과 관련된 업무이다.
- **관리** : 관리란 경영에 비해 하위의 개념으로서, 경영계획이나 방침을 효율적으로 수행하기 위하여 여러 가지 자원을 적절히 배치 · 지시 · 감독하는 미시적 · 지엽적 · 단기적 · 정형적인 실천기능을 의미한다. 일반적으로 경영의 하층구조와 관련된 업무라고 할 수 있다.

또 다른 방법으로 경영과 관리의 차이를 경영계층과 관련시켜 구분하는 경우도 있다.

경영이란 최고경영층의 전략적 · 장기적 결정을 가리키며, 관리는 중간경영층이나 감독계층의 단기적 · 일상적 업무의 실천적인 업무를 말한다. 이러한 이유 때문에 기업의 사장이나 임원은 경영자로, 부장이나 과장은 관리자로 지칭하기도 한다.

3. 경영의 원칙과 기능

1) 경영의 원칙

경영활동을 수행할 때는 다음과 같은 몇 가지 원칙을 지키는 것이 목표를 달성하는데 유리할 뿐만 아니라 합리적인 의사결정을 위해 필요하다.

(1) 효과성과 효율성

경영목표가 성공적으로 달성되었는지 여부를 판단하는 기준(지표)으로 이용되는 개념에는 효과성(effectiveness : 유효성 이라고도 한다)과 효율성(efficiency : 능률 이라고도 한다)이 있다.

일반적으로 효과성은 시스템(system)의 상위 개념이고, 효율성은 하위시스템(sub-system)을 의미한다([그림 1-2 참조]).

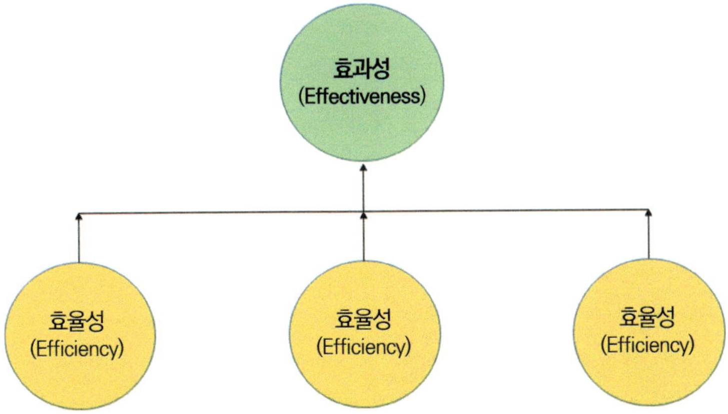

그림 1-2. 효과성과 효율성

효과성과 효율성이 균형과 조화를 이루는 것은 조직의 목표를 달성하고, 성과를 극대화하는데 큰 영향을 미친다.

효과성은 올바른 목표의 선택과 달성 여부를 의미하는 개념이고, 효율성은 투입(input)과 산출(output)을 대비시키는 의미로 최소한의 투입으로 최대 산출을 얻고자 하는 개념이다.

(2) 효과적 경영과 효율적 경영

효과적 경영이라는 의미는 조직이 추구하는 소기의 목표를 양적 · 질적으로 달성했는지의 여부를 말한다.

예를 들면 기대한 수준의 품질을 유지하면서 계획기간 내에 생산하고자 하는 목표생산량을 달성했는지의 여부를 나타내는 것이다. 그러나 이는 목표달성을 위해 사용한 자원의 크기나 낭비 여부를 고려하지 않고 오직 목표의 달성만을 표현하는 것이다. 즉 목표의 완수 여부만을 표현하는 것이다.

반면에 효율적 경영이란 목표 달성을 위해 그동안 들인 노력(시간, 돈, 자원 등)에 비해 얼마만한 결과를 얻었느냐를 의미하는 표현이다. 이것은 생산성의 개념과 유사하며 목표를 달성하기 위해 들어간 요소를 고려하는 개념이다. 즉 투입량에 대한 산출량의 비율로 표현되며, 이 비율이 커질수록 효율적인 경영을 하였다고 할 수 있다.

예를 들어 기업이 생산목표를 달성할 때 인건비가 너무 많이 들었다든지, 혹은 작업 현장에서 산재사고가 발생했다면 그 경영은 효율적이었다고 볼 수 없다.

어떤 회사에서 아무리 옷을 효율적으로 생산한다고 해도 그 옷의 디자인이나 색상이 유행에 뒤졌다면 소비자들로부터 외면당하고 그 결과 판매목표를 달성할 수 없다. 이 또한 효율적이었다고 할 수 없다.

따라서 효과적인 경영이 반드시 효율적인 경영이 되는 것은 아니다. 판매목표를 달성하기 위해 마케팅비용을 엄청나게 지출했다면 효과적인 경영을 하였다고 할 수 없다.

유능한 경영자는 효과적이고 효율적인 경영을 해야 하는데, 경영에 있어서 효과성과 효율성을 논할 때 궁극적으로 중요한 것은 효과성과 효율성 사이에서 균형을 잃지 않는 것이다. 왜냐하면 효과와 효율이 어느 한쪽으로 치우치게 될 경우 바람직하지 못한 상황이 벌어질 수 있기 때문이다.

(3) 경영의 3대 원칙

경영활동을 수행하는 기업의 모든 구성원은 다음의 경영의 3대 원칙을 지켜 나가도록 노력해야 한다. 모든 구성원이 경영의 3대 원칙인 생산성, 경제성, 수익성을 고려하면서 업무를 수행한다면 그 기업은 기업의 존재 이유와 함께 기업의 목표를 순조롭게 달성할 수 있다.

- **생산성** : 생산성이란 투입에 대한 산출의 비율을 의미하는 것으로 생산활동의 종합적인 성과를 나타낸다. 생산성은 생산요소의 효율적 · 효과적인 이용의 정도를 나타낸다.

$$\text{생산성} = \frac{\text{산출}}{\text{투입}}$$

- **경제성** : 경제성이란 모든 투입가치에 대한 경제적 가치의 비율을 의미하는 넓은 의미의 개념이다. 경제성을 나타내는 방법은 성과 극대화의 원칙, 최대효과의 원칙 등이 있다.

$$\text{경제성} = \frac{\text{목표}}{\text{수단}} = \frac{\text{수익}}{\text{비용}}$$

- **수익성** : 수익성이란 자본에 대한 이윤의 관계를 의미하는 것으로, 투입되는 자본에 비해 이윤의 크기가 클수록 유리하다. 따라서 이 개념은 이윤 극대화의 원칙과 동일한 개념이 된다.

$$\text{수익성} = \frac{\text{수익}}{\text{자본}} \qquad \text{수익률(\%)} = \frac{\text{수익}}{\text{자본}} \times 100$$

2) 경영의 기능

경영의 기능은 크게 관리기능과 업무기능으로 구분된다.

(1) 관리기능

관리기능이란 경영을 효율적으로 달성하기 위하여 요구되는 기본적인 기능으로서, 조직의 규모가 확대되고 업무가 복잡해짐에 따라서 더욱 강조되는 기능으로 계획·조직·지휘·통제 등을 말한다.

- **계획화(planning)** : 목표를 설정하고, 목표를 달성하기 위하여 무엇을 해야 할 것인가에 대한 계획수립을 말한다. 최고경영층이 기업의 사명, 비전, 목적, 목표 등과 같은 전략적 계획을 수립하면 하위관리층은 이를 달성할 수 있는 구체적인 운영계획을 수립한다.
  체계적이고 합리적인 계획은 불확실성과 위험성이 높은 경영환경에 대한 대처능력을 높이고, 기업 전체의 조화와 균형을 유지시켜 주며, 통제활동을 원활하게 수행할 수 있는 기준이 된다(경영계획에 대해서는 제9장에서 자세히 다루기로 한다).
- **조직화(organizing)** : 기업이 보유하고 있는 여러 가지 인적·물적 자원을 조달하고 배분하고 조정하여 수립한 계획을 성공적으로 수행할 수 있도록 하는 기능을 말한다. 즉 조직은 계획을 달성하기 위해 자원을 어떻게 활용하여 업무를 수행할 것인가를 결정짓는 기능을 가지며, 업무를 어떻게 관리하고 조정할 것인가를 결정하게 된다. 따라서 경영자는 정보, 자원, 과업이 조직을 통해 효율적으로 관리되도록 해야 하며, 기업환경의 변화에 쉽게 적응할 수 있도록 해야 한다(경영조직에 대해서는 제10장에서 자세히 다루기로 한다).
- **경영지휘(leading)** : 계획한 목표를 효율적으로 달성할 수 있도록 모든 구성원들의 사기를 높이고 격려하는 기능을 말한다. 즉 계획단계에서 설정한 목표를 달성하기 위하여 조직의 모든 구성원들이 그들의 능력을 최대한 발휘할 수 있도록 관리하는 활동을 의미한다.
  지휘는 구성원들로 하여금 높은 성과를 이루도록 자극하는 것으로, 작업자들의 자유로운 의사소통을 유도하고 스스로 동기부여 하는 것을 포함한다(경영지휘에 대해서는 제11장에서 자세히 다루기로 한다).
- **경영통제(controlling)** : 계획된 결과와 실제의 결과 사이의 차이를 규명하는 기능을 말한다. 즉 계획단계에서 수립한 목표와 실행결과가 일치하는지의

여부를 확인하는 과정이다. 통제기능을 통하여 모든 계획의 실행 과정을 점검하고 평가하여, 계획대로 진행하지 않으면 수정하거나 시정조치를 취해야 한다. 통제기능은 기업의 목적을 달성하는 방향으로 기업이 움직이도록 하는 방법을 제시해 준다는 의미에서 아주 중요하다(경영통제에 대해서는 제12장에서 자세히 다루기로 한다).

(2) 업무기능

업무기능은 기업경영의 가장 중심적인 활동인 인사(인적자원)관리, 생산(생산운영)관리, 마케팅관리, 재무관리의 내용과 함께 회계, 경영정보시스템 등으로 나눌 수 있다.

- **인사(인적자원)관리** : 기업의 인적 자원과 관련된 모든 관리활동으로 채용, 교육·훈련, 배치, 노사관계 관리 등이 주요 내용이 된다.
- **생산(운영)관리** : 기업이 보유한 모든 자원을 활용하여 고객이 원하는 제품이나 서비스를 가장 적절한 가격과 품질로 생산하고자 하는 내용을 말한다.
- **마케팅관리** : 고객만족을 극대화하기 위한 제품과 서비스의 모든 내용으로 4P, 4C를 포함하는 모든 내용과 관련된 활동이다.
- **재무관리** : 자본을 효율적으로 조달하고 운용하는 관리활동으로서, 사업의 경제성분석이나 투자의 결정 등을 포함한다.
- **회계관리** : 모든 기업 활동을 수치로 요약·정리하는 것과 관련된 활동이며, 경영정보시스템은 경영의사결정을 돕기 위하여 구축된 경영활동의 모든 정보를 수집·분석하여 활용하고자 하는 것이다.

  일반적으로 회계관리와 경영정보시스템 부문은 앞의 네 기능분야(인사관리, 생산관리, 마케팅관리, 재무관리)와 병립하는 분야가 아니라 기업의 모든 활동결과를 요약 또는 집중하여 모든 의사결정에 도움을 주는 성격을 가지고 있다.

지금까지 설명한 내용을 그림으로 나타낸 것이 [그림 1-3]이다. 모든 업무기능이 효율적으로 이루어지기 위해서 기업은 업무영역에 관리의 4가지 기능인 계획·조직·지휘·통제를 적용시켜 업무능력과 성과를 효율적으로 높여야 한다.

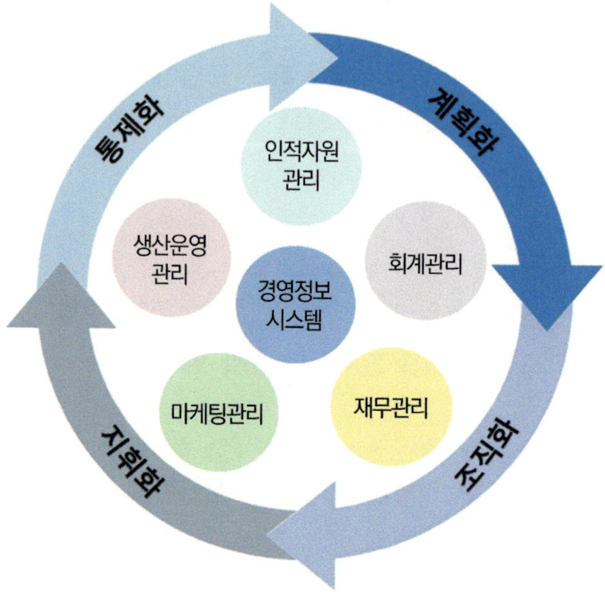

그림 1-3. 경영의 각 기능과 경영관리 순환과정

따라서 관리기능과 업무기능은 서로 분리된 개념이 아니라 서로 유기적으로 관련되어 있다.

제2절

경영학이 왜 중요한가?

1. 경영학이 필요한 이유

오늘날 많은 사람들은 경영이라는 것에 매우 높은 관심을 가지고 이를 배우기 위해 노력하고 있다. 국가발전에 원동력이 기업을 통한 부의 창출이라고 한다면, 이러한 역할을 담당하는 조직들을 어떻게 운영하느냐가 가장 중요한 관심사가 되는 것은 당연하다.

우리가 경영학을 배우는 세 가지 이유는 다음과 같다.

첫째, 경영이라는 현상을 명확하게 설명하기 위함이다. 특히 현상들의 상호 관계를 합리적이고 체계적으로 밝히면서 동시에 논리적인 설명과 인과관계를 밝힐 수 있기 때문이다.

둘째, 경영학적인 행동과 지식은 삶의 질을 높일 수 있는 도구가 된다. 여러 가지 다양한 사회조직에 경영학적 지식과 사고를 이용하면, 궁극적으로 생산성과 능률을 향상시키고 결국 인간의 삶의 질도 그만큼 윤택해질 수 있다. 특히 경영학의 이론과 기법은 기업활동과 관련된 모든 이해관계자의 발전에 기여할 수 있다.

셋째, 경영학의 합리성을 다른 사람에게 전파시켜 사회 전체를 발전시킬 수 있다. 경영학의 합리성을 전파시키려면 먼저 이론적으로 완벽하게 무장되어 있어야 한다. 만약 경영학의 논리가 불분명하다면 전파는 불가능하기 때문에 철저한 이론과 용어를 논리적으로 설명할 수 있는 능력이 매우 중요하다.

2. 경영학적인 사고

1) 경영학적인 사고의 개념

오늘날 사회의 거의 모든 분야에서 '경영학적인 사고(思考 : thinking)'라는 말과 표현을 자주하며, 특히 기업은 물론 어느 조직이든 대표자의 능력을 판단할 때 그 사람이 경영학적인 사고를 갖고 일을 추진하느냐로 판단하는 경우가 많아졌다.

경영학적인 사고라는 의미는 무엇일까?

보다 더 효과적·효율적으로 목표를 달성할 수 있도록 노력하는 사고를 말한다.

기업이 과거에 추구하였던 경영학적인 사고는 높은 이익, 수익성, 생산성 등의 재무적인 요소를 강조하는 의미가 강하였으나 최근에는 ESG경영, 윤리성, 투명성, 도덕성 등의 비재무적인 요소를 강조하는 추세이다.

2) 경영학적인 사고의 주요 내용

갈수록 치열해지는 경쟁 및 경영환경에서 기업이 경쟁력을 확보하고, 궁극적으로 성장 · 발전하기 위해서 기업을 이끄는 경영의 책임자에게 요구되는 경영학적인 사고의 주요 내용은 다음과 같다([그림 1-4] 참조).

첫째, ESG경영을 중시하는 사고,
둘째, 모든 의사결정에서 고객을 최우선 하는 사고,
셋째, 투명 · 윤리경영을 중시하는 사고,
넷째, 차별적인 경쟁우위를 확보하고자 하는 사고,
다섯째, 비재무적인 요소의 가치를 극대화하는 사고,
여섯째, 실패를 수용하는 사고

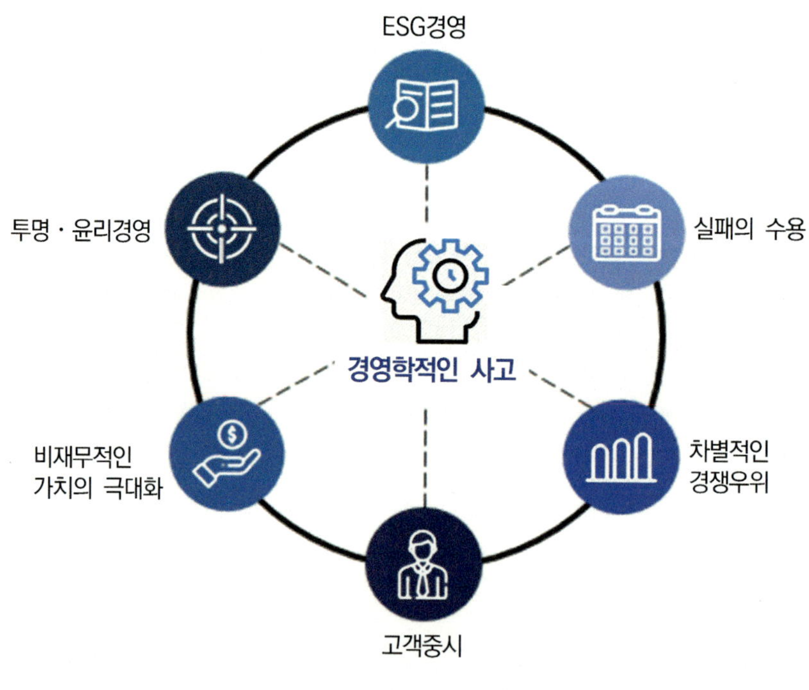

그림 1-4. 경영학적인 사고의 주요 내용

이 밖에도 최근에는 모든 기술의 경계가 사라지는 경영환경에서 급변하는 기술의 융·복합능력으로 새로운 경쟁력을 찾아내는 능력과 사고 등이 강조되고 있다.

이러한 사고는 어느 특정한 한 가지만으로 경쟁력을 발휘하는 것이 아니라 종합적으로 연계되었을 때 더 높은 경쟁력을 확보할 수 있다.

(1) 고객을 중시하는 사고

고객이란 기업에게 이익을 가져다 주는 가장 중요한 집단 중 하나이다. 고객을 중시하는 사고란 기업에서 생산하는 제품이나 서비스를 구매해 주는 고객이 만족할 수 있도록 모든 의사결정을 하는 사고를 말한다.

경영자가 고객을 중시하는 사고가 잘 작동되기 위해서는 '우리 기업의 고객이 누구인지?', '고객이 요구하는 내용은 무엇인지?, 고객을 충족시킬 수 있는 방법이 무엇인지?'를 고민해야 하며, 모든 기업활동을 고객만족에 집중하여야 한다.

최근에는 고객의 의미가 기업의 제품이나 서비스를 구매해 주는 고객(잠재적 고객 포함)은 물론 주주, 종업원, 거래처 및 모든 이해관계자 등으로 확대되고 있다.

- **소비자를 중시하는 사고** : 기업활동을 수행하는데 고객과 같이 고마운 집단은 없다. 기업에서 생산한 제품이나 서비스를 구매하여 기업의 지속 가능한 성장을 위한 이익을 가져다 주기 때문이다. 따라서 기업은 항상 고객의 요구 및 욕구 사항을 충족시키기 위해 노력해야 한다.
- **주주를 중시하는 사고** : 주주는 기업의 주인이면서 기업활동에 필요한 자본을 조달하는 투자자의 성격을 동시에 가지고 있기 때문에 주주를 중시하는 사고는 기업의 성장과 발전에 매우 중요하다.

  주주를 중시하는 사고의 가장 중요한 내용은 기업활동과 관련된 모든 정보를 주주에게 객관적이고 투명하게 제공하여 경영의 투명성을 실천하는 것이다. 또한 주주를 중시하는 사고는 모든 의사결정이 주주에게 높은 이익이 실현될 수 있도록 해야 하는데, 높은 배당은 물론 기업의 가치를 높이는 방법이다.
- **기업의 구성원과 이해관계자를 중시하는 사고** : 기업이 성장·발전하기 위해서는 내부 종업원은 물론 모든 이해관계자와 우호적인 관계를 유지하여야 한다. 기업의 내부 구성원과 이해관계자는 회사를 발전시키는 공동체라는 의식을 가져야 한다. 이러한 경영자가 이 같은 사고로 경영을 한다면 구성

원의 사기가 올라가고, 팀웍이 높아지며, 사회로부터 좋은 기업이라는 이미지와 함께 무형의 가치를 높일 수 있다.

아마존의 '소비자는 왕이다'

오래전부터 '소비자는 왕이다'라는 표현은 모든 기업활동의 기본이 되어 왔다. 소비자의 만족을 극대화시키기 위해 소비자와 시장을 분석하고, 소비자와 관련된 데이터를 분석한다. 또한 경쟁사의 전략도 분석하여 그들보다 더 좋은 가격·품질을 제공하는 노력을 한다.

그러나 무엇보다도 가장 중요한 것은 모든 구성원의 마음 자세와 의사결정이 소비자의 입장이 되어야 한다는 점이며, 소비자를 위하는 방법과 내용을 기업의 모든 구성원이 공유하고 기업문화로 정착시켜야 한다.

아마존(Amazon)은 본사에서 중역 회의를 할 때 자리 하나를 비워두는데, 소비자가 그 자리에 앉아 회의내용을 듣고 있다고 생각하며 회의를 한다. 조직의 상층부에서부터 어떻게 하면 소비자를 만족시킬까 하는 고민의 의지를 담고 있다는 뜻이다.

(2) ESG경영을 중시하는 사고

기업은 환경과 자연을 파괴하는 주범이며, 사회의 구성 요소 중 하나라는 인식이 확산되고 있다. 이 같은 사회의 요구가 커지면서 사회는 기업에게 더 높은 수준의 환경보호 활동, 사회적 책임경영, 투명경영을 요구하고 있다. 이러한 사회의 요구에 대응하는 방법으로 중요한 것이 ESG경영의 실천이다.

- **친환경 경영의 실천** : 기업활동을 수행하는 모든 과정(생산, 사용, 폐기 등)에서 오염발생과 환경파괴를 예방하거나 극소화하고자 하는 경영을 말한다. 친환경 경영(eco-friendly management)은 지구환경과 자연을 보호함은 물론 기업의 경쟁력을 높이는 방법으로 매우 중요하며, 기업의 지속적인 성장을 위해 반드시 실천해야 한다.
- **사회적 책임의 성실한 수행** : 사회에서 차지하는 기업의 역할이나 비중이 높아지면서, 사회는 기업에게 더 높은 수준의 사회적 책임을 요구하고 있다. 따라서 기업의 모든 의사결정은 소비자, 이해 관계자, 정부 등에 지켜야 할 사회적 책임이 반드시 포함되어 있어야 한다.

▸ **지배구조의 개선** : 투명경영은 무형의 가치를 극대화시킬 수 있는 중요한 수단 중 하나이다. 이를 위해서는 우선 기업의 지배구조(CGS : Corporate Governance System)가 투명해야 하며, 투명한 지배구조를 통하여 모든 이해관계자에게 지켜야 할 의무를 성실히 수행하면 기업의 신뢰도가 높아질 수 있다.

(3) 차별적인 경쟁우위를 강조하는 사고

경쟁우위(competitive advantage)는 경쟁기업들과의 경쟁에서 우위를 점할 수 있는 자사의 고유하고 차별적인 능력을 말한다. 기업이 차별적인 경쟁우위 요소를 가졌을 때 높은 경쟁력과 이익을 기대할 수 있다. 따라서 경쟁기업과 비교해 더 독특하고 차별적인 요소로 소비자에게 만족을 제공할 수 있는 방법을 확보하고자 하는 사고가 경영자에게 요구된다.

기업이 차별화된 경쟁우위를 갖기 위해서는 핵심역량(core competence)을 확보해야 하는데, 핵심역량은 경쟁사가 갖지 못한 희소한 가치이거나, 경쟁사가 모방할 수 없으며, 고객에게 가치를 줄 수 있어야 한다.

(4) 비재무적인 요소의 가치를 극대화하는 사고

기업활동의 궁극적인 목표 중 하나가 기업의 가치를 높이는 것이다. 기업의 높은 가치는 기업의 성장과 발전을 가능하게 하는 중요한 요소이기 때문이다. 일반적으로 기업의 가치를 극대화하는 방법은 두 가지 방법이 있다. 하나는 주식시장에서 주가를 높여 기업의 가치를 높이는 방법이고, 또 하나는 무형자산(브랜드 및 기업의 이미지 등)의 가치를 높이는 방법이다.

▸ **주가를 높이는 가치 극대화** : 주식가격을 통해서 기업의 가치를 높이는 것은 투자자들이 그만큼 투자가치가 있다고 판단하여 해당 기업에 투자하기 때문이다. 따라서 주가를 높이는 방법은 원활한 자본조달을 위해서도 중요하다.

▸ **브랜드 등 무형의 가치 극대화** : 무형의 가치가 높다는 것은 기업이 사회로부터 좋은 기업이라는 평가를 받고 있다는 의미이다. 예를 들면 기업의 이미지가 좋은 경우는 고객이 그 기업이나 제품에 대한 심리적 만족감을 높여주기 때문에 매출 극대화에 도움을 주고, 충성도도 높여준다. 특히 높은 브랜드 가치는 소비자에게 높은 신뢰를 줄 수 있다.

비재무적 가치

과거에는 기업을 평가하는 기준이 경제・재무적 가치나 요소를 강조하였으나 갈수록 비재무적인 가치나 요소를 강조하는 비중이 높아지고 있다.

비재무적인 가치를 높일 수 있는 가장 대표적인 방법이 ESG경영이며, 그 외에도 인권, 노동, 반 부패활동 등을 비롯하여 무형의 가치를 위한 노력을 얼마나 성실히 수행하고 있는지에 대한 척도로 사용하는 가치를 말한다.

(5) 투명・윤리경영을 중시하는 사고

투명경영이란 기업의 모든 활동이 대내・외의 모든 이해관계자(내부 구성원, 주주, 모든 고객, 모든 거래처, 사회의 모든 구성 요소 등)에게 투명하게 공개되는 것을 말하는데, 이를 위해서는 모든 의사결정의 기준이 도덕과 윤리성을 강조해야 한다.

기업이 투명경영을 실천하기 위해서는 모든 구성원은 물론 특히 경영자의 도덕・윤리성의 수준이 높아야 하는데, 사회가 요구하는 도덕・윤리의 수준이 갈수록 높아지고 있기 때문에 도덕・윤리성을 강조하는 경영자의 사고가 더욱 강조되고 있다.

(6) 실패를 수용하는 사고

요즘과 같이 불확실성과 위험성이 높은 경영환경에서는 실패를 수용하는 경영자의 사고와 기업문화가 매우 중요하다. 왜냐하면 갈수록 차별화된 제품이나 서비스를 요구하는 소비자를 충족시키기 위한 창의적이고 혁신적인 아이디어를 발굴하기 위해서는 실패를 수용해주는 기업문화가 중요하기 때문이다.

기업에서 '가장 큰 실패는 도전하지 않는 것이다'라면서 창의적인 아이디어 발굴을 적극적으로 권장하지만 실패를 수용해주지 않기 때문에 성공의 불확실성을 가진 아이디어를 자유롭게 발휘하지 않는다.

창의적인 아이디어는 성공의 불확실성이 높은 경우가 대부분이기 때문에 실패를 수용하는 기업문화를 통하여 독특하고 혁신적인 아이디어를 발굴해야 한다.

실패학(Failure Study)

실패의 경험은 갈수록 소중하게 인식되고 있다. 실패한 만큼 시행착오를 줄일 수 있으며, 다시 실수하지 않을 수 있기 때문이다.

- 실패학(failure study)이라는 분야가 경영학에서 인기를 끌고 있는데, 과거의 실패 경험은 앞으로의 의사결정(창업, 신제품 개발, 신시장 진출, 연구개발 등)에 있어 실패율을 낮출 수 있기 때문이다.

창의적이고 혁신적인 아이디어가 더욱더 소중해지고 있는 경영환경에서 실패의 경험을 소중하게 이해해 주고 용기를 주는 풍토가 조성되었을 때 기업의 구성원은 자유롭게 기업에 도움이 되는 창의적이고 혁신적인 아이디어를 제시하게 된다.

실패의 반대 개념인 성공을 말할 때 자주 언급하는 법칙 중 '147 : 805 법칙'(일명 '실패의 성공 법칙')이 있다. 이는 토머스 에디슨(Thomas Alva Edison, 1847~1931)이 전구를 최초로 발명하기까지 147번을 실패했으며, 라이트 형제(Wright brothers)가 비행에 성공하기까지 805번을 실패하였다는 것으로, 실패는 성공을 위해 필수적이라는 것을 의미한다.

실패를 권장하는 추세는 빠르게 일반화되어 가고 있다. 많은 기업들의 화려한 성공 뒤에는 수많은 실패가 전제되어 있다고 볼 수 있다. 실패를 적극적으로 장려하는 대표적인 기업 중 하나인 아마존(Amazon)의 제프 베이조스(Jeffrey Preston Bezos : 1964~)는 2016년 주주들에게 보낸 편지에서 "나의 꿈은 아마존의 직원들이 이 세상에서 실패를 가장 편하게 할 수 있는 회사로 만드는 것입니다"라고 하였다.

룬샷(loonshots)

룬샷(loonshots) : 기업이 신사업, 신제품을 개발할 때, 주변으로부터 근거없이 무시・외면당하여 빛을 보지 못하는 아이디어를 존중・인정하여 큰 가치를 얻는 것을 말한다.

룬샷의 대표적인 예는 인터넷이 가능하고 터치 스크린을 할 수 있는 휴대용 전화기의 아이디어인데, 이 아이디어를 처음 제시한 사람들은 노키아의 엔지니어들이었으나 경영진이 이를 무시하였다. 여기서 영감을 얻은 스티브 잡스가 3년 후 이를 실현시켜 모바일 시장을 완전히 장악하였다.

룬샷이 성공하기 위해서는 실패를 두려워하지 않는 도전적인 의식과 실패를 인정해주고 용인하는 기업문화가 중요하다.

지금까지 설명한 경영학적인 사고를 성실하게 수행하는 기업은 단기적인 기업의 성공을 추구하는 것이 아니라 장기적으로 높은 경쟁력을 발휘하고 궁극적으로 지속적인 성장과 발전을 가능하게 해 준다.

또한 경영학적인 사고는 어느 특정한 요인 하나로 조직의 경쟁력을 높이는 것이 아니라 여러 요인들이 서로 유기적으로 결합하였을 때 더 큰 효과를 기대할 수 있다.

제3절 경영학의 학문적 성격과 체계

1. 경영학의 연구대상

경영학(business administration)은 기업을 연구하는 학문이다. 물론 조직을 형성하고 있는 모든 시스템을 경영의 개념에 적용할 수 있기 때문에 경영학을 넓은 의미로 인식할 때는 모든 조직체를 대상으로 한다.

그러나 전통적으로 경영의 주된 대상은 영리를 추구하는 기업이었기 때문에 아직도 '경영'하면 '기업경영'을 의미하는 경우가 대부분이지만, 경영학의 연구대상을 기업이라는 조직체만으로 한정시킬 수는 없다. 기업조직은 경영이라는 행위가 수반됨으로써, 비로소 그 존재의 가치를 찾을 수 있을 것이기 때문에 경영학의 연구대상은 관리적 행위(administrative behavior)를 필요로 하는 모든 조직까지도 포함해야 한다.

2. 경영학의 학문적 성격

모든 학문은 저마다 정통성과 독립성을 내세우며 독특한 성격을 가지고 있으며, 학문을 과학(science)이라고 한다. 우리가 다루는 경영학의 학문적 성격은 여러 학문이 융·복합된 종합과학이라고 할 수 있다. 즉 경영학을 올바로 이해하기 위해서는 관련된 모든 과학을 이해할 필요가 있다.

1) 사회과학으로서의 경영학

사회과학은 원래 인간의 사회적 현상과 관련된 모든 영역을 총칭하는 것으로서, 경영학은 인간에 의해서 형성되는 개별경제와 인간의 경제적인 활동을 연구대상으로 하는 학문이며, 사회과학의 한 분야이다.

인간생활에 유용성과 실용성을 부여하는 것을 사명으로 하는 사회과학 중에서 경영학은 경제학처럼 거시적(macro)인 종합현상을 다루는 것이 아니라 미시적(micro)인 개별경제의 관점에서 조직이 설정한 목표를 달성하고자 한다.

2) 이론과학으로서의 경영학

사회과학이 인간생활의 사회현상 속에서 나타나는 인과관계를 규명함에 있어 사회현상에 대해 가설을 설정하고, 이론적 가설을 세운 다음 검정의 과정을 거쳐 비로소 일반적 학설을 부여받는 것과 같이, 경영학도 기업경영현상을 인과관계에 대한 규명과 가설검정 과정을 거친다.

따라서 경영학이 학문적으로 독립성을 가지려면 연구방법이 과학적인 방법으로 정립되어야 하는데, 이론이 체계적·객관적·경험적·실증적·계량적이어야 한다.

이론과학으로서의 경영학은 기업활동과 관련된 모든 현상을 대상으로 하고 있기 때문에 이론경영학과 실천경영학의 성격을 동시에 갖는 것이 다른 사회과학과 다르다고 할 수 있다.

3) 실천과학으로서의 경영학

경영학은 변화하는 경영환경의 영향을 크게 받는 기업을 연구대상으로 하기 때문에 동태적인 학문이라 할 수 있다. 따라서 경영학이 다른 사회과학과는 달리 이론과 지식을 위한 체계일 뿐만 아니라 실천적인 지식의 체계라는 양면성을 가지고 있다.

실천과학은 주체를 설정하고 주체의 입장에서 주체의 행동에 내재하는 원리를 추구하는 것으로서, 경영학은 실천과학의 입장에서 현실에 적용시키는 학문이라고 할 수 있다.

또한 경영학은 직접적·간접적으로 과거의 자료에 기초를 두고 있다. 즉 인식소재는 과거에 속하는 과거학이고, 인식하는 주체는 현재에 있는 현재학이며, 실천의 시점은 미래를 지향하기 때문에 미래학이라 할 수 있다.

4) 과학과 기술로서의 경영학

경영학에 대한 학문적 성격에 대해서는 오래전부터 많은 논쟁이 있다. 가장 대표적인 논쟁은 '경영학이 일반적인 과학(science)인가', '특수한 기술(art)인가'이다.

- **과학으로 보는 견해** : 경영학을 일반적인 과학이라고 주장하는 사람들은 정치학, 사회학, 경제학과 같은 인접학문이 국가, 사회, 경제현상이라는 고유 연구영역을 가지고 있는 것과 마찬가지로 경영학도 경영 또는 기업이라는 고유한 연구영역을 가지고 있으므로 이에 필요한 규범과 가치를 창출하는 하나의 사회과학이라고 규정한다.
- **특수한 기술로 보는 견해** : 경영학을 특수한 기술이라고 주장하는 사람들은 다른 학문이 개념적인 이론의 개발에 중점을 두고 있는데 비하여, 경영학은 개발된 이론을 어떻게 현실에 적용할 것인가를 다루기 때문에 특수한 방법론을 추구하는 기술이라고 규정한다.

그러나 이러한 두 가지의 주장은 서로 상반된 견해라기보다는 경영학의 특성을 한쪽 측면에서만 보는 관점상의 차이라고 볼 수 있다.

따라서 경영학은 다른 사회과학과 마찬가지로 고유한 연구영역과 가치를 가지고 있는 일반적인 과학이면서 동시에 개발한 이론을 현실에 적용하는 기술적인 면도 포함하는 양면성을 가진 과학으로 볼 수 있다.

3. 경영학의 체계

학문의 체계를 이해하는 방법은 그 학문이 지닌 지식의 체계를 이해하는 것이 중요한데, 경영학의 체계를 이해하는 방법도 동일하다. 그러나 경영학은 많은 이해관계자와 교류해야 하는 기업을 연구대상으로 하고 있기 때문에 학문으로 체계화하기가 쉽지 않다.

경영학을 체계화하는 방법은 학자에 따라 많은 차이가 있지만 일반적으로 다음과 같다.

우선 경영활동을 유사한 업무의 전문성에 따라 기능적으로 체계화하는 방법이다. 예를 들면 기업의 업무를 생산, 마케팅, 재무, 인사, 회계, 연구개발 등과 같은 기능으로 부문화 한 후 부문 간의 상호작용에 따른 원칙과 논리를 체계화하는 것이다.

또 다른 방법은 경영관리활동을 경영자가 목표달성을 위하여 수행하는 계획, 조직, 지휘, 통제의 기능으로 체계화하는 방법이다.

제2장 경영학의 발전과정

제1절
경영학의 발전 개요

경영이라는 개념은 상당히 오래전부터 존재했다고 볼 수 있는데, B.C. 3,000년경 바벨론 왕국의 함무라비왕은 282개조의 함무라비법을 통하여 상거래, 개인행동, 인간관계, 임금, 처벌 등에 관한 것을 규정하였다.

고대 시리아에도 상거래와 이를 규제하는 상업법이 있었는데, 이는 당시에 이미 경영의 개념이 실행되고 있었다는 증거가 된다. 또 소크라테스(Socrates : BC 470~399), 아리스토텔레스(Aristoteles : BC 384~322), 플라톤(Platon : BC 427~347) 등 고대 철학자들의 사상에서도 경영학적 사고(思考)가 있었음을 문헌을 통해 알 수 있다.

중세시대(14~16C)에는 지중해 연안국가 간에 활발한 해상무역과 이탈리아의 주요 도시를 중심으로 상업이 크게 발전하였으며, 이탈리아의 상거래 기법과 관습이 프랑스를 거쳐 독일 및 유럽대륙으로 전파되었다. 이 과정에서 프랑스 학자 사바리(J. Savary)는 1675년에 『완전한 상인』이라는 저서를 통해 이탈리아의 상업학을 학문적으로 체계화하는 데 공헌을 하였다. 따라서 유럽의 많은 경영학자들은 이 책이 출판된 1675년을 경영학의 시발점으로 보고 있다.

18세기에는 영국의 아담 스미스(Adam Smith)가 『국부론』에서 분업의 원리를 제시하였는데, 이는 고전적 관리론의 중요한 관리원칙 중 하나이다. 또한 18세기 후반(1760년)에서 19세기 전반에 걸쳐 영국을 중심으로 일어난 산업혁명(Industrial Revolution)은 생산성 향상에 크게 기여하였으며, 미국과 유럽에서 고전적 관리론이 탄생되는 기초가 되었기 때문에 이 시기를 근대경영학의 탄생 시기로 보는 것이 일반적인 견해이다.

이러한 일련의 과정을 거치면서 발전한 경영학의 이론들은 19세기에서 20세기 사이에 미국과 독일에서 더욱 체계적으로 발전하였는데, 1898년 라이프찌히(Leipzig)대학에 독일 최초의 상과대학이 개설되었으며, 미국은 1881년 펜실베니아대학에 와튼 스쿨(Wharton School of Finance and Commerce)이 개설되었다. 그 후 20세기 이후부터는 일본, 영국, 프랑스 등에서도 경영학의 학문적 기초가 된 많은 이론이 활발하게 출현하였다.

우리나라는 고려시대에 개성상인들이 복식부기를 사용하였고, 조선시대에도 오늘날의 경영학적인 사상과 일맥상통하는 실학사상(實學思想)이 있었으며, 1950년대 중반부터 대학에서도 경영학과가 독립학과로 개설되기 시작하였다.

한편 경영학의 발전은 다른 학문과 달리 각 나라의 특성과 경제사정에 따라 많은 차이를 보여 왔는데, 현재 우리가 접하고 있는 경영학 이론의 대부분은 미국 경영학에 기초한 이론들이다.

따라서 본 장에서도 실용주의(Pragmatism)에 바탕을 둔 미국경영학의 발전과정 및 전반적인 내용과 대표적인 이론들을 설명하고자 한다.

제2절

전통적인 고전이론

1. 초기의 추세관리

미국은 18세기 중반까지도 영국의 식민지(1776년 독립선언)였으나 독립 이후 풍부한 자원과 유럽으로부터의 계속된 이민으로 노동력의 안정성을 확보했을 뿐만 아니라 청교도주의의 근검・절약 정신을 바탕으로 미국의 산업화는 매우 빠르게 이루어지기 시작했다.

특히 남북전쟁(1861~1865) 후의 급속한 공업화 발전과정으로 대기업의 출현이 이어지면서 광활한 서부가 개척되었고, 철도・도로・통신 등 산업사회를 위한 간접시설이 빠르게 갖추어졌으며, 금융자본이 산업자본으로 유입되면서 기업합병이 활발하게 이루어졌다. 이러한 일련의 과정은 거대기업의 탄생을 촉진시켰다.

그 당시 빠르게 성장하는 기업의 모습과는 달리 근로자의 대부분은 미숙련공이었으며, 경영자들도 경영에 전문지식 없이 단지 상식과 경험에 의존하면서 기업을 운영하는 상황이었다. 이러한 형태로 기업을 관리하는 방식을 추세관리(Drifting Management)라고 한다.

그러나 한편으로 산업혁명에 의한 기술의 발전으로 급속한 공업화가 이루어지면서 노동자 부족 문제와 이에 따른 임금인상의 문제가 사회의 큰 문제로 대두되기 시작하였다. 그 당시의 이러한 상황은 오늘날의 미국경영학이 출현하는 배경과 매우 깊은 관련이 있는데, 노동력 부족 문제는 기업에게 임금인상과 같은 어려움으로 이어졌으며, 이에 기업주들은 임율인하(wage rate cutting)의 방법으로 이를 극복하려고 하였다.

이러한 기업의 임률인하 조치를 반대하는 노동자들은 조직적 태업(systematic soldiering)으로 맞서기 시작하였고, 이는 사회적으로도 매우 심각한 상황으로 전개되었다. 경영자와 노동자 사이의 심각한 대립과 갈등 문제를 해결하기 위해서 미국 정부가 미국기계기사협회(ASME : American Society of Mechanical Engineers)를 통하여 해결 방법을 모색하는 과정에서 과학적 관리법이 태동하기 시작하였다.

2. 테일러 시스템

1) 과학적 관리법의 출현

1880년 미국은 공학이나 기계제조에 관한 기법 및 과학을 진흥시킬 목적으로 미국기계기사협회(ASME)를 발족하였는데, 당시의 기사(技士)들은 생산현장의 책임자, 관리자였으므로 그들을 중심으로 작업현장관리의 합리화가 이루어졌다.

이러한 운동이 전개되는 시기에 미국에서 심각한 사회문제인 기업가와 노동자의 대립 문제를 해결하게 되었으며, 그 과정에서 테일러의 과학적 관리법이 탄생되었고, 그 내용과 방법을 테일러 시스템(Taylor system)이라고 한다.

프리드릭 테일러(F. W. Taylor : 1856~1915)는 1903년에 『공장관리론』(*Shop Management*)을, 1911년에는 『과학적 관리법의 원리』(*The Principles of Scientific Management*)라는 책을 발간하였는데, 이것을 미국 경영학의 출발이라고 보는 견해가 일반적이다. 테일러는 시간 및 동작연구(time and motion study)를 기초로 하는 과업관리의 제도를 확립하여 처음으로 관리에 대한 체계적인 접근방법을 전개하였다.

테일러는 관리의 이념으로 고임금과 저노무비(high wage and low labor cost)를 통한 노동자와 기업의 만족을 꾀하려고 하였으며, 이를 달성하기 위해 과학적인 임률(wage rate)설정을 기초로 과업(task : 1일의 공정한 작업량)을 설정하였다.

과업을 설정할 때 지켜져야 할 4가지 원칙은 ① 매일의 최고 과업, ② 표준화된 여러 가지 작업조건, ③ 성공에 대한 우대, ④ 실패에 대한 손실이다.

테일러의 과학적 관리법의 기본정신은 "노동자에게는 높은 임금을, 자본가에게는 높은 이윤"이며, 숙련된 노동자를 만드는 것을 목표로 하였다.

2) 과학적 관리법의 운용제도

과학적 관리법의 기본이 되는 과업관리를 효율적으로 운용하기 위하여 다음과 같은 네 가지 관리제도의 도입을 강조하였다.

- **기획부 제도**(planning department system) : 작업현장에서 일하는 대부분의 작업자는 하루의 작업시간 중 일부를 생산을 준비하는 일에 소요하고 있었다. 테일러는 작업자가 작업계획이나 준비 작업에 투입되는 것을 지양하고, 오직 생산활동에 투입되는 것이 생산성을 높이는데 중요하다고 보았다. 따라서 작업계획과 준비는 기획부에서 하고, 작업자는 생산활동에만 종사하도록 하였다. 또한 기획부에서는 객관적으로 과업(task)을 산출하는 업무를 담당하게 하였다.
- **직능별 직장제도**(functional foremanship system) : 작업조건에 관한 준비나 작업 방법을 작업자에게 지도하는 책임을 감독자인 직장(foreman)에게 분담시키기 위하여 분야별 · 직능별(기능별) 책임자가 작업에 대한 분업적 지도를 하게 하였다. 이것은 종래의 여러 가지 작업에 관계되는 모든 것을 감독해 오던 만능적 감독방법과는 큰 차이가 있다.
- **작업지도표 제도**(instruction card system) : 작업을 감독하는 직장이 작업을 지시할 때 작업방법에 관한 중요사항을 작업지도 카드에 기록하여 지시하고, 이 작업지도 카드에 의하여 과업을 관리하고 통제하도록 하였다.
- **차별적 성과급 제도**(differential piece-rate system) : 차별적 성과급제도란 성과급제도의 일종이지만 작업에 대하여 두 가지의 높고 낮은 임률을 설정해 놓고, 작업자가 과업을 달성하였을 때는 높은 임률을 적용하고, 달성하지 못한 경우는 낮은 임률을 적용하는 것이다.

테일러의 과학적 관리법의 체계를 나타내면 [그림 2-1]과 같다.

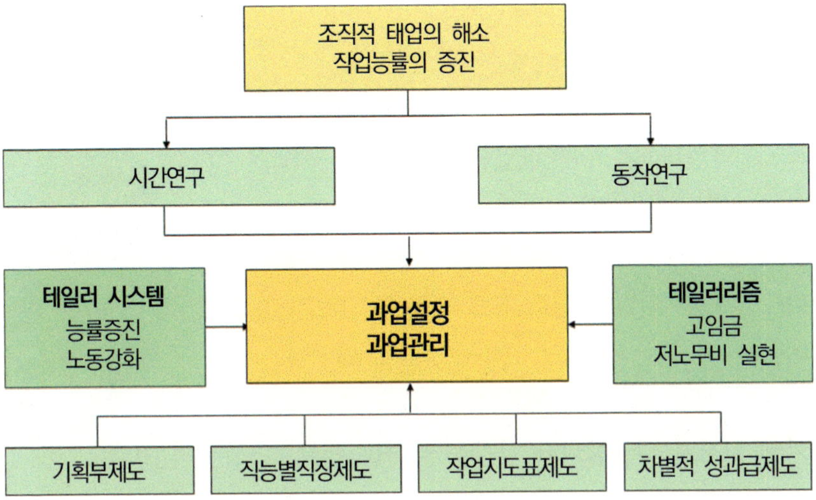

그림 2-1. 과학적 관리법의 체계

3) 테일러 시스템의 업적과 비판

(1) 테일러 시스템의 업적

테일러의 과학적 관리법은 관리자의 일과 작업자의 일을 엄격하게 분리시킨 것인데, 체계적인 관리가 이루어지지 않았던 그 시대에 관리의 개념을 정립한 것이야말로 테일러의 가장 커다란 공헌이다.

(2) 테일러 시스템의 비판

테일러 시스템이 제시하는 과업은 기업주가 일방적으로 설정할 수 있다는 한계가 있으며, 인간을 기계화하였다는 약점 때문에 많은 비판을 받기도 하였다.

기업은 노동자와 경영자를 포함하는 하나의 사회조직이므로 전체 사회조직에 공통된 원리를 과학적 관리법에 포함하여야 하는데, 테일러의 이론은 이 점을 무시하였기 때문에 노동조합이나 일반사회로부터 지지를 받지 못하였다.

또한 과학적 관리라는 이름의 시스템 운용으로 작업자를 기계화하여 노동생산성을 높이는 데만 치중하였다는 점이다. 즉 인간의 심리적 · 생리적 · 사회적 측면을 고려하지 않았다는 것이다.

3. 포드 시스템

20세기 초 경영규모가 확대되고, 기계화의 도입, 강력한 노동조합의 등장 등은 경영합리화에 대한 새로운 방법을 요구하게 되었다.

이러한 시기에 과학적 관리법의 내용을 더욱 철저하게 보완한 기법이 헨리 포드(H. Ford : 1863~1947)에 의하여 제시된 포드 시스템(Ford system)이다.

포드 시스템은 포드자동차회사에서 포드에 의해 구상되고 실시된 경영합리화 방안을 말하는 것으로, 생산의 표준화와 컨베이어 시스템을 이용한 이동조립법(moving assembly method)으로 생산성을 높이고자 하는 기법이다.

테일러 시스템을 바탕으로 개발된 포드 시스템은 능률향상을 시간연구나 성과를 통제하는 방식에만 의존하는 것이 아니라, 컨베이어 시스템에 의한 대량생산방식으로 능률을 향상시킨 방법이다.

포드 시스템은 대량생산을 능률적으로 달성하기 위한 전제조건인 흐름작업(flow work)과 제품 · 작업의 단순화(simplification), 부품의 표준화(standardization), 기계 · 공구의 전문화(specialization)가 핵심이 되고 있다.

또한 양질의 제품을 낮은 가격으로 대량 생산하기 위해서 컨베이어 시스템의 이동조립법을 통한 동시관리(同時管理 : synchronization management)를 도입함으로써, 대량생산과 원가절감 및 품질의 균일을 도모할 수 있었을 뿐만 아니라 부품의 호환성을 높여 생산성을 향상시켰다.

포드 시스템을 논할 때 빼놓을 수 없는 것이 포드의 경영사상인 포디즘(Fordism)이다. 포드는 고임금과 저가격(high wage and low price)으로 사회에 봉사해야 한다고 주장하였다. 또한 그는 오직 이윤만을 추구하는 기업관을 부정하였으나, 정당한 기업활동의 결과인 이윤추구 자체를 부정하지는 않았다. 즉 봉사의 결과로써 얻어지는 이윤은 경영활동의 당연한 보수라고 보았다.

포드의 고임금 · 저가격(포디즘 : Fordism)

포드는 자신이 제시한 고임금과 저가격의 약속을 다음과 같이 실현시켰다.

- **5불 선언** : 당시에 근로자의 1일 평균 임금이 2.4달러였으나, 1914년 포드는 5달러로 인상하였다.
- **자동차 가격(Model-T)** : 1908년부터 1927년까지 생산한 Model-T의 가격이 초기에 850달러였으나 440달러(1914년)로, 이어서 345달러(1916년)로 인하하여 자동차의 대중화를 꾀하였다.

포드는 다음과 같은 몇 가지의 공헌과 약점을 동시에 갖고 있다.

(1) 포드의 공헌

① 기업의 사회적 책임에 대한 개념을 정립시켰다.
② 대량생산의 기초를 제공하였다.
③ 단순화, 표준화, 전문화의 3S 개념을 완성하였다.

(2) 포드시스템의 약점

① 이동조립법으로 작업을 유동화하여 작업자를 기계에 예속시켰다.
② 한 공정에 문제가 발생하면 전체의 작업흐름에 영향을 준다.
③ 설비투자 규모가 크기 때문에 조업도가 저하될 때는 제조원가에 미치는 영향이 크다.
④ 제품의 단순화는 시장의 변화에 적응력이 약하다.
⑤ 생산 공정을 변경하기 어렵고, 변경에 비용이 많이 소요된다.

제3절
인간관계론(신고전이론)

기업이 점차 대규모화됨에 따라 기업활동의 관리 기능이 중요하게 인식되기 시작하였다. 특히 1910~1920년대에는 생산뿐만 아니라 구매, 판매, 재무, 노무 등 기업의 모든 영역의 문제를 포괄적으로 다루는 종합적인 산업경영론(industrial management)이 전개되었다.

이 이론은 테일러가 주로 다루었던 생산관리 내지 노무관리 상의 여러 기법뿐만 아니라 기업 또는 경영자에게 요구되는 실무지식을 체계적으로 전수시키기 위한 이론이다.

대표적인 연구자는 킴볼(D. Kimball), 쇼(W. Shaw), 존스(E. Jones), 마샬(L. Marshall), 란즈버러(R. Ransburgh) 등을 들 수 있다. 이러한 연구는 19세기 말 이후 대기업이 출현하면서 전문경영자를 체계적으로 양성하려는 목적으로, 미국의 경영대학(business school)의 발전과도 밀접한 관련을 가지고 있다.

1881년에는 미국 최초의 상과대학인 펜실베니아대학 와튼스쿨(Wharton School)이 설립되었으며, 1907년에는 하버드대학에 경영대학원(HBS : Harvard Business School)이 설립되었다.

종합적인 산업경영론은 그 후 생산관리, 판매관리 · 마케팅, 재무관리, 인사 · 노무관리 등의 직능별 부문관리론으로 분화되어 발전하였다. 초기에는 인간 문제에 많은 관심을 가졌는데, 인간 문제를 다루는 방법은 다음의 두 가지로 접근되었다.

첫째, 적성을 갖춘 인재의 선발, 교육 · 훈련, 배치를 연구하는 심리학적 연구, 둘째, 작업환경이나 조건이 작업능률에 미치는 영향을 조사하는 생리학적 연구로 이루어졌다.

심리학적 연구를 체계적으로 다룬 최초의 학자는 산업심리학(industrial psychology)의 아버지라고 불리어지는 뮌스터베르그(H. Münsterberg : 1863~1916)였다.

1920년대부터는 기업의 인사관리 제도가 차츰 확립되기 시작하였는데, 선발, 교육 · 훈련, 배치전환, 직무분석, 인사고과, 임금관리, 승진제도, 복지 · 후생 제도 등을 포함한 인사관리론이 체계화되기 시작하였다.

생리학적 관점에서 출발하였으나 예상외의 실험결과로 인간행동에 영향을 미치는 요소를 찾아낸 것이 호손실험(Hawthorne experiments)이었는데, 이 실험은 인간관계론(human relations)이 출현하는 계기가 되었다.

1. 호손실험

전통적인 관리론의 약점을 보완하려는 노력으로 출현한 인간관계론의 이론적인 뒷받침이 된 것이 호손실험(Hawthorne experiments)이다.

호손실험은 미국의 시카고(Chicago)에 있는 웨스턴일렉트릭회사(Western Electric Co.)의 호손 공장에서 미국 학술조사심의회의 지원을 받은 하버드대학의 메이요(E. Mayo : 1880~1949), 뢰스리스버거(F. J. Roethlisberger : 1898~1974) 등에 의하여 1924년부터 1932년까지 약 8년간에 걸쳐 이루어진 연구로서, 작업자의 작업능률과 그것에 영향을 미치는 객관적 · 주관적인 여러 조건과의 관계를 규명한 조사와 실험을 총칭한다.

조지 엘튼 메이요
(G. E. Mayo : 1880~1949)

프리츠 쥴스 뢰스리스버거
(F. J. Roethlisberger : 1898~1974)

호손 실험

호손 실험(Hawthorne Experiments : 1924~1932) : 시카고의 호손 공장에서 '작업자의 능률에 영향을 미치는 요소'를 규명한 조사로서, 모두 4차에 걸쳐 이루어졌다.

- **1차 실험**(조명실험 : 1924~1927) : 물리적인 작업환경과 작업능률을 파악하는 실험이었는데, 조명과 같은 작업환경은 작업능률에 직접적인 영향이 없다고 밝혀졌다.
- **2차 실험**(계전기 조립실험 : 1927~1929) : 작업조건(휴식, 간식 등)의 개선이 생산성에 어떤 영향을 미치는지를 실험하였다. 실험 결과 작업조건의 개선은 생산성 향상에 별로 영향을 주지 않으며 오히려 생산성에 영향을 미치는 요소는 종업원의 사기, 인간관계 등으로 밝혀졌다.
- **3차 실험**(면접실험 : 1928~1930) : 작업자들과 면접을 통하여 상사의 감독 방법, 종업원의 불만 등을 조사한 실험으로, 실험 결과 상사의 감독 방법은 생산성에 영향을 미친다는 것을 밝혔다.
- **4차 실험**(배선작업실험 : 1931~1932) : 비공식적 조직의 영향에 대하여 조사한 실험으로, 공식적 조직보다는 비공식적 조직이 생산성 향상에 더 영향을 미친다는 것을 밝혀냈다.

호손실험을 마친 연구팀은 『산업문명에 있어서의 인간문제 : Human Problems of Industrial Civilization(1933)』에서 다음과 같은 결론을 도출하였다. "작업능률을 좌우하는 것은 임금이나 노동시간, 조명, 환기 등 단순한 작업조건이나 환경 외에도 종업원의 태도와 감정의 요소가 더 중요하다.

따라서 기업도 물적 조건의 개선과 함께 종업원의 심리적 요소를 고려하도록 해야 하며, 종업원의 태도 및 감정을 좌우하는 것은 개인적 · 사회적 환경, 사내의 세력관계 및 그가 속한 비공식그룹의 힘이다".

2. 인간관계론의 출현

전통적인 관리론에서는 상사가 작업에 대해 명령을 내리고, 그에 상응하는 보수를 주면 복종하는 인간의 조직을 전제했다.

그러나 호손실험의 결과, 조직 내의 인간이란 결코 보수(임금)만으로 움직이는 기계가 아니라, 그 외에도 감정이나 욕구 등 심리적 · 사회적 조건에 의해

지배되는 다면적인 속성이 있다는 점이 실증되면서 인간관계론이 탄생하게 되었다.

인간관계론에서는 기업을 사회적 조직으로 보고, 인간을 경제적 동기에 따라 움직이는 이성인(rational man)보다는 사회적 동기에 따라 움직이는 사회인(social man)으로 보았다. 또한 조직에는 효율의 논리를 따르는 공식조직(formal organization)과 감정의 논리를 따르는 비공식조직이 존재하는데, 특히 비공식조직(informal organization)이 생산성 향상에 중요한 역할을 한다고 주장하였다.

따라서 인간관계론에서는 경영자의 감독 방법, 종업원과의 상담, 작업에 관한 의사소통 등의 인간관계 지향적인 기법을 사용할 것을 권고하였으며, 종업원에게 특별한 관심을 보일 때 직무만족을 가져올 수 있고, 이것이 생산성 향상과 직결된다고 보았다.

이처럼 인간관계론의 핵심은 인간행동을 경제적 욕구에서 집단적 · 사회적 욕구로 전환시킴으로써, 만족도와 생산성 향상에 영향을 미치는 사기(morale)의 개념과 연결시킨 것이다.

즉 산업사회에서 생산성에 영향을 미치는 것은 물리적 환경의 조건, 휴식시간, 임금, 조명 등이 아니고, 종업원이 회사 및 동료, 상급자에게 대하여 가지는 감정이나 태도와 같은 인간적인 요소에 영향을 받는다는 것이다.

3. 인간관계론의 업적과 비판

인간관계론은 전통적 관리론에서 경시되어온 비공식조직의 존재와 그 기능을 밝힘으로써 경영학의 발전에 큰 공헌을 한 것은 사실이며, 최초의 인간성 회복이라는 개념을 도입했다는 업적을 인정받는다. 그러나 다음과 같은 한계도 지닌다.

① 인간 행동의 심리적 · 감정적 측면만을 지나치게 강조하여 노동자에게 안이한 근무 자세를 유발시켰다.

② 비공식조직을 지나치게 강조한 나머지, 공식조직의 목적을 경시하였다.

③ 과학적 관리론과 마찬가지로 산업사회에서의 노동조합의 역할을 전혀 고려하지 않았다.

이러한 호손실험의 연구는 그 후 인간 행동의 미시적 측면에 대한 연구로서 동기유발이론과 리더십이론이 중심이 되는 행동과학론과 인간행동의 거시적 측면을 중심으로 조직의 공식적 측면과 비공식적인 측면의 상호작용을 다루는 조직행동론의 출현을 촉진시켰다.

제4절 행동과학적 이론

인간관계론이 비록 인간이라는 개념을 도입하기는 했으나 결국은 비판을 면하지 못하게 되자, 이에 대한 반성으로 인간 행동의 여러 원인을 분석하는 독립된 학문의 등장이 불가피하게 되었는데, 인간이 왜 그러한 행동을 하는가에 대해 연구하는 행동과학(behavioral science)이 출현하였다.

행동과학은 심리학 · 사회학 · 문화인류학의 개념과 방법을 이용하여 조직에서의 인간행동에 영향을 미치거나 이를 결정하는 요인에 관한 지식을 체계화하는 학문인데, 행동과학적 접근에 바탕을 둔 주요 이론을 살펴보면 다음과 같다.

1. 아지리스의 동기부여이론(미성숙 · 성숙이론)

크리스 아지리스(C. Argyris : 1923~2013)는 그의 저서 『퍼스낼리티와 조직』(1957)에서 조직과 개인간에 존재하는 대립에 주목하면서 동기부여를 중심으로 한 인간행동의 미성숙-성숙이론을 전개하였다.

아지리스는 〈표 2-1〉에서처럼 인간(개인)이 성장하는 과정에는 일곱 가지 변수가 있으며, 이들은 하나의 연속 선상에서 미성숙의 상태로부터 성숙의 상태로 발달한다고 보았다.

아지리스는 '공식조직은 조직의 목표 달성을 위하여 과업의 전문적인 세분화, 지휘계통에 의한 명령과 통제 등으로 경직성을 가지기 때문에 종업원은 욕구불만이 생기고, 이는 생산성의 저하로 이어지게 된다고 보았다.

그러므로 경영자는 종업원의 행동을 파악하고, 이러한 공식조직의 경직성 속에서도 성숙한 인간으로 변화할 수 있도록 독재적인 리더십을 버리고 참가적인 리더십을 발휘하여야 한다. 또한 종업원의 사기앙양에 역점을 두어 종업원이 스스로 조직을 위하여 헌신할 수 있도록 동기부여에 최선을 다하여 그들 스스로가 성숙한 인간이 되어 자기통제를 할 수 있도록 하여야 한다'고 주장하였다.

아지리스는 그 후 조직 문제에 새로운 접근방법을 도입한 『개인과 조직의 통합』(1964)에서, 조직이란 기본적으로 인간의 욕구에 적합하도록 변화시키는 것이 가장 바람직하다고 강조했다.

〈표 2-1〉 미성숙 · 성숙의 연속체

미성숙	성숙
① 수동적 · 소극적 활동	① 능동적 · 적극적 활동
② 의존적 상태	② 자주적 · 독립적 상태
③ 한정된 단순한 행동	③ 다양 · 복잡한 행동
④ 얕고 약한 관심	④ 깊고 강한 지속적 관심
⑤ 단기적 전망	⑤ 장기적 전망
⑥ 종속적 지위에 만족	⑥ 대등 혹은 우월적 지위에 만족
⑦ 자기 의식의 결여	⑦ 자기 의식 · 자기 통제

2. 맥그리거의 X · Y이론

더글라스 맥그리거(D. McGregor : 1906~1964)는 그의 저서 『기업의 인간적 측면』(1960)에서 전통적인 인간관과 새로운 인간관을 동기부여의 관점에서 비교하여 전자와 후자를 각각 X이론(X theory), Y이론(Y theory)이라고 가정하였다.

이 이론에 의하면, 인간은 원래 X이론을 가지고 있는 전통적 인간관이지만, 노력 여하에 따라서는 얼마든지 Y이론을 가진 새로운 인간관으로 변화하여 조직에 기꺼이 헌신할 수 있다고 보았다(〈표 2-2〉 참조).

X이론과 Y이론의 핵심

X이론 : 사람은 일하기 싫어하기 때문에 누군가가 강요하고, 벌을 준다고 해야 마지 못해 일을 한다

Y이론 : 사람은 스스로 즐거워서 일하고, 누군가가 시키는 것도 아닌데 일 속에서 행복을 찾는다.

그러면 어떻게 인간이 Y이론을 가지고 조직에 임할 수 있을까 하는 것이 명제가 된다. 여기에서 맥그리거는 인간의 고차원적인 욕구가 충족되기 위해서는 조직목적과 개인의 이익이 통합되는 상황을 만드는 데 있다고 주장하며, 개인과 조직의 통합화야말로 그가 주장하는 동기부여이론의 골자로서 통합의 원리를 내세웠다.

〈표 2-2〉 X · Y이론의 인간성에 관한 가설

X이론
· 사람은 원래 일하기를 싫어한다. · 사람은 야망이 없으며, 책임지기를 싫어하고, 지휘받기를 좋아한다. · 사람은 조직의 문제를 해결하는 데 창의력을 발휘하기 싫어한다. · 사람은 엄격히 통제되어야 하고, 조직목표를 달성하기 위해서는 강제되어야 한다.
Y이론
· 일이란 작업조건만 잘 부여해주면 놀이나 쉬는 것과 같이 극히 자연스러운 것이다. · 조직목표를 달성하는 데는 자기통제가 필요하다. · 조직문제를 해결할 수 있는 창의력은 누구나 가지고 있다. · 사람은 적절하게 동기유발이 되면 자율적이며 창의적으로 일을 한다.

3. 매슬로우의 욕구 5단계설

동기유발에 관한 이론을 개발한 심리학자 아브라함 해롤드 매슬로우(A. H. Maslow : 1908~1970)는 인간의 내부에 존재하는 욕구를 다섯 가지 단계로 나누고, 고차원적인 욕구를 충족시키기 위해 종업원은 조직을 위하여 헌신한다고 가정하였다. 이 이론은 예전의 안이한 동기유발론에서 인간의 내재적인 욕구를 실현시킬 수 있는 동기유발의 필요성을 강조하였다. 이러한 인간욕구의 다섯 단계 내용은 다음과 같다.

(1) 1단계(생리적인 욕구)

1단계는 가장 저차원적인 욕구로서, 이러한 욕구 충족을 위해서 조직은 합리적인 임률을 적용하여 종업원의 의 · 식 · 주 문제를 해결하여야 한다.

(2) 2단계(안전의 욕구)

2단계는 자기의 신체를 외부의 위험으로부터 보호하고자 하는 욕구로서, 조직은 안전장치나 공해방지 장치 등을 설치하여 각종 재해원인이 발생되지 않게 함은 물론 이의 발생에 대비하여 보험 등 충분한 보상제도를 강구하여야 한다.

(3) 3단계(사회적 욕구)

3단계는 조직원이 동료와 우애적인 관계를 유지하면서 타인으로부터 존경받을 수 있는 지위를 요구하는 욕구로서, 조직은 이의 충족을 위하여 승진 등의 방법으로 해결하여야 한다.

(4) 4단계(존경의 욕구)

4단계는 자존심과 성취욕, 명예욕 등 고차원적인 욕구로서, 조직은 이의 충족을 위하여 종업원의 공헌도에 따라 상벌을 알맞게 주어야 하며, 종업원의 아이디어 개발을 존중하고 이를 활용하는 등 종업원이 자기 성취에 최선을 다하도록 조직의 환경을 만들어 주어야 한다.

(5) 5단계(자아실현의 욕구)

5단계는 인간의 욕구 중 가장 높은 수준의 욕구를 말한다. 자기 발전을 이루고 자신의 잠재력을 극대화시키고자 하는 욕구이다. 개인적인 능력을 발휘하고 싶은 욕구를 포함하여 조직에서도 직접 조직을 움직이려는 자기달성의 욕구이다. 이러한 경우 종업원을 과감히 경영에 참여시켜 노사가 공동으로 협력하는 환경을 조성해 주는 것도 중요하다.

매슬로우에 의하면, 인간의 욕구는 개인의 발달과 성숙 과정에 따라 [그림 2-2]와 같이 고차원의 욕구로 단계적으로 이행하게 된다고 보았다. 또한 저차원의 욕구가 충족되지 않은 상태에서 고차원의 욕구로 이행해서는 안 되며, 한 번 충족된 욕구는 다시 동기부여의 요인이 되지 못한다고 주장하였다.

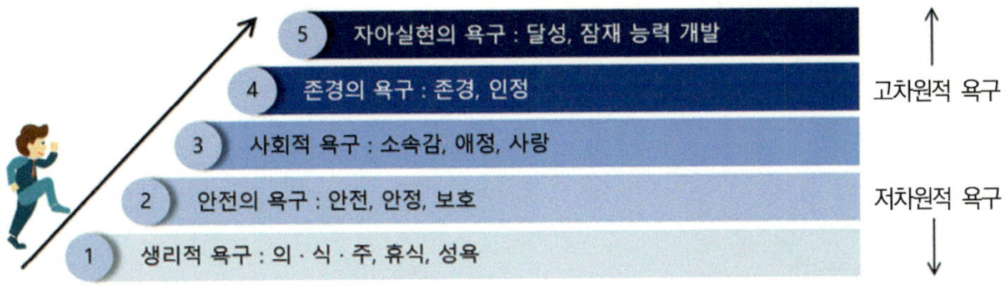

그림 2-2. 매슬로우의 욕구 5단계와 관리방식

4. 허즈버그의 동기 · 위생요인

프레드릭 허즈버그(F. Herzberg : 1923~2000)는 그의 저서 『직무에 있어서의 동기부여이론』(*The Motivation to Work*, 1959)에서, 〈표 2-3〉과 같이 직무의 만족요인인 동기요인(motivation factor)과 불만족요인인 위생요인(hygiene factor)으로 구분하였다.

허즈버그의 동기 · 위생이론은 사람이 만족한다는 것과 불만족한다는 것은 본질적으로 다른 차원의 문제라는 가정에서 출발한다.

이와 같은 허즈버그의 이론을 2 요인 이론(dual factor theory)이라고도 하는데, 그는 연구를 통하여 사람들이 직무에 불만족을 느낄 때는 그들이 일하고 있는 '환경'이 문제가 되는 것이며, 반면에 직무에 대하여 만족을 느낄 때는 '직무 그 자체'와 관련이 있다고 보았다.

따라서 사기를 올리려면, 위생요인을 이용하기보다는 동기요인을 통하여야 한다는 것이다.

〈표 2-3〉 동기 및 위생요인

위생요인 - 환경	동기요인 - 직무 그 자체
회사 정책과 관리 감독 작업 조건 개인 상호간의 관계 임금과 보수 안정과 지위(승진)	성취감 달성에 대한 인정감 작업(직무) 자체에의 도전감 책임감 성장 및 발전 자아실현

제5절 조직론적 관리론

테일러의 과학적 관리론과 페이욜의 관리방식이 모두 공식조직을 토대로 하였고, 이후 인간관계론에서는 공식적 조직을 비판한 가운데 비공식조직이 그 기반이 되었다.

따라서 이러한 양자의 이론을 통합한 것이 체스터 어빙 버나드(C. I. Barnard : 1886~1961)에 의해 창시되고, 제임스 가드너 마치(J. G. March : 1928~2018)와 허버트 알렉산더 사이몬(H. A. Simon : 1916~2001)에 의해 계승 발전된 조직론적 관리론이다.

1. 버나드의 협동체계적 조직론

조직론적 관리론의 시작은 1938년에 출판된 버나드(C. I. Barnard : 1886~1961)의 『경영자의 역할』에서부터 라고 볼 수 있는데, 이 책은 버나드 혁명으로까지 불리어질 정도로 미국 경영학계에 커다란 파문을 던졌다.

왜냐하면 이제까지의 과학적 관리론이나 그 보완책으로서의 인간관계론이 주로 대내적 · 부분적 · 정태적인 시각에서 경영관리론을 다루어 왔으나, 버나드의 이론은 대외적 · 전체적 · 동태적이라는 전혀 새로운 시각에서 다루어졌기 때문이다.

또한 인간성을 경시한 고전이론과 공식조직을 경시한 인간관계론을 통합한 데에 그 의의를 찾아볼 수가 있기 때문에 버나드는 '근대조직론의 아버지'로까지 높이 평가되고 있다.

버나드가 주장한 내용을 간략하게 요약하면, '인간은 육체적 · 생물학적으로 한계를 가지고 있기 때문에 조직 내에서 협동하는 것이다. 따라서 경영자의 역할이란 공식적 조직에서 협동적 노력시스템을 구축하는 것이 필요하다. 또한 경영자는 의사소통이 원활히 유지될 수 있도록 공식조직과 비공식조직을 양립하는 조직을 구성해야 한다'고 보았다.

예를 들면 구성원들이 전문화할 수 있는 기능화된 시스템을 구축하거나, 구성원들이 집단활동에 공헌하도록 유인하는 유인시스템, 구성원들이 경영자의 결정을 받아들이게끔 하는 논리적 의사결정시스템 등이다.

버나드의 이론은 조직구성원들의 활동을 시스템으로 보고 공식적인 조직에서 조직구성원은 혼자서는 달성할 수 없는 것을 다른 사람과 공동으로 노력하여 달성한다고 하였으며, 조직의 목표와 목표를 달성하기 위해 일하는 개인의 목표 및 필요 사이에 균형이 유지되어야 조직이 효율적으로 운영될 수 있다고 보았다.

2. 사이몬의 조직적 의사결정론

테일러 이후 고전적 이론의 보완책으로 메이요(E. Mayo) 등이 주장한 인간관계론은 지나치게 인간성을 중시한 비공식조직 중심의 의미가 강하였지만, 조직관리론의 기초를 확립한 버나드의 조직론은 비공식조직보다도 공식조직에 그 이론적인 비중이 더 두었다.

버나드 이론을, 의사결정의 문제를 중심으로 더욱더 발전시킨 학자가 바로 1978년도의 노벨경제학 수상자이기도 한 사이몬(H. A. Simon : 1916~2001)이다.

사이몬은 조직을 성립시키는 조건의 중심이 되는 것이 바로 '조직적 의사결정론'이라 하였는데, 개인이 조직에 참가해서 그 일원으로서 행하는 조직적 의사결정을 정서적 반응보다도 인지적 · 합리적 반응의 국면으로 파악하고자 하는 것이다.

사이몬은 인간행동(human behavior)과 의사결정(decision making)의 관계를 깊이 다루면서 "개인은 행동을 일으키기 이전에 어떤 행동을 일으켜야 하는가에 대해서 자기의 의사를 결정하게 되며, 이를 의사결정이라 하지만, 인간행동의 의사결정이야말로 앞으로의 관리론에서 깊이 다루어야 할 중요한 과제"라고 하였다. 따라서 "경영관리는 곧 의사결정과 동의어로 간주되어야 한다"라고 덧붙이기도 한다.

3. 마치와 사이몬의 조직이론

마치(J. G. March : 1928~2018)는 사이몬과 공동 연구를 통하여, 조직이론의 중심적 과제는 공식조직에서의 인간행동의 본질을 해명하는데 있고, 조직을 하나의 사회적 제도로 파악하면서, 조직에 영향을 미치는 특징(동기부여의 측면), 정보전달의 형태 등을 분석하였다.

그들은 사회적 제도로서의 조직이란 상호작용하고 있는 인간의 집합체라고 정의하면서, 조직에서의 인간행동을 다음과 같은 세 가지 유형으로 분류하였으며, 조직행동을 살필 때는 이 유형을 모두 고려해야 한다고 주장하였다.

- **인간행동의 기계모델** ; 조직의 구성원은 수동적이기 때문에 스스로 일을 하거나 유효한 영향력을 행사하는 존재가 아니라는 것을 가정하는 모델

▸ **인간행동의 동기모델** : 조직의 구성원은 조직에 대한 태도, 가치, 목표를 가지고 있다는 것을 가정하고, 조직구성원을 유인하기 위해서 동기부여가 필요하다는 것을 가정하는 모델

▸ **인간행동의 의사결정모델** : 조직의 구성원은 의사결정자이며 또한 문제해결자라고 가정한다. 즉 조직에서 인간행동의 중심이 되는 것은 의사결정을 위한 인지와 사고의 과정이라고 가정하는 모델

제6절

근 · 현대적 관리론

1. 쿤쯔의 경영이론의 밀림

해롤드 쿤쯔(H. Koontz : 1909~1984)는 1950년대 이후 경영학의 접근방법과 이론들이 지나치게 많아 오히려 혼란을 주고 있다고 하면서, 이를 '경영이론의 밀림'(management theory jungle)이라고 하였다.

즉 세계 경영학의 주류를 형성하고 있는 미국 경영학의 현상에 대한 개념, 정의, 용어, 원칙, 기법이 너무나 많은 학파와 이론들로 난립하고 있어 이것이 오히려 경영학의 문제를 이해하는데 혼돈을 초래하고 있다고 주장하였다.

따라서 쿤쯔는 혼란을 초래하는 수많은 학파, 용어, 개념 등을 통합 · 조정함으로써 경영학의 발전에 기여해야 한다는데 초점을 맞추었다. 그는 혼란을 초래하는 많은 개념을 통일적인 접근방법, 통일적인 관리론의 모색, 용어통일, 학자 상호 간의 이해, 경영교육의 통일적인 방법 등으로 미국 경영학의 참된 발전을 위한 문제점의 해결 노력이 중요하다고 강조하였다.

쿤쯔는 1980년에 밀림과 같은 여러 접근방법을 다음과 같이 11개 학파(school)로 분류하였다. ① 경험적 또는 사례접근법(the empirical or case approach), ② 인간상호간 접근법(the interpersonal behavior approach), ③ 집단행동 접근법(the group behavior approach), ④ 협동사회시스템 접근법(the cooperative social systems approach), ⑤ 사회기술시스템 접근법(the sociotechnical systems approach), ⑥ 의사결정이론 접근법(the decision theory approach), ⑦ 시스템적 접근법(the systems approach), ⑧수리적 또는 경영과학적 접근법(the mathematical or management science approach), ⑨ 컨틴전시 또는 상황적 접근법(the contingency or situational approach), ⑩ 관리 역할적 접근방법(the management roles approach), ⑪ 운영적 접근법(the operational approach)

쿤쯔의 이 같은 주장에 대하여 사이몬은 '다양한 분업적 연구를 통하여 경영학은 더욱 발전할 수 있기 때문에 구태여 통일이론이 필요하지 않다'는 입장을 취하였다. 또한 '분업화된 전문적인 어프로치로 그 성과는 더 클 수 있다'고 주장하였다.

2. 드러커의 21세기 경영철학

쿤쯔와 함께 현대 미국 경영학을 이끈 학자가 피터 퍼디난드 드러커(P. F. Drucker : 1909~2005)인데, 그는 이제까지 부분적이며 주관적인 관점과는 달리 전체적이며 객관적인 관점에서 20세기의 경영학이 택해야 할 미래상과 경영의 주체가 되는 경영자의 철학을 제시하였다.

또한 의미학상의 혼란(semantic jungle)이 빚어지고 있는 매니지먼트(management)란 무엇인가에 대한 설명을 명쾌하게 규정하였으며, 사회에서 기업의 역할과 비중이 커짐에 따라 사회적 책임을 성실히 수행할 것을 강조하였다.

그의 주장은 미국 경영학을 새로운 관점에서 정의하였으며, 앞으로 미국 경영학이 나아갈 방향의 제시라고 할 수 있으며, 더 나아가서는 21세기를 위한 경영철학이라고도 할 만하다. 이러한 드러커의 미래지향성은 그의 저서에서도 볼 수 있는데, 이를테면 연금사회나 고령화사회에서 경영자의 사회적 책임을 역설하였고 경영학이 지향해야 할 방향을 제시한 것은 그의 큰 공헌이라고 할 수 있다.

요컨대 그의 미래 전망에는 지식사회에 있어서의 경영자의 새로운 사회적 사명과 책임 등이 항상 다각적으로 포괄되어 있다는 점에서 현대 경영학의 구루(Guru)로 평가받고 있다.

제3장 기업의 형태

제1절
기업의 본질

1. 기업의 개념과 특징

1) 기업의 개념

기업(enterprise)은 자본주의 경제체제하에서 발달한 시장경제사회의 대표적인 조직의 하나로서, 제품과 서비스의 생산·유통에 참여하는 경제 단위들을 의미하는데 오늘날 우리 사회에서 가장 흔히 볼 수 있는 조직의 형태이다.

기업은 신제품의 생산, 새로운 생산방식의 채용, 새로운 조직의 형성, 새로운 시장 개척, 새로운 원료의 개척, 새로운 자본시장의 개척 등을 통해 생산활동을 지속적으로 수행하며, 그에 따른 위험을 스스로 부담하는 조직체이다.

과거의 기업은 자본을 투자한 자본가가 소유하는 사적 경제단위로 인식하였지만, 오늘날에는 사회를 유지・발전시키는데 중요한 역할을 하는 공공조직으로 인식되어가고 있다.

오늘날 기업은 사회의 구성요소 중 하나이며, 사회의 모든 부문과 깊은 관련을 가지고, 영향력을 행사하고 있다. 즉 기업은 우리의 의식주를 해결하는데 필요한 제품과 서비스를 생산하여 공급하는 경제적 기능을 수행하고 있을 뿐만 아니라 소득의 원천으로서의 역할과 함께 삶을 이어가는 생활의 터전으로서의 기능을 하고 있다.

또한 기업은 지역사회는 물론 국가 전체에도 영향을 주고받으며, 모든 사회 구성원의 가치관, 욕구 수준, 사고방식에도 큰 영향을 서로 주고 받으며 사람들의 행동양식을 규정하기도 한다.

2) 기업의 특징

기업의 특징은 학자에 따라 여러 가지로 다양하게 설명할 수 있지만 일반적으로 다음과 같다.

첫째, 기업은 생산경제단위체이다. 원료・인력・자본・기술 등의 투입요소로 제품과 서비스를 산출하여 공급하는 생산활동을 하는데, 이는 소비경제단위체인 가계(household), 비영리법인(non-profit foundation)인 정부와 더불어 국민경제를 구성하는 개별경제단위체이다.

둘째, 기업은 이윤추구를 목적으로 하는 조직이다. 이윤추구는 자본주의 경제활동의 기본적인 원리이기 때문에 기업과 이윤추구는 불가분의 관계에 있다.

셋째, 기업은 구성원의 소득의 원천이다. 기업은 구성원에게 노동의 대가인 임금을 지급함으로써 소득을 형성해 준다. 소득은 인간활동의 욕구를 충족시켜 주는 중요한 수단이 된다.

넷째, 기업은 재화의 가치 창출로 사회에 공헌한다. 기업이 생산하는 재화와 서비스는 사회가 필요로 하는 수요를 충족시킨다.

다섯째, 기업은 경제시스템이다. 기업은 인간이 필요로 하는 재화나 서비스를 생산하여 공급하는 경제시스템이며, 동시에 기업활동에 참여한 모든 구성단위체(주주, 종업원, 원료 공급자, 유통업자 등)에게 그의 성과에 따라 공정하게 배분해주는 경제시스템이다.

2. 기업의 생존 부등식

기업이 계속기업으로서 생존하고 발전하기 위해서 가장 중요한 것이 이익의 개념이다. 이익은 이익(P) = 수익(R) - 비용(C)의 공식으로 나타낼 수 있는데, 이익을 크게 하기 위해서는 수익을 증가시키거나 비용을 감소시키는 방법이 있다.

① **수익(R)을 증가시키는 방법** : 수익은 '영업수익(판매수량 × 판매단가) + 영업외수익'으로 나타낼 수 있는데, 영업수익이 큰 비중을 차지하므로 판매수량을 증가시키든지 판매가격을 인상시킨다.

② **비용을 감소시키는 방법** : 원재료, 노동력, 에너지 및 기타 경영활동과 관련된 모든 비용을 절감한다.

①에서 영업수익을 증가시키기 위해서는 소비자가 기업의 제품이나 서비스를 더 많이 구매해 주어야 하는데, 소비자는 자신이 지불하는 가격(P)보다 제품이나 서비스가 제공하는 가치(V)가 클 때 구매한다.

따라서 소비자의 입장에서는 다음과 같은 부등식이 성립되어야 제품과 서비스를 구매한다.

제품 및 서비스의 가치(V) > 제품 및 서비스의 가격(P), V-P > 0 ··· ①

여기서 제품 및 서비스의 가치는 소비자의 지각가치(perceived value) 또는 효용(utility)을 의미하는 것으로, 지각가치를 가격과 비교하여 결정하게 된다.

한편 기업의 입장에서는 수익(R) - 비용(C) > 0이 성립되어야 이익을 창출할 수 있으며, 다음과 같은 부등식이 성립되어야 이익이 창출된다.

P > C, P - C > 0 ·· ②

①식과 ②식을 결합하면, 소비자 입장에서의 소비자 혜택(consumer's benefit)과 기업입장에서의 생산자 혜택(producer's benefit)이 동시에 발생하는 부등식이 된다. 즉 기업이 생존하기 위해서는 다음과 같은 부등식이 만족되어야 한다.

$$V > P > C \cdots\cdots ③$$

③식은 기업이 시장에서 생존하기 위한 기본조건으로 기업의 생존부등식이라고 한다.

결론적으로 소비자가 지각하는 제품 및 서비스의 가치는 제품의 가격보다 커야 하며, 제품 및 서비스의 가격은 비용보다 커야 한다.

따라서 기업의 목표는 다음과 같이 정리할 수 있다.

① V-P>0을 달성하기 위하여 V를 높이고 P를 낮추어야 하는데, V를 높이기 위해서는 경쟁기업에 비해 많은 가치를 제공해 주는 제품을 생산해야 하며, 이를 위해서는 기업이 끊임없이 신기술 및 신제품의 개발 노력을 통해 새로운 가치를 창출하는 창조성이 요구된다.

② P-C>0을 달성하기 위하여 P를 높이고 C를 낮추어야 한다. ①에서는 P를 낮추고, ②에서는 P를 높여야 하는 선택이 남아 있으나 장기적으로는 V를 높이고 C를 낮추는 것이 바람직하다. C를 낮추기 위해서는 비용을 절감할 수 있는 원가절감이나 생산성을 증가시켜야 한다.

제2절 기업형태의 의의와 분류

1. 기업의 형태

기업은 인간의 욕구를 충족하기 위한 재화나 용역을 생산하는 조직이며, 아울러 사유재산제도를 전제로 하는 시장경제체제의 경제단위로서 영리추구를 목적으로 하는 생산경제로서의 개별경제 주체이다.

일반적으로 기업의 형태(form of enterprise)는 기업의 종류를 나타내는 용어를 의미하기도 하는데, 기업의 소유와 경영지배 혹은 구조적 관계를 기준으로 분류하게 된다. 즉 기업형태는 출자 · 경영 · 지배와의 관계에 따른 기업의 분류를 말한다.

2. 기업의 분류

기업형태는 출자, 경영, 지배의 세 가지 요소를 기준으로 결정하는데, 학자들의 관점에 따라 서로 다른 분류 방법이 있으나 일반적으로 기업의 규모, 업종, 출자자, 법, 제도 및 정부와의 관계 등에 따라서 다음과 같이 분류한다.

- **규모에 의한 분류** : 기업의 분류기준을 경영하는 규모의 크기에 따라 대기업, 중기업, 소기업으로 분류한다. 규모에 의한 분류기준은 매출액, 종업원 수, 자본금 등이다.
- **업종에 의한 분류** : 기업이 기업 활동을 하고 있는 업종에 따라 제조업, 농업, 임업, 어업, 광업, 건설업, 서비스업, 금융업, 통신업, 숙박업, 운수업, 부동산업 등으로 분류하는 방법이다.
- **출자와 책임에 의한 분류** : 출자와 이에 따른 책임의 부담이 일반 개인인지 아니면 국가 또는 지방자치단체인지에 따라 사기업, 공기업, 공사공동기업의 세 가지로 대별된다.

  사기업은 출자와 책임부담이 개인인지 혹은 여러 사람인지에 따라 개인기업과 공동기업으로 구분되며, 공동기업은 공동출자가 소수출자인지 혹은 다수출자인지에 따라 소수공동기업과 다수공동기업으로 구분된다.

  학자에 따라서는 출자자의 결합관계를 중심으로 조합적 공동기업(민법상의 조합, 익명조합), 인적 공동기업(합명, 합자, 유한회사), 물적 공동기업(주식회사)으로 구별하기도 한다.
- **법률적 형태에 의한 분류** : 기업형태의 법적 성격이나 내용을 기준으로 분류하는 방법인데, 상법이 규정하는 개인기업 · 합명회사 · 합자회사 · 익명조합 · 유한회사 · 주식회사, 민법 및 각종 조합법에 의한 조합, 기타 특별법인으로서 공사 · 공단 · 금고 등이 있다.

이상의 내용을 바탕으로 기업을 경제적 및 법률적 형태로 살펴보면 [그림 3-1]과 같다.

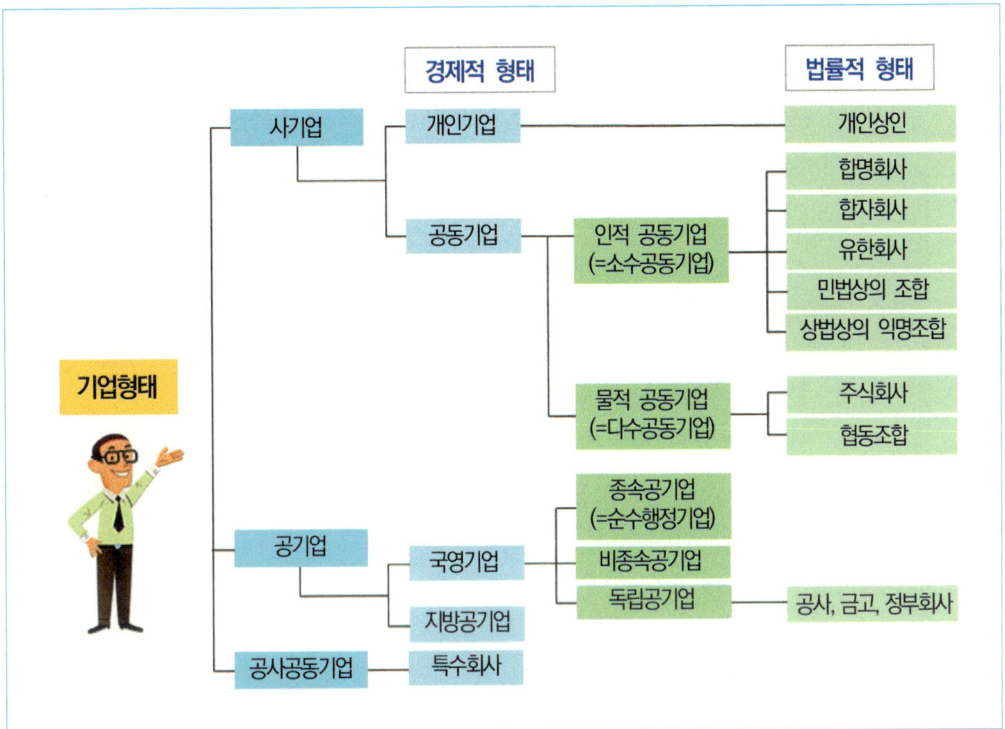

그림 3-1. 기업의 경제적 및 법률적 형태

제3절 사기업

사기업(private enterprise)이란 개인이 자본을 출자하여 경영하는 모든 개별 경제를 말하며, 사기업은 개인기업과 공동기업으로 나누어진다.

1. 개인기업

개인기업(sole proprietorship)이란 출자 · 경영 · 지배를 개인이 모두 지배하고 있는 기업형태로서 가장 오래된 형태이다. 이는 경영상의 모든 책임과 권한은 물론 손익도 개인에게 귀속되는 일종의 무한 책임의 성격을 갖는다. 개인기업은 대자본이 필요하지 않는 소기업에 적합한 형태이다.

개인기업의 가장 일반적인 장 · 단점은 다음과 같다.

(1) 개인기업의 장점

첫째, 설립 · 폐쇄가 용이하고, 창업비용도 적게 든다.
둘째, 신속한 의사결정이 이루어진다.
셋째, 이익을 독점할 수 있다.
넷째, 경영상의 기밀을 유지할 수 있다.
다섯째, 법인세가 없고, 개인소득세만 납부하기 때문에 세제상의 혜택을 기대할 수 있다.

(2) 개인기업의 단점

첫째, 자본조달에 한계가 있다.
둘째, 개인의 사업능력에 한계가 있다.
셋째, 부채에 대한 무한책임을 개인이 진다.
넷째, 방만하고, 무계획적인 경영을 하기 쉽고, 사회 전체적으로 중복투자가 되기 쉽다.
다섯째, 기업의 운명이 경영자의 개인운명에 따라 좌우될 수 있다.

2. 소수공동기업

2명 이상의 출자자에 의해 설립되는 공동기업은 개인기업의 단점과 한계를 극복할 수 있는 장점이 있으며, 출자자의 수에 따라 소수공동기업과 다수공동기업으로 구분된다.

소수공동기업(인적 공동기업)은 인적인 결합의 성격이 강한 인적 공동기업으로서 합명회사, 합자회사 및 유한회사 등으로 구분되며, 다수공동기업은 자본적 성격을 지닌 자본적 공동기업으로서 주식회사와 협동조합 등으로 분류할 수 있다.

1) 합명회사

합명회사(unlimited partnership)는 중세 유럽 이탈리아의 '소시에타스'(societas)라는 공동기업을 그 기원으로 보는데, 소시에타스는 상업에 종사하는 가족공동체 내지 혈연공동체를 기반으로 형성된 인적 결합관계가 강한 것이 특징이다. 이러한 형태의 공동기업은 15~16세기 독일의 가족단체(familiengemeinschaft)기업의 형태로 발전하였다.

합명회사는 2인 이상의 출자자가 공동으로 출자 및 경영 그리고 공동손익계산을 하는 기업형태로서, 회사의 채무에 대하여 출자자 전체가 연대무한책임을 진다. 이는 특히 인적 기업의 대표적인 기업형태로서 각 출자자가 정관을 작성하고 법원에 등기함으로써 설립되는데, 무한책임사원의 특징상 혈연관계에 있거나 이와 유사한 관계에 있는 사람들 간에 이루어지는 가족공동체적인 기업형태가 많다.

합명회사는 회사운영에 관한 의사결정뿐만 아니라 출자자의 지분을 양도할 때 모든 출자자의 동의가 필요하다. 2인 이상이 출자하지만 인원이 많지 않기 때문에 다분히 개인기업의 특성을 지닌 공동기업이라 할 수 있으며, 대규모 자본을 조달받는데 한계가 있다.

합명회사의 특성을 장·단점으로 구분하면 다음과 같다.

(1) 합명회사의 장점

합명회사의 가장 큰 특징은 인적 결합력이 강하다는 점이며, 다음과 같은 장점을 가지고 있다.

첫째, 소수의 집단이기 때문에 의사결정의 기동력이 있다.
둘째, 인적 결합이기 때문에 결속력이 강하다.
셋째, 자본금이 개인기업보다는 클 수 있다.
넷째, 소수로 운영되기 때문에 개인기업처럼 환경 변화에 적응력이 강하다.

(2) 합명회사의 단점

합명회사는 많은 장점이 있지만, 다음과 같은 단점도 있다.

첫째, 모든 출자자는 무한책임을 진다.
둘째, 개인기업보다는 출자자가 많지만 대자본의 모집에 한계가 있고, 대외 신용도가 약할 수 있다.
셋째, 인적 결합이 오래 지속되지 못할 수 있다.

2) 합자회사

합자회사(limited partnership)는 합명회사의 전원 무한책임이라는 약점을 보완할 수 있는 제도로서, 출자와 경영을 담당하는 무한책임사원과 자기의 출자 범위 내에서 책임을 지지만 경영에는 관여하지 않는 유한책임사원으로 구성되는 기업형태이다.

합자회사의 기원은 중세 이탈리아의 해상무역에서 발달한 코멘다(commenda)라고 보는 것이 일반적인데, 합명회사에 비해 자본조달이 비교적 용이하다. 왜냐하면 자본력은 없으나 경영능력이 있는 사람과 반대로 자본은 있으나 경영능력이 없는 사람이 결합할 수 있기 때문이다.

코멘다의 기원

코멘다(commenda) : 일종의 위탁계약관계로서, 위탁자인 귀족, 지주, 상인 등이 수탁자인 해상무역업자에게 상품 또는 자본을 위탁하고, 해상상업으로 얻어지는 이익의 분배 및 손실의 부담에 관한 계약이다. 이 경우 위탁자는 출자한도 내에서 유한책임을 지고, 수탁자인 차주는 무한책임을 졌다.

3) 유한회사

유한회사(private company)는 출자자를 2인 이상 50인 이하로 규정하고, 출자자 전원이 출자액에 대하여만 책임지는 전원 유한책임사원으로 구성되는 회사이다.

유한회사의 사원은 모두 유한책임을 지며, 사원총회가 최고의사결정권을 가지며, 전문경영자를 영입할 수도 있다. 또한 지분의 양도는 사원총회의 승인을 받아야 한다.

유한회사는 대부분 적은 수의 사원과 소자본으로 운영되므로 중소기업경영에 알맞은 기업형태라 할 수 있다. 유한회사의 결의에는 일반결의와 특수결의가 있으며, 기관으로는 사원총회와 이사회 및 감사가 있으나, 감사는 법정 필수기관이 아니고 임의기관이어서 설치는 자유이다.

사원총회는 이사 및 감사의 선임과 회사의 중요사항을 결정하는데, 이사는 반드시 사원 중에서 선출될 필요는 없으나, 회사의 운영에 관한 총체적인 책임을 진다.

유한회사는 기업을 공개할 의무가 면제되기 때문에 재산목록이나 대차대조표, 손익계산서, 영업보고서, 준비금과 이익배당안, 사원명부 및 의사록 등을 공개할 필요는 없다.

4) 민법상의 조합

민법상의 조합이란 민법상의 규정에 의해서 2인 이상이 공동 출자하여 공동사업을 경영할 것을 약정함으로써 그 효력이 발생하는 기업형태이다. 민법상의 조합은 조합구성원 모두가 업무 집행을 담당하며 무한책임을 지며, 법인이 아니고 조합이기 때문에 권리 의무의 주체와 자산도 조합원에 속한다.

이러한 민법상 조합의 설립은 일시적 거래로서 공동사업을 경영하는 경우, 공사채와 주식을 공동으로 인수하기 위해 증권인수단(syndicate)을 결성할 경우, 사업창설 시의 과도적 형태 또는 단기적 사업의 기업형태가 필요한 경우 등에서 볼 수 있다. 조합의 의사결정은 조합원 과반수 이상의 찬성으로 결정된다.

5) 상법상의 익명조합

익명조합(undisclosed association)은 업무를 직접 담당하는 무한책임의 영업자와 이름을 밝히기를 꺼리면서 경영에 참여하고 싶은 익명의 출자자인 익명조합원으로 구성되어 있는 상법상의 조합을 말한다. 물론 익명조합원은 실제 경영에 참여하지 않고 이익분배에만 참여할 목적으로 출자하는 유한책임자이다.

따라서 익명조합원은 일반대중에 알려지지 않은 채권자의 위치에 있다고 할 수 있으나 익명조합원이 자기의 이름이나 상표를 그 기업에 사용하는 경우에는 익명조합원도 무한책임자가 된다.

3. 다수공동기업

소수공동기업은 개인기업에 비하여 여러 가지 유리한 점이 많지만 자본조달의 어려움과 출자자와 경영자가 분리되지 않았기 때문에 경영이 비능률적이라는 제약요인이 있다.

이러한 제약요인을 극복할 수 있는 기업형태가 자본적 공동기업인 다수공동기업(물적 공동기업)이며, 대표적인 형태가 주식회사와 협동조합이다.

1) 주식회사

(1) 주식회사의 의의

주식회사(corporation)는 자본주의와 자유시장경제 체제를 대표하는 기업형태로서, 규모가 큰 기업을 운영하는 데 필요한 대규모의 자본조달과 전문경영을 할 수 있다는 특징이 있다. 오늘날 많은 기업이 주식회사를 채택하는 것은 다수의 출자자로부터 대규모의 자본을 조달받을 수 있기 때문이다.

(2) 주식회사의 특성

주식회사는 기업운영에 필요한 대자본의 조달과 경영의 합리화를 실현할 수 있는 자본적 공동기업이다. 주식회사의 특성은 다음과 같다.

- **유한책임제도** : 주식회사의 주인인 주주(stockholders)는 출자액인 주식금액의 한도 내에서 책임을 지는데, 이를 주주의 유한책임제도(limited liabilities of stockholders)라고 한다.
- **자본의 증권화제도** : 경영자와 출자자(투자자)의 역할을 구분할 수 있는 제도이다. 이 제도의 특징은 소액다수의 증권으로 대자본을 모집할 수 있고, 주식시장(stock market)을 통해 매매 양도가 가능하며, 출자자는 주식의 매입을 통해 주주 자격을 취득할 수 있으며, 매각을 통해 주주 자격을 포기할 수 있다.
- **소유와 경영의 분리제도** : 자본의 증권화제도의 특징과 깊은 관련이 있는데, 소유는 주주이지만 경영은 전문경영자에 의해 운영되는 것을 말한다.
  기업의 규모가 확대되고 경영활동이 복잡해짐에 따라 전문적인 경영이 요구되기 때문에 전문지식을 갖춘 전문경영자의 필요성이 증가하였다.

(3) 주식회사의 기관

주식회사의 기관은 최고의사결정기관인 주주총회(general meeting of stockholders), 경영을 담당하는 기관의 이사회(board of directors), 주주의 권익을 보호하는 감사(auditor) 등이 있다.

▸ **주주총회** : 회사의 최고의사결정기관으로서, 상법 또는 정관에 정해진 사항을 결정하는 의사결정기관이다.

주주총회는 이사와 감사 등의 선임이나 해임권이 있고, 정관의 변경, 자본의 증감, 주식배당, 신주인수권, 회사의 해산·합병, 이사의 선임 등에 관한 의사결정권을 갖는다.

주주총회는 정기총회와 임시총회로 구분되는데, 정기총회는 매 결산기에 정기적으로 소집되며, 임시총회는 필요에 따라 수시로 소집될 수 있다. 주주총회에서의 주주의 의결권은 1주 1의결권을 원칙으로 한다.

▸ **이사회** : 이사회는 주주총회로부터 업무집행에 관한 일체의 권한을 위임받은 수탁층(trusteeship zone)으로서, 이사회를 구성하는 이사(director)는 주주총회에서 선임되며, 이사는 사내이사(inside director)와 사외이사(outside director)로 구분된다.

사내이사는 상근이사(full-time director)를 말하며, 사외이사는 비상근이사(part-time director)로서 경영 독주를 막고, 객관적인 의사결정을 위해 마련된 제도이다.

사외이사제도의 강점과 약점

사외이사제도의 **장점**은 첫째, 사내이사가 갖지 못하는 전문 지식과 경험으로 의사결정에 참여하며, 둘째, 경영자의 좋은 조언자가 되고, 셋째, 경영자의 의견에 대한 자유로운 비판자가 되며, 넷째, 경영자의 지배나 독선을 막을 수 있고, 다섯째, 이사회에 대한 감사 기능을 담당하며, 여섯째, 수준 높은 사외이사제도의 운영은 기업의 이미지와 무형자산의 가치를 높일 수 있다.

사외이사제도의 **약점**은 경영자의 실질적이고 강한 권한에 무력화될 수 있으며, 형식적인 조언에 그치고, 거수기 노릇을 할 수 있다는 점이다.

특히 사외이사의 중요한 역할 중 하나는 사회적으로 제도화되어 있는 기업의 사회적 책임(CSR : Corporate Social Responsibility)과 기업의 지배구조(CGS: Corporate Governance System)를 건실하게 하여 기업의 모든 이해자집단의 권익을 대변하는 것이다.

기업의 지배구조

기업의 지배구조(Corporate Governance System) : 경영자가 이해관계자(주주, 채권자, 종업원 등)들에게 지켜야 할 의무사항이 제대로 지켜지고 있는지를 감독하는 시스템이다.

예를 들면 소유와 경영의 분리, 사외이사제도의 도입, 감사의 독립성, 회계제도의 투명성, 주주 권리의 강화 등이다. 이해자 집단의 관계가 좋다는 것은 결국 기업지배구조가 잘 되어 있다는 것이다.

- **감사** : 감사(auditors)는 주주총회에서 선임되며, 회계감사 및 업무감사를 주요 임무로 하는 주식회사의 상설기관이다.
  감사는 그 직능 상 전문적인 지식과 경험이 필요하기 때문에 감사의 자격을 엄격히 제한하거나 외부감사제도를 채택하기도 한다.
- **고문** : 고문(advisor consultant)은 회사의 필요에 따라 설치하는 조언기관으로, 회사의 주요 의사결정에 조언자 역할을 한다. 고문은 주로 학식과 경험이 풍부한 전문가 등으로 구성되는 경우가 많다.

(4) 주식회사의 장 · 단점

지금까지 설명한 주식회사의 장 · 단점은 다음과 같다.

① 주식회사의 장점

첫째, 주주는 유한책임을 진다.
둘째, 소유권 이전이 용이하다.
셋째, 전문경영자의 능력을 활용할 수 있다.
넷째, 기업의 성장이 용이하다.
다섯째, 대규모 자본조달이 용이하다.

② 주식회사의 단점

첫째, 준수해야 할 규정과 세금 종류가 많다.
둘째, 설립과정이 복잡하고, 비용이 많이 든다.
셋째, 정부의 규제를 많이 받는다.
넷째, 의사결정의 단계가 복잡하며, 시간이 많이 걸릴 수 있다.

2) 협동조합

(1) 협동조합의 의의

자본주의 경제가 발달하고 대규모 기업이 출현하면서 중소기업인들의 경제적 지위가 상대적으로 불리해졌다. 이러한 경제적 약자들은 서로 결합을 통하여 그들의 이익을 향상시키고 상호부조하기 위한 조직을 형성하게 되었는데, 이것이 협동조합(cooperative)이다.

협동조합의 출현은 1844년 영국의 맨체스터(Manchester)지방의 로치데일(Rochdale)에서 방직공들이 소비조합을 결성한 데서 비롯되었는데, 그 당시의 이름은 로치데일 소비조합(Rochdale Society of Equitable Pioneers)이다. 그 후 이 제도가 프랑스와 독일에 보급되어 프랑스에서는 생산조합, 독일에서는 신용조합이 생겨났다.

협동조합은 경제적 약자로서 소비자, 생산자 또는 민간인들이 경제적 약점을 보완하기 위해서 상호협조와 협동 정신으로 공동 출자하여 조직하는 공동기업의 형태인데, 이는 영리를 목적으로 하는 기업형태가 아니며 출자자 자신이 이용하기 위해서 설립하는 것이다.

(2) 협동조합의 특성

협동조합은 다른 일반 기업과 다른 원칙으로 운영되는데, 다음과 같은 독특한 특성을 가지고 있다.

첫째, 협동조합은 소비자나 작은 규모의 생산자 등과 같은 경제적 약자들이 영리보다도 조합원의 상호부조를 목적으로 한다(상호부조주의).

둘째, 조합원의 임의 가입과 탈퇴가 허용되며, 각 조합원은 출자액에 관계없이 평등한 1인 1표의 의결권이 부여되는 민주적 조합이다(민주주의).

셋째, 조합은 영리주의가 아닌 이용주의의 원칙으로 운영된다. 즉 오직 조합원의 이용과 편익제공을 목적으로 운영되며, 잉여금의 배분도 조합원의 이용도에 비례하여 배분한다(이용주의).

이 같은 협동조합의 특징은 경제적 약자들이 상부상조하는 협동적 조직체이지만 다른 기업과 마찬가지로 생산 · 구매 또는 판매활동을 하며, 조합원의 이용도에 따라 이익을 배분하기 때문에 결속력이 강하고, 자본조달의 한계와 최신의 경영기법을 적용하기가 쉽지 않다는 점이다. 협동조합의 장·단점은 다음과 같다.

① **협동조합의 장점**

첫째, 조합원의 이용도에 따라 이익잉여금은 비례 배분한다.

둘째, 잉여금에 대한 조세 부과를 면제받을 수 있다.

셋째, 조합원의 상부상조와 상호이익을 증대시킬 수 있다.

② **협동조합의 단점**

첫째, 이윤을 증대시키고자 하는 의지가 약할 수 있다.

둘째, 자본을 조달하는 데 한계가 있다.

셋째, 혁신적인 경영능력이 결여될 수 있다.

제4절 공기업과 공사공동기업

1. 공기업

1) 공기업의 개념

공기업(public corporation)이란 국가나 지방자치단체 및 공공단체가 공공이익을 목적으로 출자·운영한다. 따라서 기업의 목적이 영리인 일반 사기업과 다르다.

공기업의 설립 목적은 다음과 같다.

- **공공사업의 목적** : 국민의 복지향상을 목적으로, 각종 편익과 서비스를 제공한다. 예를 들면 전신, 전화, 우편, 철도, 전기, 수도, 도로, 항만 등이 해당된다.

▸ **사회정책상의 목적** : 사회 및 생활안정 등의 사업을 수행한다. 예를 들면 고아원, 양로원, 주택사업 등이다.

▸ **경제정책상의 목적** : ① 민간기업이 감당하기 어렵고 대규모의 자본이 필요한 사업이나 기간산업의 목적으로 행하는 사업, ② 국토개발을 목적으로 하는 사업, ③ 민간기업의 독점을 방지하기 위한 목적으로 운영하는 사업 등을 말한다.

▸ **재정정책상의 목적** : 국가나 지방자치단체의 재정수입을 충당하기 위해서 설립하는 것을 말한다.

2) 공기업의 형태

공기업의 형태는 행정기업과 법인체기업의 두 가지 기본형태가 있다.

▸ **행정기업** : 관청기업이라고도 하며, 국가 또는 지방공공단체가 자금을 전액 출자하고, 운영도 직접하는 형태를 말한다. 예를 들면 체신사업, 철도사업 등이다.

▸ **법인공기업** : 국가 또는 지방공공단체와는 별개로 독립의 법인격을 부여하며, 경영(관리, 조직, 재무, 인사 및 노무 관계 등)의 자주성을 부여하는 형태이다. 예를 들면 한국조폐공사, 한국도로공사, LH 한국토지주택공사, 한국은행, IBK기업은행, KDB산업은행 등이다.

3) 공기업의 장 · 단점

공기업의 장 · 단점은 다음과 같다.

(1) 공기업의 장점

첫째, 국가 또는 지방자치단체가 출자하고, 공채를 발행할 수 있기 때문에 자본조달이 용이하다.

둘째, 원·부자재의 구매나 판매활동이 수월할 수 있다.

셋째, 세금이나 공과금의 조세 면제 특혜를 받을 수 있다.

(2) 공기업의 단점

첫째, 국가 · 공공단체의 법령을 따라야 하기 때문에 자유로운 의사결정을 할 수 없다.
둘째, 관료주의가 팽배해지면, 경영능률이 낮고 혁신 의지가 낮을 수 있다.
셋째, 업무 처리 과정이 복잡하고, 불필요한 감독 기능이 수반될 수 있다.

2. 공사공동기업

공사공동기업(mixed ownership government enterprise)은 공기업 운영의 주체인 국가 또는 지방자치단체가 사기업과 공동으로 출자하여 운영되는 기업형태로서, 공사합동기업이라고도 한다.

이 형태는 공기업의 장점인 대규모 자본조달의 용이성과 사기업의 장점인 경영능률 향상을 결합한 것으로, 공익성이 큰 전기, 교통, 전화, 전신, 수도 등에서 볼 수 있다.

제5절 기업의 집중

1. 기업집중의 개념

1) 기업집중의 의의

자유경쟁의 자본주의 경제체제에서 기업은 시장의 지배력을 높이기 위해 끊임없이 기업규모를 확대하려고 노력하는데, 이러한 상황은 기업 상호 간 경쟁을 더욱 격화시키고, 공급과잉으로 인한 가격하락과 궁극적으로 이윤감소를 가져오는 악순환으로 이어지게 된다.

이러한 악순환을 방지하기 위해 기업들은 상호 협정을 통해 과당경쟁의 폐해를 제거하거나 자본적인 결합을 통하여 기업의 안정과 시장지배를 이루려고 하는데, 이를 기업집중(Business Concentration)이라고 한다.

2) 기업집중의 목적

기업집중을 참여기업의 입장에서 보면 바람직한 방법으로 볼 수 있지만, 산업의 전체적인 측면에서 보면 경쟁의 질서와 이익을 저해하여 많은 사회적인 문제를 유발하기도 한다.

기업들이 기업집중을 꾀하는 주된 목적은 다음과 같다.

- **시장을 통제하려는 목적** : 동종 또는 이업종의 기업이 수직적 또는 수평적으로 결합하여 경쟁력을 높이는 방법으로 독점이익을 누리고자 하는 것이다. 이의 대표적인 형태가 카르텔과 트러스트이다.
- **경영을 합리화하려는 목적** : 생산 공정이나 기술의 합리화로 생산비를 절감하고, 나아가서 원재료의 확보나 제품의 판매 등에서 유리한 지위를 차지하기 위해 원료공급 기업, 가공 · 제조기업, 판매기업 등이 수직적으로 결합하는 것이다. 예를 들면 수직적 결합(vertical combination), 산업형 콘체른, 콤비나트 등이 대표적이다.
- **금융상의 이점을 위한 목적** : 재벌이나 금융업자가 출자 관계를 통해서 다른 기업을 지배하려는 금융적인 목적으로 기업을 집중하는 것으로, 금융콘체른이 여기에 해당된다.

2. 기업집중의 형태

기업활동의 규모를 크게 하여 영향력을 높이는 기업집중의 형태는 여러 가지로 분류할 수 있지만, 가장 대표적이며 기본적인 형태는 카르텔(Cartel),

트러스트(Trust), 콘체른(Konzern) 등으로 나눌 수 있다.

1) 카르텔(기업연합)

(1) 카르텔의 의미

카르텔(Cartel, Kartel)은 동일한 업종이나 유사한 기업들이 경쟁을 제한하면서 시장을 독점하고자 하는 목적과 경제적 이익을 얻기 위해서 협정을 맺는 기업결합의 형태이다. 이에 참가하는 가맹기업들은 법률적 · 경제적인 협정으로 독립성을 유지하면서 수평적으로 결합하는 형태이다.

카르텔의 특징은 첫째, 시장을 통제 · 제한하는 목적으로 결합하는 것이며, 둘째, 참가기업들은 독립성이 유지되기 때문에 구속력이 약하다. 따라서 신사협정(gentlemen's agreement)이라고도 한다. 셋째, 카르텔은 가격통제와 시장지배력에 한정되며, 넷째, 가입과 탈퇴가 자유롭다.

카르텔의 어원

카르텔(Cartel)의 어원은 원래 프랑스어로 방위동맹을 뜻한다. 카르텔은 참가자가 평등한 관계에서 서로 연결된다는 의미로 ring(연결환)이라고 쓰기도 한다. 독일에서는 Ring과 Kartel이 같은 뜻으로 쓰이고 있다.

(2) 카르텔의 종류

카르텔은 체결한 협정내용에 따라 주로 판매카르텔, 구매카르텔, 생산카르텔의 세 가지로 구분한다.

① 판매카르텔

판매상의 경쟁을 제한하기 위하여 업종이 같거나 유사 부문의 기업 간에 협정되는 수평적인 기업결합이다. 판매상의 협정내용에 따라 가격카르텔, 조건카르텔, 수량 카르텔, 지역 카르텔, 공판 카르텔 등으로 구분할 수 있다.

② **구매카르텔(수입카르텔)**

가맹기업들이 구매하고자 하는 구매량을 할당하는 카르텔이다. 구매카르텔은 가입한 기업 수가 많을수록 강제력이 강하고, 결속력이 크게 나타난다. 구매카르텔은 가입기업 스스로 구매량을 할당하는 자유카르텔과 정부가 구매량을 지정하는 강제카르텔이 있다.

③ **생산카르텔**

가맹기업이 서로 과잉생산으로 인한 피해를 극소화하고, 합리적인 생산활동을 하기 위해 협정하는 형태이다. 생산카르텔을 협정내용에 따라 생산제한 카르텔, 특허이용 카르텔 등으로 구분한다.

2) 트러스트(기업합동)

(1) 트러스트의 의미

트러스트(Trust)는 같은 업종 혹은 유사업종의 기업들이 시장독점과 경영합리화를 목적으로 출자하여 만들어진 기업의 복합 형태이다. 이는 자본적으로나 법률적으로 종래의 독립성을 완전히 상실하고 상호 결합한 기업집중의 형태이다.

이 같은 트러스트는 대자본의 힘으로 시장을 지배하는 기업합동(combination)의 형태이므로 카르텔보다 구속력이 강하고, 기존의 대기업이 다른 기업을 흡수하는 경우가 많으며, 경영의 다각화 · 경영규모의 확대 · 업계의 재편성 · 생산공정의 합리화 등을 꾀하고자 하는 경우가 많다. 트러스트의 합병방식은 흡수합병과 신설합병이 있다.

트러스트의 어원

트러스트(Trust)의 어원은 신탁(信託)인데, 재산의 소유권을 양도하지 않고, 이용 또는 처분에 관한 권리를 타인에게 위임하는 것을 말한다. 넓은 의미로는 여러 개의 기업이 합병에 의하여 한 개의 새로운 기업으로 만들어지는 것으로, 법률적으로는 독립성을 유지하지만 재산의 관리권을 위양하기 때문에 실질적으로는 독립성을 잃는 경우도 있다.

(2) 트러스트의 발전

초기의 트러스트는 신탁제도의 형태였는데, 가맹기업은 독립성을 유지하면서 기업의 주식을 수탁자(trustees)에 신탁하고, 신탁자에 대한 신탁증서를 교부하였으며, 신탁자는 그 몫에 따라서 배당을 받는 형태였다.

최초의 트러스트는 록펠러(J. D. Rockefeller : 1839~1937)가 조직한 스탠다드 석유 트러스트(Standard Oil Trust)였는데, 이 방법으로 록펠러는 석유업을 독점적으로 지배할 수 있었다. 그러나 트러스트 방식은 1890년 셔먼법(Sherman Antitrust Act)에 의해 금지되었다.

트러스트는 카르텔보다 시장통제를 실현하는 힘이 강한 기업집중의 형태이지만 독점으로 인한 피해가 중대한 사회문제로 발전할 수 있다는 점이 문제이다.

(3) 트러스트의 종류

트러스트의 종류는 일반적으로 주식신탁방식(trust in legal), 지주회사방식(holding trust), 기업합병방식(fusion), 의결권방식(voting trust)의 네 가지로 구분된다.

① 주식신탁방식

동일한 업종의 둘 이상의 가입기업이 지배 가능한 의결권 주를 수탁자(board of trustees)에게 신탁하고, 신탁증서를 받는 방식이다. 수탁자는 각 회사의 지배권을 장악할 수 있으나 위탁자인 신탁증서의 소유자는 이익은 배당받지만 경영에는 참가할 수 없다.

② 지주회사방식

지주회사가 가입기업의 주식을 과반수 이상 매수하여 지배권을 장악하는 형태이다. 이는 트러스트가 셔먼법에 의해 금지되자 새로이 만들어진 방식으로, 회사주식이 지주회사에 의하여 소유됨으로써 법률적으로는 독립성을 가지고 있지만 경제적으로는 독립성이 상실되는 것이 특징이다.

③ 기업합병방식

기업의 합병방식에는 흡수합병과 신설합병이 있다.

- **흡수합병(merger)** : 하나의 거대기업이 다른 기업을 인수하고, 인수되는 기업은 소멸하는 형태이다.
- **신설합병(consolidation)** : 결합하는 두 기업이 모두 해산하고, 새로운 하나의 기업을 설립하여 신설기업이 만들어지는 방식으로, 합병에 참여하여 모든 기업의 권리·의무를 이전받는 형태이기 때문에 일명 대등합병이라고도 한다.

④ 의결권 방식

가맹기업의 주주가 의결권을 수탁위원회에게 위임하면 수탁위원회는 그 의결권의 대리 행사를 통하여 가맹기업의 경영권을 장악하는 형태이다. 다른 기업이나 소비자에게 주는 피해가 컸기 때문에 미국에서는 이를 금지하는 법을 제정하였다.

3) 콘체른

(1) 콘체른의 의미

콘체른(Konzern)은 업종이 동일하거나 다른 몇 개의 기업이 각각 독립성을 유지하면서, 자본이나 금융관계로 결합하는 결합 형태이다.

카르텔이나 트러스트와는 달리 산업이나 업종에 관계없이 산업과 금융의 일체화에 의한 자본지배를 목적으로 하는 고도의 기업집중을 목표로 한다. 독일에서는 콘체른이라는 명칭을 사용하지만, 미국에서는 지주회사(holding company)라고 한다.

콘체른은 생산합리화를 목적으로 관계기업을 수직적으로 결합하는 산업콘체른과 금융업자가 장기대부나 주식보유 등의 방법으로 여러 종류의 기업에 대하여 지배관계를 형성하는 이른바 금융콘체른이 대표적이다.

지주회사

지주회사(holding company) : 최소한도의 자기자본으로 다른 회사를 지배하려는 목적으로 설립된 회사를 말하는데, 다른 회사의 1/2 정도의 주식만 보유하고도 그 회사를 지배할 수 있으며, 그 지배받는 회사와 관련된 또 다른 회사도 간접 지배할 수 있기 때문에 지배자본의 규모를 절약할 수 있다.

출자를 통하여 지배관계가 성립되는 지주회사를 모회사(母會社)라고 하고, 그 지배하에 있는 회사를 자회사(子會社)라고 하며, 자회사의 지배 밑에 있는 회사를 손자회사(孫子會社)라고 한다.

이 지배관계는 지주회사가 중심이 되어 방대한 기업을 장악할 수 있다([그림] 참조).

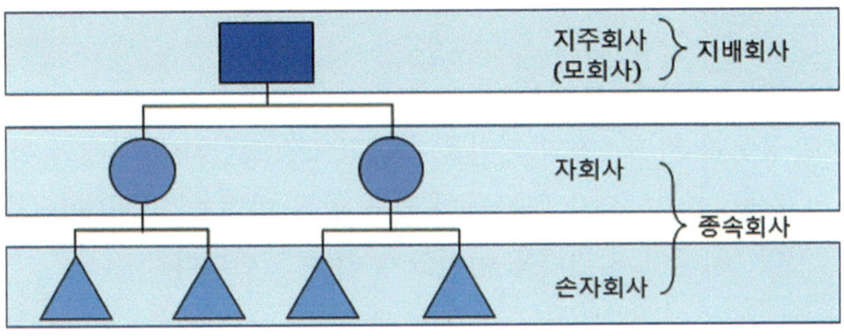

그림 3-2. 지주회사에 의한 지배 체계

지주회사에는 주식소유의 목적에 따라서 순수지주회사와 사업지주회사로 구분한다.

- **순수지주회사** : 다른 회사를 지배할 목적으로 주식이나 사채를 발행하여 자본을 조달하고, 소액의 자기자본으로 다수기업의 지배를 확보하려는 것이다.
- **사업지주회사** : 지주회사가 다른 자회사를 지배하는 동시에 스스로 직접 생산 또는 판매활동 등의 사업을 하는 지주회사를 말한다. 즉 사업지주회사는 자기가 조달한 자본의 일부는 사업을 직접 운영하는데 사용하고, 또 일부분은 타 회사를 지배하기 위하여 사용한다.

콘체른의 어원

콘체른(Konzern)의 어원은 다수기업의 복합체로 만들어지는 대기업을 의미하는 독일어이다. 영어의 concern과 같은 뜻으로 사용한다. 일본에서는 재벌을 콘체른으로 부르기도 한다.

(2) 콘체른의 종류

콘체른은 결합 형태에 따라서 생산형 콘체른, 판매형 콘체른, 금융형 콘체른 등으로 나눌 수 있다.

① 생산(수직적)형 콘체른

생산과정의 전후 단계에 있는 이종(異種)기업의 수직적 결합으로서, 생산의 합리화·생산비 절약을 통하여 이윤의 극대화를 꾀하고자 하는 것이다. 예를 들면 가치사슬 상에 원료공급기업, 생산기업, 판매기업이 결합하면 안정적으로 투입요소를 공급받을 수 있고, 유통비용을 절약할 수 있다. 일명 산업형 콘체른이라고도 한다.

② 판매(수평적)형 콘체른

주로 유통과 판매과정의 기업을 수평적으로 결합하여 판매의 합리화나 매출의 극대화를 실현하고자 하는데 목적이 있는 방법으로, 판매망 확보, 판매 영업비 절약, 시장의 지배력을 높이고자 하는 결합이다.

③ 금융(자본적)형 콘체른

금융기관(은행, 보험회사, 증권회사)이 타 기업에 장기대부를 하거나 주식인수 등의 방법으로 지배하는 방법이다.

금융형 콘체른은 모든 산업·업종에서 금융과 출자의 목적으로 결합되는데, 이러한 방식으로 규모가 커진 형태를 재벌(財閥)이라고도 한다.

재벌

재벌(chaebol) : 주로 일본에서 볼 수 있는 특유한 기업지배 형태로서 가족적 집단기업 또는 산업형 콘체른에 의한 독점적 조직체이다. 이는 다양한 이종산업에 투자하면서 많은 기업들을 산하기업으로 두어 통합적으로 지배한다. 재벌의 특징은 다음과 같다.

- 재벌은 반드시 독점을 목적으로 하지는 않는다. 즉 각 기업 간의 생산기술, 생산품의 수급, 금융, 기타 경제 외적 연결에 의해 상호이익을 꾀하고, 위험을 분산하려는 목적이 있다.
- 하나 또는 몇 개의 기업으로 다수기업을 지배한다.
- 재벌의 중심이 되는 기업은 가족 중심으로 이루어진다.
- 재벌은 금융기업을 종속하는 경우가 많다.

지금까지 설명한 카르텔, 트러스트, 콘체른의 특징을 비교 · 요약하면 〈표 3-5〉와 같다.

〈표 3-5〉 카르텔, 트러스트, 콘체른의 특징 비교

구분 \ 종류	카르텔(Cartel)	트러스트(Trust)	콘체른(Konzern)
① 의의	기업연합(협정)	기업합동	기업연휴(재벌)
② 목적	부당경쟁배제, 시장통제	경영합리화, 실질적 시장독점	내부 경영의 통제와 지배
③ 독립성	각 가맹 기업 간의 독립성 유지	법률적 · 경제적 독립성 상실	법률적 독립과 경제적 독립성 상실
④ 결합정도	약하다(협정)	아주 강하다(합동)	경제적 결합
⑤ 존속성	협정기간 후 자동 해체	완전 통일체	자본적 지배 계속
⑥ 결합방법	동종의 수평적 결합	수평 · 수직적 결합	수평 · 수직 · 자본적 결합
⑦ 구속력	협정 조건에만 제한	완전 내부 간섭 지배	경영활동 구속, 지휘
⑧ 시작	독일	미국	독일

4) 기업집중의 또 다른 형태

기업집중의 대표적인 형태인 카르텔, 트러스트, 콘체른 등은 긍정적인 장점도 많지만 경제가 발전하고, 기업규모가 커지면서 부정적인 면도 있기 때문에 법으로 규제를 하는 경우도 있다.

기업집중의 부정적인 부분을 보완하면서 동시에 법의 규제를 피할 수 있는 또 다른 기업집중 형태의 개념들이 출현하였는데, 예를 들면 기업집단(business groups), 콤비나트(kombinat), 컨글로머리트(conglomerate), 디베스티처(divestiture) 등이다.

(1) 기업집단

기업집단(business groups)이란 넓은 의미로 주식의 상호보유, 중역파견, 업무제휴, 기술원조 등의 방법으로 참가기업들이 공동이익 관계를 형성하는 기업집중 형태이다. 기업집단의 대상기업은 지배와 종속관계가 아닌 상호 독립성을 유지하면서 생산 · 경영 · 기술 등을 서로 보완한다.

이러한 기업집단을 대표하는 형태가 콤비나트(Kombinat)이기 때문에 기업집단을 좁은 의미로 해석하면 콤비나트를 의미한다.

기업집단이 추구하는 근본적인 목적은 참여기업들이 공동이익을 추구하는 것이며, 기업집단을 형성하는 동기는 일반적으로 판매・생산・인사・재무・조달의 공동활동, 공동연구개발, 공동시설, 경영합리화 기법의 공유, 공해방지를 위한 협력 등을 위함이다.

기업집단

기업집단(business group) : 넓은 의미는 주식의 소유, 중역의 파견, 업무제휴, 기술원조 등의 여러 수단에 의하여 계속적인 공동이익관계를 유지하는 기업집중형태이다. 즉 상호보완적 역할을 할 수 있는 생산・경영・기술적 관점으로 집합체를 구성하는 기업결합 형태로서, 가장 대표적인 것이 콤비나트이다.

(2) 콤비나트

기업집단의 대표적인 형태인 콤비나트(kombinat)는 여러 기업이 생산 및 기술적인 관점으로 결합하는 것으로, 자원이나 자본 등을 유용하게 활용하기 위한 형태이다.

콤비나트는 1930년대 소련이 공업화 전략을 추진할 때 시작되었는데, 생산자원의 다각적・효율적 이용, 원료확보, 운반 및 수송비의 절약, 중간이윤을 배제할 수 있다는 장점 때문에 많이 이용되는 방법이다.

예를 들면 석유화학 산업을 구성하는 여러 공장이 동일한 지역 내에 유기적으로 결합하는 경우이다. 이렇게 한 지역에 기업들이 모이는 경우, 이를 공업단지(industrial complex)라고 한다.

(3) 컨글로머리트

미국에서 1950년대 후반 반(反)트러스트법인 클레이튼법(Clayton Act)에 의해 기업의 수평적 및 수직적 합병이 금지된 데 자극되어, 이종기업 간 합병의 새로운 형태로 컨글로머리트(conglomerate)가 등장하게 되었다.

컨글로머리트는 제2차 세계대전 후 특히 1960년대부터 주로 미국에서 급속히 발전된 형태로, 미국에서는 1960년대를 컨글로머리트의 시대라고 할 만큼 활발하였다.

컨글로머리트는 업종이 다른 기업이 다각적으로 결합하는 복합기업으로, 상호관련이 없는 기존의 다양한 이종(異種)기업을 매수 · 합병하여 하나의 거대한 기업체로서 지배력을 갖는 것을 말한다.

컨글로머리트는 일종의 혼합형 합병기업인데, 주로 주식교환, 주식공개매입 등으로 합병하기 때문에 '제3의 기업합병'이라고도 한다.

(4) 디베스티처

디베스티처(divestiture)란 회사의 일부를 매각하거나 기업을 분할하는 의미를 뜻하는데, 경영성과가 부진하거나 비효율적인 제품의 생산라인을 매각하여 기업의 체질을 개선하고 경쟁력을 향상시키는 기업집중전략이다. 즉 기업의 일부를 매각함으로써, 나머지 부분의 경쟁력을 높이는 방법이기 때문에 전체 규모는 줄어드는 형태이다. 이는 감량전략뿐만 아니라 사업확장과 철수를 모두 포함하는 다각화 전략을 포함한다.

이 전략은 1970년대 석유파동으로 모든 기업이 어려워졌을 때 수익성이 낮은 부분은 매각하고 경쟁력 있는 핵심역량을 중심으로 기업을 운영하기 시작하면서 유행하기 시작하였다.

디베스티처는 크게 기업의 분리 신설과 기업의 일부 매각의 형태로 분류할 수 있다.

- **기업의 분리 신설** : 기업을 분할하여 각기 독립된 기업으로 신설하고, 기존 주주에게는 소유주식의 비율에 따라 신설된 각 기업의 주식을 배당한다. 분리신설은 기업이 성장하면서 한 영역을 자회사로 독립시키거나, 기업규모가 비대해지면서 발생한 비효율을 제거하기 위한 방법으로 기업을 재조직하는 것이다.
- **기업의 일부 매각** : 수익성이 낮은 기업의 일부를 분할하여 매각 · 처분하는 것으로, 기업의 수익성을 개선함과 동시에 시장경쟁력을 강화시켜 적정규모의 투자 효과를 높일 수 있다.

제 2 부
경영환경과 창업

2부에서는 경영환경과 창업으로, 기업을 둘러싸고 있으면서 기업활동에 직·간접적으로 영향을 미치는 경영환경과 기업의 창업 과정을 살펴보았다.

4장은 경영환경의 내용을 살펴보았는데, 경영환경을 외부 및 내부환경으로 구분하여 설명하였으며, 특히 최근에는 4차산업 혁명기술의 발전이 기업에 미치는 영향이 매우 크기 때문에 그 내용을 상세히 설명하였다.

5장에서는 앞의 장에서 설명한 경영환경에 적응할 수 있는 창업과정을 살펴보았다. 특히 창업이 어려워지는 이유 중의 하나가 빅블러(Big Blur) 시대에 모든 산업이 융·복합되는 상황에서 창업 과정의 어려움이 강조되는데, 창업 단계에서 고려해야 하는 여러 가지 내용과 창업 이후 기업이 성장하는 과정을 설명하였다.

제4장 기업의 경영환경

제1절
기업환경의 의의

기업활동에 영향을 미치는 경영환경은 끊임없이 변하고 있으며, 변화의 정도는 복잡하고 속도도 갈수록 빨라지고 있다. 기업은 이렇게 급변하는 경영환경에 적응해 나가야 지속적으로 성장 · 발전할 수 있기 때문에 항상 환경변화를 정확히 예측하고 대처해 나가야 한다.

최근의 경영환경 변화 내용 중 몇 가지를 살펴보면 다음과 같다.

① 4차산업혁명기술의 급속한 발전으로 기업활동은 물론이고 사회의 모든 시스템과 패러다임이 바뀌고 있다.

② 기업의 경쟁력은 모든 산업이나 기술의 융 · 복합영역에서 생겨나고 있고, 업(業)의 영역이 사라져가고 있으며, 경쟁자가 언제, 어디서 나타날지 예측할 수 없다.

③ 과거에 강조되었던 기업경영의 원칙은 의미를 상실하고 있으며, 새로운 원칙이 등장하고 있다.

④ 제품이나 서비스의 차별화는 물론 수요의 다양화, 고급화, 개성화는 갈수록 더 강조되고 있다.

⑤ 경쟁력의 기준이 무형자산 및 비재무적 요소(도덕 · 윤리성, 자연 및 환경보호, 지배구조 등)에 의해 크게 좌우되고 있다.

⑥ 기술의 급격한 발전은 제품의 수명주기를 단축시키고 있다.

⑦ 선진국의 보호무역주의의 확대로 세계경제는 블록화되어 가고 있다.

기업은 내부 및 외부환경으로부터 많은 영향을 받으며 발전해 나가는데, 이렇게 기업의 경영활동에 영향을 미치는 내 · 외부의 모든 요소를 기업환경(business environment)이라고 한다.

기업환경의 내용을 어느 관점에서 바라보느냐에 따라 또는 어떻게 정의하느냐에 따라 내용과 구분이 달라지지만 대체로 기업환경은 내부환경과 외부환경으로 구분한다.

일반적으로 외부환경이 기업에 미치는 영향이 더 크기 때문에 외부환경에 더 큰 비중을 둔다.

빅블러

빅블러(Big Blur)의 사전적 의미는 흐릿해진다라는 뜻이지만, 4차산업혁명시대에서 사용되는 의미는 산업이나 업종의 경계가 사라진다는 의미를 갖고 있다.

과거에는 동일한 업종에서 경쟁자를 찾는 것이 일반적이지만, 최근에는 전혀 다른 업종에서 경쟁자를 찾아야 한다. 예를 들면 완성차 업체의 경쟁자는 승차공유 플랫폼 회사이며, 전통적인 금융회사의 경쟁자는 정보통신기술회사가 되고 있다.

이러한 변화는 모든 산업에서 빠르게 나타나고 있는데, 기업도 이 같은 변화를 예측하면서 기업 및 경영환경을 분석하고, 미래의 전략을 수립하여야 한다.

제2절
경영환경의 구분

기업을 둘러싸고 있으면서 기업과 직·간접적으로 관계를 맺고 있는 환경요인들은 그 영역이나 영향력의 크기에 따라 외부환경과 내부환경으로 구분한다.

1. 외부환경

기업의 외부환경이란 기업에게 기회와 위협을 동시에 가져다주는 요인으로서 일반적으로 기업의 입장에서 볼 때 통제가 불가능한 환경요인을 말한다.

기업이 시장에서 직면하게 되는 외부환경 요인으로서는 ① 경제적 환경, ② 정치·법률적 환경, ③ 기술적 환경, ④ 사회·문화적 환경, ⑤ 지리적 환경 등이 있다. 이 밖에도 종교적 환경, 윤리적 환경, 국제환경 등 여러 가지 외부환경을 고려해야 한다.

1) 경제적 환경

경제적 환경(economic environment)이란 기업의 활동에 직접적인 영향을 미치는 경제시스템과 관련된 모든 요소를 말한다.

경제적 환경을 넓은 의미로 구분하면 기업에게 자금을 공급하는 자본시장, 투입요소를 공급하는 구매시장, 노동력을 공급하는 노동시장, 제품이나 서비스를 판매하는 판매시장 등이다.

이러한 요소 이외에도 기업 활동에 영향을 미치는 경제체제, 경제성장률, 산업구조, 유통구조, 재정정책, 금융정책, 임금동향, 인플레이션율 등도 중요한 경제적 환경요인들이 있다.

플랫폼 경제, 프로토콜 경제

- **플랫폼 경제** : 정보를 가지고 있는 플랫폼(중개업자)이 주도하는 경제로서, 거래 당사자들은 플랫폼을 거칠 때마다 중계 수수료를 지불하는 형태이다. 플랫폼 경제는 이 시대를 대표하는 비즈니스 모델인데, 고객 확보가 용이하고 기회비용을 절감할 수 있다는 강점으로 빠르게 성장하고 있다. 플랫폼 사업자는 중계 수수료 덕분에 이익 극대화를 꾀할 수 있는 사업 구조를 띠며, 이익을 독점할 수 있다.
- **프로토콜 경제** : 블록체인 기술을 이용해 플랫폼에 모인 사업자들의 합의에 의해 프로토콜(일정한 룰이나 규칙)을 만들고, 모두에게 정보를 공유하여 투명성을 강조하는 참여형 경제를 말한다. 이러한 새로운 경제체제에서는 플랫폼 경제의 한계를 극복할 수 있는 것으로, 탈중앙화, 탈독점화가 가능하며, 모든 사람이 다 같이 혜택을 누릴 수 있다.

시장환경

외부환경 중에서 기업에게 가장 직접적으로 영향을 미치는 것이 경제적 환경인데, 경제적 환경의 요소 중에서 시장에 존재하는 소비자의 욕구를 어떻게 파악하고, 충족시킬 것인가가 중요한 문제이다.

최근 코로나19로 비대면 활동의 증가와 소비자의 가치관이 빠르게 변하고 있기 때문에 기업은 소비자의 다양한 욕구 충족을 위해 시장의 변화를 철저히 분석해야 한다.

일반적으로 시장환경은 가치관의 변화, 인구증가율, 연령, 소득분포, 제품수명주기, 경쟁사의 수 및 경쟁 정도 등에 의해 영향을 받게 된다.

2) 정치 · 법률적 환경

정치적 환경(political environment)은 경제적 환경에 영향을 미침과 동시에 기업의 의사결정에 미치는 영향도 크고, 그 범위도 광범위하다. 정치적 환경에서는 정부가 큰 비중을 차지하는데, 정부는 기업을 지원하기도 하고 동시에 규제를 가하는 두 가지 역할을 하면서 기업에게 매우 큰 영향력을 미친다.

정부의 재정정책, 통화정책, 수출입진흥정책, 공해방지정책, 사회보장정책,

소비자보호정책 등은 기업의 전략수립에 중요한 영향을 미친다. 특히 후진국에서는 정치적 환경이 기업에게 가장 큰 영향을 미치는 환경요소 중 하나이다.

법률적 환경(legal environment)에서 법은 개인이나 기업의 활동 범위를 정해줌으로써, 분쟁이나 갈등을 중재하거나 조정하는 기준이 되기 때문에 경영활동에 매우 중요한 요소이다.

기업은 정치・법률적 환경변화에 민감하게 작용하며, 특히 정부정책에 의해 기업활동이 영향을 받기 때문에 이러한 환경에서 유리한 기회를 포착해야 함은 물론 이로부터 오는 위협을 극소화시켜야 한다.

기업의 경영활동과 관련되는 중요 법률의 종류를 열거하면, 상거래의 원만한 질서를 유지하기 위해 존재하는 상법, 정부나 기업 간의 관계를 조정함에 있어서 기업의 공공책임을 준수하도록 하기 위한 세법 및 공정거래법, 민사적인 문제를 해결하기 위한 민법, 그 외에도 기업활동을 규제하는 법률과 소비자보호법, 안전관리법, 환경보호법 등 매우 다양하다.

3) 기술적 환경

기술적 환경(technological environment)이란 기업이 제품이나 서비스를 생산할 수 있는 기술과 관련된 모든 내용을 말하는데, 주로 생산활동과 관련된 방법이나 숙련을 총칭한다.

특히 최근에는 정보통신(IC) 및 4차산업혁명기술(IoT, AI, Big Data, 3D Printing, 5G 등)의 발전, 기술의 융・복합화 등으로 기술환경의 변화 폭이 매우 빠르다.

제4차산업혁명의 핵심은 "모든 사물이 연결되고, 연결된 사물들은 갈수록 지능적으로 함께 움직이는 세상으로 진화하는 것"인데, 창의와 혁신, 융・복합적인 연결기술, 창의적인 이론과 현장경험의 결합능력 등이 중요하다.

결국, 기업이 경쟁력을 발휘하기 위해서는 급변하는 기술의 활용 능력과 융・복합능력을 높일 수 있는 방법을 결정하는 것이 매우 중요하다.

기술적 실업

기술적 실업(technological unemployment)이라는 용어는 영국의 경제학자 케인즈(J. M. Keynes : 1883~1946)가 그의 저서 화폐개혁론(A Tract on Monetary Reform : 1923)에서 처음 사용하였는데, 노동을 절약할 수 있는 새로운 기술의 출현(특히 로봇이나 자동화 기술 등)은 필연적으로 기존의 진부한 기술의 일자리를 잠식하기 때문에 실업자가 양산된다는 것이다.

최근 전통적인 생산공정에 4차산업혁명기술이 활용되면서 공정에 투입되는 작업인력이 감소되고 있다. 특히 자동차산업의 경우 기존의 자동차가 전기차로 대체되고 있는데, 전기차는 내연기관 자동차에 비하여 부품이 엄청나게 줄어들기 때문에 내연기관 자동차의 부품생산과 조립공정의 일자리는 줄어들 수 밖에 없다. 이렇게 기술의 발전으로 발생하는 실업을 기술적 실업이라고 한다.

터미네이터 테크놀로지

- 과거에는 농부가 가을에 수확을 끝내면 일정량의 씨앗을 보관하였다가 다음 해에 농사를 지었다. 그러나 갈수록 농사를 짓는 사람은 종자를 사서 사용하고 있는 추세이다. 왜냐하면 터미네이터 테크놀로지(Terminator Technology) 기술로 만든 종자 때문이다.
- **터미네이터 테크놀로지**란 한번 파종하여 재배한 씨앗으로는 다음 해에 수확할 수 없도록 만드는 기술을 말한다. 즉 한번 뿌려 재배한 식물에서 나온 '2세대' 씨앗을 다시 쓸 수 없도록 유전자 조작을 하는 기술이다.
  따라서 터미네이터 테크놀로지로 개발된 씨앗은 매년 종자회사에서 구입해야 한다.

기초과학기술의 중요성

유엔(UN)은 2022년을 세계 기초과학의 해로 지정하였다. 코로나19 백신의 개발, 진단검사, 바이러스 기초분석 등 인류가 코로나19에 대응할 수 있도록 해준 도구들이 모두 기초과학기술에 뿌리를 두고 있음을 강조한 것이다.

UNITED NATIONS

국제통화기금(IMF)도 2021년 기초과학 연구가 응용연구보다 국가의 생산성을 더 높인다는 사실을 확인했으며, 경제성장을 위해서는 기초과학에 더 많은 투자를 해야 한다고 강조하였다.

4) 사회 · 문화적 환경

사회 · 문화 환경이란 사회나 집단을 구성하고 있는 개인의 행동에 영향을 미치는 문화나 가치관, 생활양식, 전통, 관습 등과 같은 사회적 제도나 태도 등을 말하는데, 기업의 흥망, 기업활동, 기업의 사업내용, 기업의 성장 속도, 기업전략 등에 커다란 영향을 미친다.

사회적 환경(social environment)은 소비자의 구매 및 소비패턴에 직접적으로 영향을 미친다. 예를 들면 가치관의 변화, 핵가족화, 1인 가구의 증가, 노인인구의 증가, 풍요로운 삶의 중시(well-being, well-aging, well-dying), 재택근무의 증가, 비대면 업무의 증가 등은 기업활동이나 전략에 많은 변화를 요구하고 있다.

문화적 환경(cultural environment)은 사회로부터 습득한 지식, 신념, 관습, 기술, 윤리, 도덕 등을 내포하는 모든 인간환경 전체를 말하는데, 일반적으로 한 사회의 모든 태도나 신념을 내포한다.

문화적인 환경은 기업의 성장 · 발전에도 많은 영향을 미치는데, 다양성과 포용성이 강조되는 최근에는 특히 다양한 인종과 문화적인 배경의 결합능력은 기업의 경쟁력을 높이는 중요한 요소이다.

문화에는 물질적 문화(material culture)와 비물질적 문화(nonmaterial culture : 가치관이나 신념)가 있는데, 물질적 문화는 비교적 빠르게 변화하며, 비물질적 문화는 상대적으로 느리게 변화한다.

새로운 트렌드

- **솔로 이코노미(Solo Economy)** : 1인 가구가 늘어나면서 싱글족의 경제적 영향력이 커져 가는 현상을 말하는데, 예를 들면 혼자 생활하는 싱글족을 대상으로 하는 제품을 개발하여 출시하는 각종 제품 형태가 늘어나고 있다.
  솔로 이코노미는 가치관의 변화, 교육과 소득의 증가, 전문직 증가, 고령화, 가족해체에 따른 독신자 증가, 만혼추세, 개인주의 확산, 가치소비 지향, 친환경 제품 선호, 비건(채식주의자)의 급증, 반려동물 산업의 급성장 등으로 더욱 활발하게 가속화되고 있다.
  솔로 이코노미는 주택시장, 식품시장, 식당, 생활가전용품시장, 여행 등에 많은 변화를 가져왔는데, 가전제품도 1인용으로 바뀌고 있으며, 주택시장에서는 코하우징(co-housing), 셰어하우스(share house) 등이 일반화되었고, 여행업에서는 혼행(나 홀로 여행), 즉행(일정이 맞으면 즉시 비행기를 타고 떠나는 여행), 식품업계에서는 밀 키트(Meal Kit), 가정간편식

(HMR : Home Meal Replacement), 반려동물을 위한 유치원, 호텔, 종합검진센터 등이 인기를 끌고 있다.

- 나홀로 족(myself generation)이 빠르게 증가하면서 제조기업은 이들의 요구를 충족시키는 1인용 제품의 생산 비중을 늘리고 있으며, 서비스업에서도 솔로 이코노미층의 요구를 충족시키는 여러 방법이 개발되고 있다.
- 나(Me)와 경제(Economy)를 합친 미코노미(Meconomy)라는 개념이 확산되고 있는데, 자신의 편리함과 여가를 위해서는 돈을 아끼지 않는 소비형태를 말한다.
- 긱노동자(gig worker)의 급증 : 온라인 중개 플랫폼에서 일을 얻으며, 자유롭고 임시로 일하는 형태의 노동자이다. 노동에 대한 가치관이 변하면서, 전 세계 모든 국가에서 긱노동자의 수는 빠르게 증가하고 있다.
- 비대면 문화의 증가 : 코로나19 이후에는 특히 비대면 문화와 재택근무가 일반화되면서, 기업에서는 제품이나 서비스의 신뢰도와 기동력 있는 공급 능력을 강조하게 되었다.
- 가치소비(value consumption) : 자신이 가치를 부여하거나 만족도가 높은 소비재에는 과감하게 지출하지만, 다른 부분은 철저하게 가성비를 따져 합리적으로 소비하는 것을 말한다. 가치소비는 실용적이고 자기만족적인 성격이 강하기 때문에 남에게 자기를 과시하고자 하는 과시소비(conspicuous consumption)와는 전혀 다른 개념이다.
- 비거니즘(Veganism)의 증가 : 환경을 보호하고자 하는 가치관이 확산되면서 육류, 유제품, 달걀 등의 동물성 식품을 먹지 않는 비거니즘이 늘어나고 있다. 특히 MZ세대 중에는 환경, 동물보호 등에 대한 자신의 신념과 윤리적 가치를 중시하는 비거니즘이 급격하게 늘고 있다.
- FIRE(Financial Independence, Retire Early)족 : 경제적 자립(Financial Independence)을 토대로 자발적 조기퇴직(Retire Early)을 추구하는 사람들을 일컫는 말이다. FIRE족은 1990년대 미국에서 처음 등장하기 시작하여 2008년 글로벌 경제위기를 겪으면서 전 세계적으로 퍼졌으며, 특히 밀레니얼 세대에게 급속하게 인기를 끌고 있다. 이들은 빠르면 20대, 늦어도 40대 초에 자발적으로 퇴직하여 새롭고 여유 있는 삶을 추구하고자 하는 것으로 소비를 극단적으로 줄이고 저축과 투자를 늘려 노후를 대비하고자 하는 젊은 세대를 일컫는데, 명예 · 권력 · 경제적 능력보다 자유를 더 중요하게 생각하는 세대를 말한다.
- 워케이션(workation)족 : 호텔이나 한적한 도시의 외곽에서 일과 휴식을 동시에 즐기는 것으로, 코로나 19 이후 재택근무가 늘어나면서 유행하기 시작하였다.
- 호캉스(hocance)족 : 호텔(hotel)과 바캉스(vacance)의 합성어로서, 호텔에서 휴가를 보내는 것으로, 진정한 휴가는 여행이 아니라 휴식이라고 생각하는 사람을 말한다.
- 설캉스(설+호캉스)족 : 코로나19로 인한 사회적 거리두기로 모임을 자제하는 분위기 속에서 배달 음식과 집콕에 지친 '홈설(Home+설날)족' 들이 호텔에서 명절 기분을 내면서 추억을 만드는 사람들을 말한다.
- 대퇴직(The Great Resignation) 현상 : 근로자들이 자발적으로 대거 퇴직하는 현상을 말하는데, 이 현상은 특히 코로나19 이후에 전 세계적으로 유행하고 있다. 이 같은 대퇴직 현상은 모든 분야의 근로자 부족을 가져 왔으며, 공급망의 차질로 인한 물가 상승을 초래하였고, 결국 모든 제품의 가격 폭등으로 이어지고 있다.

- **갓생** : 신(god)과 인생(人生)의 합성어이다. 부지런하고, 계획적으로 생활하면서 작은 실천으로부터 소소한 성취감을 얻는 삶을 말한다. 이러한 삶은 여가에 대한 트렌드를 바꾸어가고 있는데, 특히 MZ세대들에게 많은 호응을 얻고 있다.

※ 이러한 새로운 형태의 가치관이나 사회 · 문화적인 행태의 변화는 기업의 전략이나 의사결정에 중요하게 영향을 미치며, 경쟁력을 확보하기 위한 경쟁우위요소의 내용도 달라지게 된다. 따라서 기업은 사회 · 문화적인 환경의 변화 트렌드가 기업활동에 어떤 영향을 줄 것인가를 항상 분석하면서 그에 걸맞는 변화를 꾀하여야 한다.

하위문화(sub-culture)

문화란 한 사회 안에서 일반적으로 통용되는 가치관이나 행동양식을 말하는데, 하나의 전체문화(total culture)는 여러 개의 하위문화(sub-culture)를 가지는 경우가 많다.

하위문화란 전체문화 안에 존재하면서 독자적인 정체성을 유지하는 소집단을 말한다.

대표적인 하위문화의 하나로 꼽히는 것이 미국사회 안에 존재하는 히스패닉문화이다. 히스패닉(hispanic)이란 중남미의 스페인어를 사용하는 국가로부터 이주한 사람으로, 미국 인구의 약 20%에 달하는 소수민족이다. 히스패닉은 주로 미국의 남서부 지역에 많이 살고 있으며, 카톨릭을 고수하고, 경제적으로 중하위층을 구성하며 단순노동에 많이 종사하고 있다. 이들은 가족중심의 보수적이며, 생활에서는 식품, 의류, 오락 등을 중시하고, 제품을 구매할 때는 브랜드를 중시하는 소비경향을 갖고 있다.

공유 · 구독 · 경험경제

공유경제(sharing economy) : 공유경제란 제품 · 자원 · 재능 등을 소유하지 않고, 하나의 물건을 여러 사람에게 개방하고 공유하여 공동으로 사용하는 새로운 경제모델로서, 인터넷이나 SNS가 발달하면서 새롭게 등장한 개념이다. 공유경제개념은 남는 물건을 나누어 사용함으로써 "다 같이 편하고 잘 살자"는 선의(善意)에서 출발한 것으로 빠른 속도로 성장하고 있다.

구독경제(subscription economy) : 구독경제란 소비자가 기업에 회원으로 가입하고, 매달 일정 금액을 지불하면 정기적으로 물건을 배송받거나 서비스를 이용할 수 있는 경제모델로서, 제한된 자원과 비용으로 최대한의 만족을 얻고자 하는 효용이론(utility theory)에 근거한다. 구독경제는 초기의 특정분야에 국한됐던 기존모델(수직 모델 : vertical model)에서 다른 종류의 서비스를 결합한 모델(융합 모델 : convergence model)로 발전하고 있다.

경험경제(experience economy) : 경험경제란 소비자들의 구매행위나 제품의 경쟁력은 차별화된 경험이나 서비스에 의해 결정된다는 경제 개념이다. 이는 기술의 발달로 경쟁력의 차이가 없어지면서 새롭게 등장하기 시작한 개념인데, 가치있는 경험을 더 중요하게 생각하는 밀레니얼 세대가 SNS를 통하여 경험을 공유하면서 빠르게 확산되고 있다. 특히 가상현실과 증강현실의 발전으로 다양한 경험을 제공할 수 있기 때문에 더욱 인기를 끌고 있다.

5) 지리적 환경

지리적 환경(geographical environment)은 기업의 공장입지를 결정할 때 중요하게 고려해야 하는 요소이다. 지리적 환경은 원자재 및 제품의 수송 거리와 물류비용, 원자재 조달의 난이도, 시장과의 거리, 고객접촉의 용이성, 기후, 용수, 노동력의 조달 가능성, 임금 수준 등을 고려하여 기업목표를 달성하는데 유리한 조건이 되도록 하여야 한다.

예를 들면 기업의 위치를 처음 결정하거나, 생산거점을 기존 지역에서 다른 지역으로 옮기거나, 공급망을 새로 구축하는 경우에 지리적 환경과 관련된 요소를 철저히 분석하여야 높은 경쟁력을 발휘할 수 있다.

기업에게 좋은 입지요인

기업의 위치가 어디냐에 따라 기업이나 제품의 혁신과 개량에도 영향을 미치게 되는데, 기업에게 혁신기능을 자극하는 수준 높고 세련된 고객, 전문화된 기술인력, 부품공급업자, 경쟁자, 관련 인프라 및 정보 등이 위치하고 있는 것이 유리하다. 홀로 격리된 지역에서 기업활동을 하기보다는 경쟁집단의 군락이 형성되어 있는 지역이 지속적인 경쟁력을 유지하는데 도움이 된다.

이러한 요소를 이용하여 기업이 경쟁력을 갖춘 경우는 여러 지역에서 볼 수 있다. 예를 들면 카펫(미국의 조지아 주), 사무용 가구(미국의 미시간 주), 의약(미국의 뉴저지 주), 자동차(독일 남부지역), 첨단 융·복합연구기술(미국의 실리콘 밸리), 자동차(태국의 라용) 등이며, 우리나라에서는 안경테(대구), 운동화(부산) 등이 대표적이다.

2. 내부환경

기업의 내부환경은 기업활동에 직접적으로 영향을 미치는 요인으로서, 기업이 어느 정도는 통제 가능한 환경요인을 말한다. 기업은 외부환경 분석을 통하여 기회와 위협 요인을 찾아내고, 내부환경 분석으로 강점과 약점을 파악하게 되는데, 가급적 외부환경의 기회를 내부환경의 강점과 결합하여 경쟁력 있는 의사결정을 해야 한다.

내부환경은 재무 · 인사 · 생산 · 마케팅 관리활동 등과 관련된 요소들이 대부분이고, 어느 정도 통제가 가능하다. 그러나 최근에는 내부환경도 불확실성이 높고 점점 복잡해지고 있다.

다음은 내부환경의 대표적인 몇 가지이다.

1) 주주

주주(stockholders)는 기업의 주인이면서 기업활동의 핵심적인 주체 역할을 하는 중요한 집단이기 때문에 내부환경을 분석하거나 의사결정을 할 때는 항상 중요하게 고려해야 한다. 특히 주주의 요구사항을 충족시키도록 노력해야 한다.

기업의 성과에 따라 배당을 받는 대부분의 주주가 요구하는 대표적인 내용은 기업의 가치를 높이거나 높은 배당이다. 따라서 주가를 높이거나 회사의 가치를 높일 수 있는 의사결정을 통하여 주주의 욕구를 충족시켜주도록 노력해야 한다.

2) 공급자

기업에게 원 · 부자재를 비롯한 모든 생산 요소를 공급하는 공급자(supplier)는 기업의 경쟁력을 결정하는 중요한 요소이다.

공급자와의 관계는 상호 이해를 바탕으로 균형과 조화를 이루면서 성장할 수 있어야 하는데, 이를 위해서는 공급자와 금융적 · 기술적으로 상호 협력하여 서로 윈윈할 수 있는 의사결정을 내려야 한다.

따라서 두 집단은 서로 균형을 유지하는 협상력(bargaining power)으로 우호적인 관계를 유지하면서 경쟁력을 높일 수 있는 의사결정이 이루어져야 한다.

3) 소비자

내부환경 중에서 가장 중요하게 인식해야 할 집단 중의 하나가 소비자이다. 소비자는 생산하는 제품이나 서비스를 구매해 주기 때문에 기업의 목적인 이윤 창출의 원천이기도 하며, 기업이 지속적으로 성장하는데 가장 중요한 집단이다.

따라서 기업의 모든 활동은 고객지향적(customer oriented)이어야 하며, 기업이 제공하는 제품이나 서비스가 항상 고객을 만족시킬 수 있도록 설계되어야 한다.

아마존의 고객제일주의

아마존의 성공 요인은 여러 가지가 있지만, 가장 대표적인 것이 상식을 뛰어넘고 비정상적일 정도로 고객에 집중한다는 점이다.

아마존의 창업자인 제프 베이조스의 경영철학은 낮은 가격, 다양한 선택권, 빠른 배송, 고객의 시간 절약 등으로 요약할 수 있는데, 모든 내용이 고객 중심의 서비스를 강조하고 있다.

마켓 5.0시대의 소비자

코로나바이러스 감염증(코로나19) 이후 소비자의 요구가 많이 달라졌다. 예를 들면 마켓 5.0의 개념인데, 이는 첨단기술의 출현과 발전으로 경영환경이 급변하고 있지만 궁극적인 지향점은 결국 사람이라는 것이다.

마켓 5.0시대에서의 기술은 하이터치를 바탕으로 제품의 가치를 실현할 수 있어야 하며, 디지털 기술을 융합한 인간의 휴머니티를 실현할 수 있어야 한다. 따라서 인간을 위한 기술을 적극 활용하는 기업의 능력이 갈수록 강조되고 있다.

※ 필립 코틀러는 마켓 3.0(인간 중심), 마켓 4.0(디지털 기술의 융복합)이라고 하였다.

다양해지는 소비자의 요구

소비자의 요구는 시대와 가치관이 바뀌고, 기술의 발전에 따라 더 깊어지고 다양화되고 있다.

자동차를 예를 들면 과거에는 이동성을 중시하였지만, 갈수록 편리함, 안전성을 거쳐 최근에는 인포테인먼트(지식 + 정보 + 오락)을 강조하고 있기 때문에 다양한 콘텐츠를 제공하는 것이 중요하다. 이는 소비자를 만족시키는 요소로 중요하지만, 동시에 자동차의 경쟁력을 의미하기도 한다.

소비자의 여러 가지 유형

소비자 중에는 기업이 정말 고마워해야 하는 소비자도 많지만, 반대로 기업에게 불편을 주는 소비자들도 있다. 소비자의 유형은 다음과 같은 여러 가지가 있다.

① **화이트 컨슈머(white consumer)** : 합리적인 방법으로 상품을 구매함과 동시에 소비자의 권리를 주장하고, 서비스를 이용하는 선량한 소비자

② **그린 컨슈머(green consumer)** : 자연보호에 대한 높은 관심을 보이는 소비자로서, 제품을 구매할 때 환경을 가장 우선하는 소비자

③ **트윈슈머(twinsumer)** : 인터넷 구매를 하는 경우에 많이 나타나는데, 다른 사람의 제품사용 의견을 참고하여 제품이나 서비스를 구매하는 소비자

④ **슈퍼 컨슈머(super consumer)** : 제품이나 서비스의 사용 중 피해를 보는 경우에 다른 소비자들과 정보를 공유하면서, 공동으로 기업을 압박하여 합법적으로 자기의 권리를 찾는 소비자

⑤ **블랙 컨슈머(black consumer)** : 기업에게 고의적으로 악성 민원을 제기하여 과도한 보상을 요구하는 나쁜 소비자

⑥ **리뷰슈머(reviewsumer)** : 리뷰(review)와 컨슈머(consumer)의 합성어로서 상품과 서비스의 사용을 경험한 뒤 온라인 상에 사용 후 품평을 올려 다른 사람의 소비와 구매결정에 영향을 미치는 소비자

⑦ **크리슈머(cresumer)** : 단순히 기업이 제공하는 제품을 소비하는 것에 그치지 않고 자신의 취향에 맞게 새롭게 만들어 사용하는 창조적인 소비자

⑧ **모디슈머(modisumer)** : 기업에서 알려주는 사용 방법이 아닌 자신만의 방식으로 제품을 활용하고 사용하는 소비자

⑨ **프로슈머(prosumer)** : 생산자(producer)와 소비자(consumer)의 합성어로 소비자가 직접 상품개발에 참여하여 제품을 개발하고 생산과정에 참여하고자 하는 소비자

⑩ **스마트슈머(smartsumer)** : 소셜커머스 등이 발달하면서 생긴 소비자로서 입소문이 매우 빠르다는 특징을 가지고, 스마트폰의 다양한 기능을 활용하여 합리적이고 실용적인 소비를 하는 소비자

⑪ **트라이슈머(trysumer)** : 제품이나 기능, 새로운 서비스를 직접 경험하는 체험적 소비자

⑫ **체크슈머(checksumer)** : 제품을 구매하기 전에 구매하고자 하는 제품의 모든 정보(사용한 원료, 생산방법, 제품 리뷰 등)를 확인하는 것은 물론 생산기업이 사회적 책임과 자연환경을 보호하는 노력을 얼마나 했는지 등을 복합적으로 고려하여 구매를 결정하는 소비자

⑬ **펀슈머(funsumer)** : 제품을 구매할 때 재미를 강조하는 소비자를 말하는데, 이들은 자기가 느낀 재미의 내용을 SNS에 공유하기 때문에 소비시장에서의 영향력이 크다.

이 밖에도 친환경 유기농 제품을 즐겨 사용하는 **에코슈머**(ecosumer : 생태계를 뜻하는 Ecology와 소비자를 뜻하는 consumer의 합성어), 여러 가지 종합적인 정보를 바탕으로 제품을 선택하는 **스마트 컨슈머**(smart consumer), 평소에는 가성비를 따져 구매하지만 본인이 중요하게 생각하는 가치를 위해서는 주저 없이 지출하는 **앰비슈머**(ambisumer : ambivalent + consumer) 등의 소비자가 있다.

합리적인 소비자

차츰 합리적인 소비를 하는 소비자가 늘고 있다. 합리적인 소비자는 제품을 구매하기 전에 제품에 관한 다양한 정보를 꼼꼼히 검토·분석한 후 가장 믿을만한 제품을 선택한다.

따라서 기업은 제품에 관한 정확한 정보를 제공하여 신뢰를 주어야 하며, 정보의 접근이 수월하도록 편의를 제공하여야 하고, 정보를 얻기 위한 정보비용이 없어야 하며, 정보를 획득하는 시간을 줄여주어야 한다.

이 같은 정보의 제공은 기업의 사회적 책임 중 하나로 자리 잡았다.

4) 경쟁기업

경쟁기업(competitory enterprise)은 단순히 경쟁관계에 있는 대립적인 관계가 아니다. 오히려 시장을 공동으로 확장하고 서로의 발전을 위한 촉진자로서의 관계이다.

따라서 경쟁기업의 전략 방향, 목표시장, 가격 등을 비롯한 경쟁기업의 강・약점 내용과 경영환경의 핵심 집단인 경쟁기업의 고객 분석 등을 충분히 파악하여 전략을 수립해야 한다.

코피티션(coopetition)

과거의 경쟁기업이라는 개념은 반드시 경쟁에서 이겨야 하는 존재로 인식하였으나 최근에는 경쟁을 하면서 한편으로는 협력을 통하여 기술을 공동으로 개발하거나 시장을 공동으로 확장해야 하는 동반자로 인식하고 있다.

코피티션(coopetition)은 협력(cooperation)과 경쟁(competition)의 합성어로서, 경쟁을 하되 상대를 존중하면서 적극적으로 협력하는 것을 말한다.

특히 요즘에는 융・복합기술이 강조되고 있으며, 융・복합 기술의 사업성과 부가가치가 높아졌기 때문에 경쟁자와의 협력은 더욱 더 강조되고 있다.

5) 노동조합

노동조합(labor union)은 근로자를 대변하는 중요한 조직으로서, 갈수록 역할이 중요해지고 있다.

노동조합과 종업원의 의사가 기업 활동에 반영되는 것은 상호의존적이고 민주적인 기업조직을 유도할 수 있으며, 노동조합과 기업과의 협력으로 종업원의 사기와 생산성에 미치는 영향이 매우 크다.

갈수록 치열해지는 경영환경에서 기업이 경쟁력을 확보하기 위해서는 노동조합과 협력적인 관계를 유지하는 것이 매우 중요하다. 기업과 노동조합이 협력하는 방법으로써 중요한 역할을 하는 방법 중 한 가지가 공동의사결정제도나 노조의 경영참가제도 등이다.

하이볼(high ball) · 로우볼(low ball) 전략

하이볼과 로우볼 전략은 협상의 당사자들이 많이 사용한다. **하이볼과 로우볼 전략**이란 어차피 상대방이 거절할 제안임을 알면서도 상대방이 원하는 수준보다 더 높거나 낮은 수준을 제시하여 내 목표를 달성하고자 하는 전략이다.

* 노사가 임금협상을 하는 경우를 예로 들면, 회사는 내부적으로 3%의 임금을 인상하겠다는 예산을 세워놓고, 협상할 때는 1%를 제시하는 경우(로우볼), 노조 측은 임금인상의 타협점을 5%로 설정하였지만 회사에게는 10%를 요구(하이볼)하는 경우이다.
* 하이볼과 로우볼 전략은 실무에서 자주 사용하지만, 이는 협상의 시간과 에너지를 낭비하는 의미 없는 과정이다. 이러한 전략보다는 쌍방이 신뢰를 바탕으로 하는 건설적인 협상이 정착되는 것이 중요하다.

노동조합

노동조합은 근로자의 노동환경 개선과 복리증진을 위한 조직으로, 노(勞)와 사(使)의 협조로 더욱 개선된 노동조건과 근무환경 등을 만들어 나갈 수 있다. 따라서 노동조합은 기업경영을 위해서 매우 중요한 비중을 차지하고 있으며, 우호적인 협력으로 근로자의 권익 보호는 물론 기업의 어려운 상황도 슬기롭게 해결할 수 있다.

그러나 대립적이고 신뢰하지 못하는 노사관계는 서로에게 갈등과 위험을 주고, 기업에게 나쁜 이미지를 줄 수 있으며, 고비용을 유발하고 낮은 생산성과 비효율적인 기업으로 전락하게 되고, 궁극적으로 기업의 경쟁력이 떨어지게 되는 악순환으로 이어질 수 있다.

서로의 이익만을 앞세우는 이기적인 노사문화는 이제 시대에 맞게 타협과 대화를 통하여 더욱 선진화된 방향으로 나아가야 한다.

※ 최근에는 노동조합이 단순히 조합원들의 이익만을 대변하는 역할을 넘어 사회적 책임을 강조하는 '노조의 사회적 책임(USR : Union Social Responsibility)' 개념으로 확산되고 있다.

※ 참고로 2021년 한국경영자총협회(경총)에서 MZ세대를 대상으로 노사관계에 대한 설문조사를 행한 결과에 의하면, 노사관계하면 떠오르는 단어는 파업(40.2%), 투쟁(17.3%)으로 나타났으며, 응답자의 68.4%는 노사 협력이 국가경쟁력 강화에 필수적인 요소라고 응답하였다. 또한 노사관계를 대립적으로 만드는 원인에 대해서는 기업의 열악한 근무환경, 노조의 대화와 타협 거부, 정부의 탁상행정 등을 꼽았다.

6) 지역사회

지역사회(community)가 기업에 미치는 영향력이 갈수록 커지고 있으며, 기업과 지역사회와는 서로 분리될 수 없는 관계로 발전하고 있다. 왜냐하면 기업의 모든 활동은 지역사회와 깊은 연관성을 맺고 있기 때문이다. 특히 지역사회와 좋은 관계를 유지하는 기업에서는 종업원의 높은 사기와 기업의 이미지 향상을 기대할 수 있다.

따라서 기업은 지역사회와의 관계를 중시하여 지역사회의 발전을 위해 노력함으로써 지역사회와의 관계를 개선하도록 해야 하는데, 이는 무형의 자산가치를 높일 수 있는 중요한 방법 중 하나이다.

7) 그 밖에 재무, 인사, 생산, 마케팅과 관련된 요소

① 자금조달

자금조달은 기업이 경영활동을 수행함에 있어서, 그 사업목적을 달성하기 위해 필요한 자금을 공급하는 것이다. 기업활동에 필요한 자금을 조달하는 문제는 먼저 필요한 자금의 양과 질을 결정해야 하고, 조달 방법을 결정하는 것이다.

자금조달의 양과 질을 결정하는 데는 자금의 용도, 기업의 재무능력, 금융시장의 상황 등과 같은 제반요인을 고려하여 결정하여야 하며, 조달방법은 주식, 자기금융, 장기차입금 등과 같은 장기자금 조달방법과 지급어음, 단기차입금 등과 같은 단기자금 조달방법이 있다.

또한 타인자본을 이용하여야 할 경우 회사의 상환능력을 고려하여 그 규모를 결정하여야 한다. 기업이 자금조달을 원활하게 하기 위해서는 철저한 자기자본의 충실화와 수익성의 향상으로 기업의 신용을 키워야 하며, 장・단기의 자금조달계획을 치밀하게 세워 운영해 나가야 한다.

② 인적 자원

모든 경영활동의 주체는 사람이며, 기업 경쟁력의 원천은 차별화되고 창의적인 인적 자원의 보유 여부로 결정된다. 따라서 인적 자원은 기업경영에서 가장 기초가 되고 영향을 미치는 중요한 요소이다.

어떤 기업이든 유능한 인적 자원이 부족하면 경영개선, 생산성 제고, 품질개선, 경쟁력 확보 등을 위한 혁신을 기대할 수 없다.

기업은 유능한 관리자를 포함하여 모든 구성원의 능력과 자질을 향상시켜 환경변화에 지혜롭게 대응해 나가야 하는데, 이를 위해서는 채용단계에서부터 철저하게 능력을 검증해야 하며, 선발한 인력도 꾸준한 교육과 훈련을 통하여 경쟁력을 높이도록 해야 하며, 특히 기업을 구성하는 다양한 세대 간의 갈등을 슬기롭게 조화시키는 노력이 중요하다.

특히 2020년 초의 코로나19 이후 일하는 방식(대면에서 비대면으로)과 일하는 공간(지정에서 유연으로)이 많이 변하였기 때문에 구성원의 관리 및 평가를 위한 방식도 과거와 다른 새로운 방식을 도입하여 인적 자원의 효율을 극대화해야 한다.

일하는 방식과 사무 공간의 변화

코로나19 팬데믹 이후 기업의 일하는 방식이 새롭게 변하고 있으며, 이에 따라 사무실의 구조도 바뀌고 있다.

일하는 방식이 고정된 공간보다는 자유로운 근무(work from anywhere)방식의 오피스 프리(office-free) 모델이 일반화되고 있는데, 예를 들면 재택근무(MBW : Mobility Based Working)가 빠르게 늘어나고, 집에서 가까운 거점 오피스(hub office)나 공유 오피스(sharing office)로 출근하는 형태이다. 또한 꼭 필요한 회의나 미팅을 위해서만 출근하고, 아바타를 활용하는 메타버스(Metaverse : 3차원 가상세계) 등을 활용한다.

일하는 방식의 변화에 따라 사무실의 구조도 바뀌고 있는데, 지정좌석제(TWP : Traditional Working Place)에서 자율좌석제(AWP : Autonomie Working Place) 혹은 재택근무제로 바뀌고, 임원실을 축소하거나 폐지하는 등 많은 변화가 이루어지고 있다.

세대 간의 갈등과 MZ(millennial generation)세대의 이해

시장에서 소비를 주도하고, 기업에서도 핵심 업무의 주역으로 활동하고 있는 MZ세대가 사회의 주류를 이루면서 그들을 이해하고자 하는 시도가 많이 일어나고 있다. 그러나 아직 많은 기업에서는 기성세대와 MZ세대 간에 서로 다른 문화를 이해하지 못하여 생기는 갈등으로 큰 어려움을 겪고 있다.

* 그동안 국가나 기업의 성장을 주도한 기성세대와는 다른 생각과 가치관을 갖고 있는 MZ세대의 몇 가지 특징을 나열해 보면 다음과 같다.
  수평적인 기업문화를 더 좋아하고, 출퇴근 시간의 정확한 준수, 형식보다는 능률을 강조하며, 정보의 독점보다는 정보의 공유를 강조하고, 개인의 삶과 일의 균형 및 개인의 인격적인 존중을 강조하고, '싫다' '좋다'의 의사 표시가 분명하며, 다양한 경험을 중시하고, 철저하게 가치소비를 하면서도 자기의 관심 분야에는 많은 투자를 하는 등 매우 다양하다.

기업이란 기성세대와 젊은 세대가 공존하는 조직체이기 때문에 세대 간의 갈등을 해소할 수 있는 다양한 노력을 바탕으로 조직을 능률적으로 이끌어나가야 한다.

③ 가격경쟁력

가격경쟁력이란 판매하는 제품이나 서비스를 경쟁사보다 더 낮은 가격으로 공급할 수 있는 능력을 말한다. 가격경쟁력을 높이기 위해서는 생산성 향상, 규모의 경제 개념을 활용하는 방법 이외에도 생산비용과 모든 간접비를 줄이는 방법을 활용해야 한다.

그러나 경쟁사와 가격경쟁이 지나치면 경쟁적으로 가격을 인하하게 되어, 단기적으로는 판매량이 증가될 수도 있으나, 장기적으로는 제조원가 이하로 판매해야 하기 때문에 수익성이 낮아질 수 있다. 따라서 가격경쟁보다는 비가격경쟁을 할 수 있는 방법을 전략적으로 활용하여야 한다.

④ 유통경로

유통경로(distribution channel)란 기업에서 생산한 제품이 생산자에서 소비자에게 이전되는 모든 활동을 총칭한다. 이러한 활동이 효과적으로 수행되기 위해서는 ㉠ 제품의 성질(부패성, 수요변화 요인 등), ㉡ 시장의 성질(소비자의 구매습관, 경쟁상태 등), ㉢ 기업의 재무적 요인(판매경로별 마케팅 비용, 판매경로별 예상수익, 매출액 추이 등) 등이다.

유통경로의 경쟁력을 높이기 위해서는 기존 판매경로를 수정하고, 새로운 판매경로를 구축하기 위해 각종 첨단기술을 활용하여야 한다. 최근에는 첨단기술을 활용하여 기동력을 제공하는 것이 경쟁력 중 하나이다.

소비자 직접 판매(Direct to Customer)

배송속도와 기동력이 경쟁력의 핵심 요소가 되면서 모든 유통업체나 제조업체는 유통혁신으로 유통시간을 단축하는 새로운 방식을 개발하고 있다. 특히 1~2시간 내 배송, 새벽배송, 당일배송, 익일배송, 샛별배송, 총알배송, 즉시배송 등의 이름으로 유통시간을 단축하는 경쟁이 치열해지면서 유통혁신을 꾀하고 있다. 유통활동의 개선으로 기동력을 높이는 방법 중 한 가지가 소비자 직접판매방식이다.

소비자 직접판매방식(DTC : Direct to Customer)이란 제조업체가 유통회사를 거치지 않고 소비자에게 직접 제품을 판매하는 방식이다. 이 판매방식은 2019년 나이키가 아마존에서 더 이상 상품을 팔지 않고, DTC 전략을 확장하기로 한 이후에 전 세계적으로 빠르게 확산되었다.

DTC전략이 성공하기 위해서는 확실하게 차별화된 제품이나 브랜드와 충성도 높은 소비자를 확보하고 있어야 하고, 직접 배송하는 것이 부가가치를 높일 수 있는지를 철저하게 분석하여야 한다.

※ 소비자의 편익을 고려하는 유통방식으로 역배송 서비스도 많이 도입되고 있다. 역배송 서비스의 예는 다음과 같다. 만약 고객이 라지(L) 사이즈의 옷을 주문했을 때, 미디엄(M)과 엑스라지(XL)까지 3가지를 보낸 후 본인의 사이즈를 선택한 다음 나머지는 반품하도록 하는 역물류체계이다.

⑤ 판매방식

기업의 자금난이 가중되는 이유 중 하나가 경기침체에 따른 판매 부진, 적자 판매, 판매대금 회수의 장기화 등이다. 판매 부진을 개선할 수 있는 방법 중 하나가 판매방식을 개선하는 것이다.

최근에는 각종 첨단기술과 4차산업혁명기술을 활용하여 소비자에게 편의를 제공하거나 시간을 단축시켜 주는 방법의 활용으로 판매방식을 획기적으로 개선하고 있으며, 시간과 공간의 약점을 극복하고 있다.

이와 같은 내부환경의 요소 이외에도 자금의 유동성을 높이는 방법, 효율적으로 조직을 개편하는 방법, 신속한 의사결정체계를 유지하는 노력, 도덕·윤리경영을 위한 관리체계의 도입, 환경·사회적 책임경영·지배구조 등을 강조하는 ESG경영의 실천 등을 꼽을 수 있다.

라이브 커머스

최근의 첨단 기술은 모든 영역에서 많은 변화를 가져오고 있다. 특히 유통과 커머스에서는 라이브 커머스(일명 '라방')방식이 인기를 끌고 있다.

라이브 커머스는 라이브 스트리밍(live streaming)과 전자 상거래(e-commerce)의 합성어로서, 모바일에서 실시간 동영상 스트리밍 방송을 통해 제품을 판매하는 방식을 말한다.

이 판매방식의 가장 큰 장점은 생방송이 진행되는 동안 채팅 중인 모든 사람과 실시간으로 제품에 관한 모든 정보를 주고받을 수 있기 때문에 비대면으로 이루어지는 온라인 쇼핑의 단점을 해소할 수 있다는 점이다.

이는 MZ세대는 물론 언택트 문화에 익숙해진 소비자들에게 많은 인기를 끌고 있는 판매방식으로 자리 잡아가고 있다.

3. 급변하는 최근의 경영환경

기업은 외부환경분석을 통하여 사업 기회와 사업을 위협하는 요인을 찾아내고, 내부환경분석으로 기업이 가지고 있는 강점과 약점을 찾아낸다.

외부환경은 갈수록 불확실성과 위험성이 높아지고, 경쟁도 치열해지고 있으며, 내부환경의 영향요소도 과거보다 더 복잡하고 다양해지고 있다. 특히 최근에는 4차산업혁명의 각종 기술의 발전과 함께 ESG경영의 요구라는 새로운 경영환경에 직면하고 있다.

4차산업혁명의 핵심은 "모든 사물이 각종 정보통신기술로 연결됨은 물론 더욱 지능적으로 함께 움직이는 세상으로 진화하는 것"으로, 사물 인터넷(IoT),

인공지능(AI), 빅 데이터(Big Data), 5G기술, 센서기술 등을 기반으로 인간과 사이버 및 물리적 세계가 네트워크로 연결되어 하나의 통합된 시스템으로 전환되는 것이다. 궁극적으로 사람과 기계, 기계와 기계, 현실세계와 가상세계가 하나로 연결되는 초연결사회와 작업장이 만들어지는 것이다.

더욱이 스마트 팩토리(smart factory), 스마트 팜(smart farm), 스마트 홈(smart home), 자율주행차(self driving car), 드론(drone)배송, 원격의료, 무인판매, 가상 및 증강현실을 활용한 각종 서비스 등을 비롯하여 모든 산업에 4차산업혁명기술이 일반화되고 있고, 융·복합, 개방, 공유기술이 발전하면서 경영환경은 더 빠르게 변하고 있다.

최근에는 ESG경영을 강조하는 기업활동이 요구되고 있는데, 기업은 환경의 가치를 중시하는 새로운 조류에 대응하지 못하면 경쟁력을 확보할 수 없는 것은 물론 살아남을 수 없는 시대가 되었다.

1) 4차산업혁명기술이 미치는 경영환경

(1) 인공지능

인공지능(AI)이라는 용어는 1955년 미국의 스탠퍼드대학의 존 매카시(John McCarthy) 교수가 상상 속에서만 존재했던 자동기계에 인공지능(Artificial Intelligence)이라는 이름을 붙인데서 시작되었다.

인공지능이란 인간의 지적 능력을 인공적으로 구현하는 기술로서, 인간의 두뇌 작용인 인간성, 지성, 학습 능력, 추론 및 예측 능력 등을 컴퓨터나 기계 등의 정보기술로 스스로 행하게 하는 기술이다.

이러한 인공지능의 개념은 특히 1990년대 이후 기계학습, 로보틱스(robotics), 컴퓨터 등 특정 기계분야에 대해 연구하는 머신 러닝(machine learning)을 중심으로 주목받기 시작하였는데, 최근에는 4차산업혁명을 주도하는 핵심기술 중 하나로서 생산, 유통, 서비스, 광고 등 기업의 모든 패러다임을 바꾸는 중추적인 역할을 하고 있다.

특히 인공지능은 생산현장뿐만 아니라 자동제어, 교육·훈련, 의료, 유통, 금융, 법률, 특허, 자율주행차 등 모든 분야에 영향을 미치고 있다. 더욱이 사물 인터넷, 빅 데이터 등과 연결하여 모든 산업구조·생산현장의 경영패러다임을 바꾸고 있으며, 인간의 일상생활에까지 깊숙이 자리 잡아가고 있다.

특이점(Singularity)

특이점(Singularity) : "인류가 개발한 기술(인공지능)이 인류의 지능 총합을 넘어서는 시점" 혹은 "인류가 개발한 기술이 인간의 능력을 넘어서는 시점"을 말하는데, 미래학자인 레이 커즈와일(Ray Kurzweil)은 2045년에 특이점(Singularity)이 올 것으로 예측하였다.

이같이 인간의 능력을 뛰어넘는 기술의 발전은 인간의 모든 행동이나 삶을 완전히 다르게 바꾸고 있으며, 기업활동의 모든 패러다임을 바꾸고 있다.

2021년 6월 구글(google)은 국제학술지 네이처에 인공지능(AI)을 이용해 사람이 수개월 걸려 하던 반도체 칩 설계작업을 6시간에 끝냈다고 발표하면서, 설계 작업의 일부를 AI가 수행했다고 하였다. 이는 AI가 자신에게 필요한 반도체를 직접 설계하는데 성공했다는 의미로 기계가 기계를 만드는 것이 현실화되고 있다는 의미이다.

* 인공지능의 기술이 인간의 능력을 뛰어넘는 시점은 학자에 따라 다른데, 2029년, 2040년, 2045년 등으로 예측하고 있다.
  시점은 다르지만 조만간 인공지능의 기술이 인간의 능력을 앞서게 되면, 인간이 기술을 발전시키는 것이 아니라 기술이 기술을 발전시키게 된다.

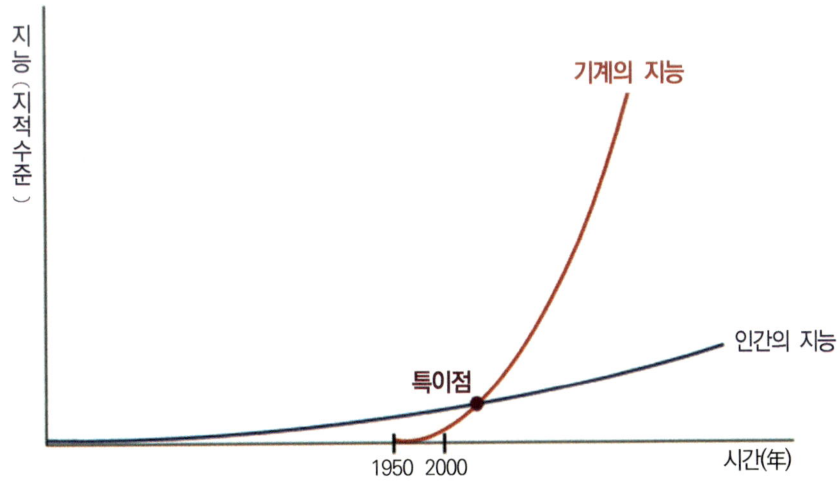

스마트 팩토리

스마트 공장(smart factory) : 정보통신기술과 4차산업혁명 기술(IoT, AI, Big Data, 3D, collaborative robot, 각종 센서 등)을 활용하여 생산활동과 관련된 모든 데이터를 무선으로 연결하여 주고받으면서, 수집 · 분석하여 스스로 생산활동을 수행하는 생산시스템이다.

예를 들면 제품의 기획 · 설계 · 디자인 · 개발 · 제조 · 유통 및 부품 · 완제품 공장설비 기기 등에 관한 모든 정보가 정보통신기술 및 4차산업혁명기술로 결합하여 다품종소량 및 대량생산이 가능하고, 24시간 생산활동을 할 뿐만 아니라 고객을 만족시킬 수 있는 지능형 공장을 말한다.

스마트 공장이 정착되려면 일하는 방법과 조직문화도 변해야 하며, 앞으로 다가올 미래의 기업경쟁력은 스마트 공장의 구축 여부에 의해 결정되는 시대가 되고 있다.

(2) 사물인터넷

사물 인터넷(IoT : Internet of Things)이란 모든 사물이나 기계설비가 인터넷으로 연결되어 서로 정보를 공유하고 제어하는 것으로, 사물끼리 실시간으로 데이터를 주고받는 기술이나 환경을 의미한다.

기계나 설비가 인간의 도움 없이도 서로 정보를 교류하면서 소통하는 사물 인터넷이 고도화되면서 생산성을 높이는 방법으로 제조현장의 혁신을 이루게 되는 스마트 공장(smart factory)의 출현을 가능하게 하였다.

이러한 사물 인터넷 기술이 적용되는 궁극적인 경영환경은 초기에 주로 가정 사물 인터넷(Home IoT) 분야로부터 응용되기 시작하여 최근에는 생산현장을 비롯한 유통, 금융, 교통, 에너지, 재난 · 안전, 농업, 서비스, 농축산, 환경 등 모든 분야에서 폭넓게 활용되어 엄청난 부가가치를 창출하고 있다.

첨단화된 설비의 구축으로 전 공정을 자동화시킨 스마트 공장은 사물 인터넷을 기반으로 공장 스스로 공정을 계획하고 통제하며, 기계의 수리 및 작업장의 안전을 관리하고, 유해물질의 사전 감지를 통하여 산업재해를 예방할 수 있는 통합관리시스템을 말한다.

사물 인터넷을 생산현장에 도입하였을 때 관리영역에서 기대할 수 있는 효과는 다음과 같다.

① 생산 일정, 재고관리, 구매관리, 품질관리, 창고관리 등을 기계설비가 스스로 통제할 수 있으며, 신뢰도도 높일 수 있다.
② 기계설비의 유지 · 보수는 물론 불량 발생을 사전에 예방할 수 있기 때문에 기계설비의 가동율을 높일 수 있다.
③ 생산에 필요한 노동인력의 감소로 생산성 향상을 기대할 수 있다.
④ 작업장의 온도, 습도, 일산화탄소량 등을 실시간으로 분석하여 작업자의 건강 상태를 최적의 상태로 유지할 수 있기 때문에 작업 능률은 물론 산업재해도 예방할 수 있다.

(3) 3D 프린팅

3차원 프린팅(3D printing)기법은 1980년대 초부터 대두되기 시작한 개념으로, 연속적으로 물질을 적층해가면서 3차원으로 물체를 만들어내는 제조기술이다. 최근에는 더욱 진보되어 4D, 5D의 출현을 예고하고 있다.

3D프린팅 기술은 산업 전반에 걸쳐 큰 변화를 가져오고 있는데, 금형을 사용하지 않고도 다양한 시제품(prototype)이나 제품을 빠르고 저렴하게 생산할 수 있다. 또한 설계 → 시제품 제작 → 양산 체제의 생산 사이클 속도가 과거와 비교할 수 없을 정도로 빨라지며, 생산장소를 분산하는 효과를 가져올 수 있다.

다음은 3D프린팅 기술에 의해 예상되는 생산활동의 변화 내용이다.

① 시제품 생산이나 조립단계를 거치지 않고 직접 생산할 수 있기 때문에 생산 비용과 시간을 단축할 수 있다. 또한 가공물이나 생산물의 정밀도가 높아지며 불량률도 낮아진다.
② 제조과정에 3D프린터가 본격적으로 도입되면 생산활동의 작업자 부족현상이나 높은 인건비 문제를 해결할 수 있다.
③ 3D프린팅 기술을 실현할 수 있는 장소이면 어디서나 생산활동을 할 수 있기 때문에 기업입지 요소의 중요도가 변화된다.
④ 제품의 설계도가 있고, 3D프린터만 있으면 세계 어디서나 생산이 가능하기 때문에 납기를 획기적으로 단축시킬 수 있다.
⑤ 3D프린팅에 이용할 수 있는 소재가 티타늄, 세라믹, 합성수지 등으로 다양해지면서 활용분야도 항공기 부품, 인공장기, 인체 조형물, 완구, 3D푸드, 3D프린팅 하우스, 각종 극소형 배터리 등 모든 영역으로 확대될 수 있다.

(4) 빅데이터

빅데이터(Big Data)란 모든 환경으로부터 생성되는 대규모의 다양한 데이터를 말하며, 빅데이터기술(Big Data Technology)이란 방대하고 복잡한 자료를 수집하고, 이를 바탕으로 유용한 정보를 만들어내는 고도의 기술을 말한다.

일반적으로 데이터는 기업의 미래계획과 전략을 설정하는 데 가장 중요한 자료로서, 특히 대량의 데이터는 디지털경제에서 다양한 가치를 창출하고 있다.

기업이 빅데이터를 활용하여 큰 효과를 기대하려면, 가장 중요한 것이 신뢰도 높은 고품질의 데이터 확보가 중요하며, 데이터의 분석과 관리과정의 표준화가 필요하다.

21세기의 기업환경에서는 경영활동과 관련된 데이터를 얼마나 더 유용하게 활용하느냐에 따라 경쟁력이 차별화될 수 있는 시대가 되었기 때문에 빅데이터를 4차산업혁명시대의 새로운 자본(new capital)이라고 하며, 앞으로 모든 기업은 데이터의 활용법을 알아야 일을 능률적으로 수행할 수 있다.

빅데이터를 활용하면 다음과 같은 내용을 기대할 수 있다.

① 기업활동의 전 과정을 합리적으로 운용할 수 있다.
② 제품개발을 위한 아이디어의 착상부터 개발, 생산, 유통 등의 소요시간과 비용을 획기적으로 단축할 수 있다.
③ 설비고장을 사전에 예측할 수 있으며, 고장 나기 전에 보수를 하거나 부품을 교체할 수 있기 때문에 설비의 효율을 높일 수 있다.
④ 모든 기계설비, 공정 등의 정보를 클라우드 서버를 통해 실시간으로 공유할 수 있기 때문에 기계를 언제 가동해야 하는지? 언제 작업을 중단해야 하는지? 최적의 공정을 유지하기 위한 조치는 무엇인지? 등을 스스로 행할 수 있다.
⑤ 제품생산과 관련된 기업활동의 모든 가치사슬(value chain)의 효과를 극대화시킬 수 있다. 예를 들면 제품기획 단계에서 수집된 데이터를 분석하여 정확한 수요를 예측하고, 제조공정의 데이터를 분석하여 품질관리를 수행하며, 마케팅과 서비스의 데이터는 고객관리를 효과적으로 수행할 수 있다.
⑥ 소비자의 구매정보, 구매 이력 등에 관한 정보를 활용하여 그에 맞는 정보를 제공하는 판촉 · 홍보 · 서비스전략을 수행할 수 있기 때문에 소비자의 만족도를 높일 수 있고, 매출 증대도 기대할 수 있다.

빅데이터의 속성(4V)

대규모의 다양한 데이터를 말하는 빅데이터를 가공・분석하여 기업활동에 필요한 정보를 추출하는 방법은 기술의 발전에 따라 갈수록 정교해지고 있다.

일반적으로 다음의 4V로 **빅데이터의 속성**을 나타낸다.

- Volume(대규모) : 데이터의 양이나 규모가 매우 크다.
- Velocity(빠른 속도) : 데이터의 수집・분석・전달 속도가 매우 빠르다.
- Variety(다양성) : 다양한 유형(서적, 오디오, 비디오, SNS, 정형 및 비정형 등)의 데이터를 포함한다.
- Value(가치) : 데이터의 분석 결과는 높은 가치가 있어야 한다.

(5) 로봇의 발전

4차산업혁명기술의 핵심 중 하나가 로봇이다. 과거의 로봇은 간단하고 반복적인 인간의 업무를 대신하는 단순한 방식으로 인건비를 줄이는 데 목적이 있었으나, 최근에는 인공지능, 사물 인터넷과 결합하여 인간과 소통할 수 있는 인식능력과 감정을 가진 인공지능 로봇으로 발전하고 있다.

로봇의 발전은 이제 인간의 감각을 가질 수 있도록 각종 센서(촉각 센서, 시청각 센서, 음향 센서, 경사・위치 센서, 가속, 역학 등)를 장착하여 감성교류, 의사소통까지 가능하도록 개발되고 있으며, 일상생활은 물론 작업현장의 설비배치나 현장관리의 혁신을 통하여 생산성 및 능률의 향상, 작업방법의 개선 등 복잡하고 다양한 작업현장에서 인간의 노동을 대신하고 있다.

예를 들면 모든 기능이 인간과 유사한 휴머노이드 로봇(Humanoid Robot)의 출현으로 생산성 향상, 산업재해의 감소, 부족한 노동력 문제를 해결하고 있으며, 최근에는 협동로봇(collaborative robot : 인간과 같은 공간에서 공동작업하면서, 상호작용할 수 있는 로봇으로, cobot이라고도 한다)이 작업현장에 투입되고 있다.

로봇은 생산현장 뿐만 아니라 재난 구조, 해양 및 우주 탐사, 인간에게 유해한 작업을 수행하거나 환자나 고령자의 우울감 해소와 심리적 안정을 위한 반려로봇, 가정용 로봇 등으로 활용되고 있으며, 배달과 각종 서비스를 제공하는 로봇이 개발되면서 인간의 영역을 대체하고 있다.

로봇의 발전

초기의 로봇은 인간의 반복적인 일을 대신하는 단순한 형태였으나 기술의 발전으로, 작업현장에서 이루어지는 단순 작업은 물론 피킹(picking) 로봇, 이동(mobile) 로봇, 무인운송 로봇(AGV : Automated Guided Vehicle), 협동 로봇(cobot) 등 매우 다양한 로봇이 출현하였다.

최근에는 인간의 심리상태를 분석하고, 대화하며, 감정 표현으로 정서적 교감까지 가능한 소셜 로봇(social robot)이 인기를 끌고 있다. 이 로봇은 사람과 상호작용을 하는 사회적 기능을 수행하기 때문에 서로 교감하고 싶은 인간의 본능을 충족시켜 줄 수 있다.

소셜 로봇은 1인 가구의 증가, 고령화, 비대면 문화의 확산 등으로, 외롭고 지친 현대인에게 위로와 안식을 주고 있다.

스마트 로봇

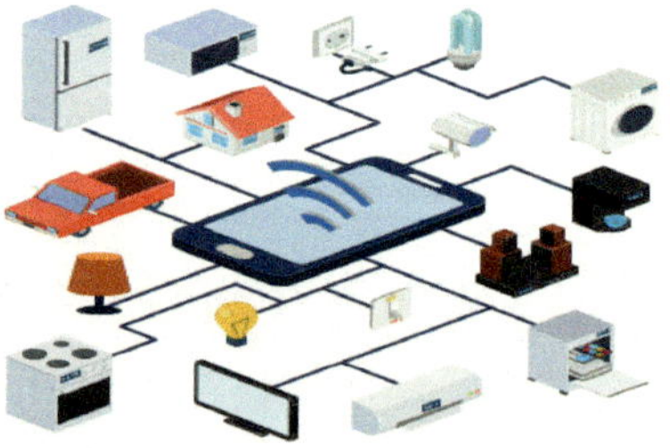

로봇은 시간이 흐르면서 꾸준히 발전하고 있다. 기존의 로봇은 정해진 동작을 반복하는 업무를 수행하는 경우가 많았으나 최근에 개발되는 스마트 로봇은 상황을 스스로 인식해 제조현장에서 인간의 업무를 대신하고 있다. 즉 로봇이 물류, 서비스, 제조 등에서 사람을 대신하여 일을 하는 것이다.

스마트 로봇(smart robot)이란 프로그램 없이 인공지능으로 학습하여 업무에 적응하는 로봇을 말하는데, 모든 산업 분야에서 사람보다 더 능률적으로 일을 처리한다. 특히 노인들의 말벗이 되는 스마트 로봇이 가장 일반화되고 있다.

〈기존 로봇과 스마트 로봇의 차이〉

구분			
기존 로봇	사람의 프로그래밍으로 모든 기능을 조작	프로그래밍대로 작동	일부 영역에서만 적용 가능
스마트 로봇	인공지능이 스스로 학습하여 업무 수행	예기치 못한 모든 돌발상황에도 스스로 대응	모든 산업 분야에 적용 가능

(6) 가상현실

가상현실(VR : Virtual Reality)은 각종 디지털 기술을 이용하여 특정 환경이나 상황을 연출한 후, 인간이 가상환경에서 컴퓨터와 상호작용할 수 있는 인터페이스(interface)를 말한다. 즉 인간의 시각이나 청각 · 촉각 등을 자극해 실제로는 존재하지 않는 환경을 마치 실제 존재하는 것처럼 가상환경을 느끼게 하는 기술이다.

이러한 가상현실은 개인용 게임이나 엔터테인먼트 등에 많이 응용되었으나 최근에는 제조기업의 설계 및 생산활동은 물론 마케팅이나 서비스 영역까지 확대하여 비용절감, 생산성 향상, 시간단축, 소비자 만족의 극대화를 꾀하고 있다.

예를 들면 디자인 개발, 가상 조립 및 검사 체험, 기계설비 배치의 시뮬레이션, 천연자원의 탐사 등 경험하기 어렵거나 위험한 업무를 가상공간에서 행할 수 있으며, 본사에서 멀리 떨어진 해외창고의 적치 및 재고상황까지도 파악할 수 있기 때문에 생산활동의 단계를 줄여 시간과 비용을 획기적으로 절감할 수 있고, 각종 시비스활동에 활용하여 소비자 만족을 극대화시키고 있다.

가상현실의 기술은 더욱 발전되어 증강현실(AR : Augmented Reality : 현실세계에 가상의 이미지를 더하여 보여주는 기술), 혼합현실(Mixed Reality), 메타버스(Metaverse)로 발전하고 있다.

증강현실은 현실의 실제상황과 이미지, 배경 등에 3차원의 가상 이미지를 합성하여 하나의 영상으로 보여주는 기술이다. 예를 들면 원격인식과 같이 건물이나 제품의 외부에서 내부를 볼 수 있는 것이 가능하며, 이러한 기술은 인간에게 유해한 작업의 대체는 물론 교육 · 훈련 과정의 효과를 극대화시키고 있다.

가상현실과 증강현실은 생산활동에서 다음과 같은 변화를 주고 있다.

① 제품의 설계, 조작실험, 검사 등을 할 수 있기 때문에 시간과 비용을 절감할 수 있다.
② 소비자에게 제품이나 서비스의 다양한 정보를 가상현실 속에서 제공할 수 있기 때문에 소비자 만족을 극대화시킬 수 있다.
③ 작업개선을 위한 각종 시뮬레이션을 할 수 있다.

④ 기계(설비)의 배치를 사전에 입체적으로 설계해 볼 수 있다.
⑤ 신입사원의 사전교육과 훈련을 가상공간에서 할 수 있다.

메타버스

초월(超越)을 의미하는 'Meta'와 우주와 세계를 의미하는 'Universe'의 합성어로서 직역하면 초(超 · meta) 세계(verse)란 뜻이며, '초현실 디지털 사회'로 번역 · 사용한다.

메타버스(metaverse)란 현실세계를 디지털로 복제하고 발전시켜 만든 가상의 온라인 세상을 말하는 것으로, 아바타(avatar)를 활용해 가상현실에서 정치, 사회, 경제, 문화활동을 실제 현실과 같은 활동을 할 수 있다. 메타버스 기술이 더 발전하면 언제, 어디서든 가상 공간에서 모든 활동을 할 수 있기 때문에 오프라인 사무실이 사라질 수도 있다.

코로나19 팬데믹으로 비대면 · 온라인 활동이 일반화되고 있는 최근의 경영환경에서 기업은 광고, 홍보, 채용, 회의, 각종 마케팅 기법 등에 메타버스 기술을 활용하고 있다.

디지털 에이징

고령화 시대에 접어들면서 노인의 인구가 급증하고 있으나, 노인들은 빠른 속도로 발전하고 있는 정보통신기술(ICT)에 익숙하지 않다.

디지털 에이징(digital aging)이란 노인들에게 정보통신기술을 활용할 수 있는 능력을 제공하여 적극적으로 사회활동을 할 수 있도록 돕는 것을 말한다. 이는 노인들의 삶을 풍요롭게 만들 수 있으며, 국가와 사회의 균형있는 발전에 큰 도움을 준다

2) ESG경영을 요구하는 경영환경

최근에는 환경과 사회를 보호하고자 하는 가치관의 요구로 기업에게 새롭게 강조되는 개념이 ESG경영이다. 이 개념은 기업의 생존을 위해 가장 중요한 요소로 자리 잡고 있는데, ESG경영이란 기업이 성장을 강조하였던 과거의 재무적 관점에서 벗어나 비재무적인 요소까지도 중요하게 다루고자 하는 관점이다. 즉 환경을 보호하고, 사회적 책임경영을 성실히 수행하며, 지배구조 개선을 통한 투명하고 지속 가능한 기업활동을 강조하는 경영을 말한다([그림 4-1] 참조).

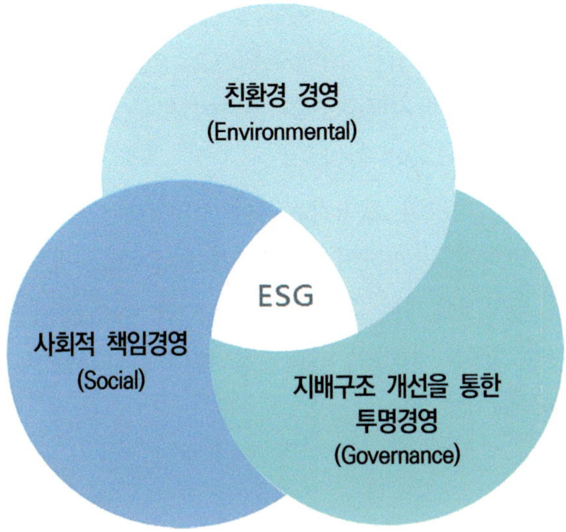

그림 4-1. ESG경영의 구성요소

(1) 친환경 경영

친환경 경영이란 ESG 중 'E'에 해당되는 것으로, 기업활동을 수행하는 모든 과정(생산, 사용, 폐기 등)에서 오염발생과 환경파괴를 극소화하는 노력으로 자연환경을 보호하는 경영을 말한다. 친환경을 통하여 지구환경은 물론 인류를 보호하고자 하는 경영은 사회가 기업에게 강하게 요구하는 중요한 요소로 자리잡았다.

따라서 앞으로 친환경 경영은 기업의 경쟁력 확보는 물론 지속적인 성장을 위해 반드시 실천해야 하는 활동이다.

(2) 사회적 책임경영

사회에서 차지하는 기업의 역할이나 비중이 높아지면서 사회는 더 높은 수준의 사회적 책임경영을 요구하고 있다. 전통적으로 강조되었던 사회적 책임을 넘어 더 확장되고 고도화된 사회적 책임을 실천해야 하는 시대가 되었다. 따라서 기업의 모든 전략과 의사결정은 소비자, 이해관계자, 정부 등에 지켜야 할 사회적 책임을 포함시켜야 한다.

(3) 기업지배구조 개선을 통한 투명경영

투명경영은 앞에서 설명한 무형의 가치를 극대화시킬 수 있는 중요한 수단이다. 이를 위해서는 기업은 지배구조(CGS : Corporate Governance System)가 투명해야 하며, 투명한 지배구조를 통하여 모든 의사결정이 기업의 이해관계자를 위하도록 이루어져야 한다.

예를 들면 모든 정보를 소비자는 물론 투자자나 모든 이해관계자 집단에게 객관적이고 투명하게 공개하여, 소비자가 안심하고 생산된 제품을 사용할 수 있도록 돕고, 투자자에게는 올바른 투자를 할 수 있도록 해야 한다.

이 같은 투명경영은 기업의 신뢰도를 높이기 때문에 무형의 가치를 높이는 중요한 수단이 되기도 한다.

제5장 창업의 3요소·창업·성장

제1절
창업의 3요소

1. 창업의 정의

창업(startup)은 제품 또는 서비스를 생산·판매하는 사업을 시작하기 위해 새로운 기업조직을 설립하는 것을 말한다.

창업을 넓은 의미로 해석하면, 새로운 기업조직을 설립하는 것은 물론 기존 기업이 새로운 제품을 생산하거나 판매하는 일을 시작하는 것까지도 포함한다.

2. 창업의 3요소

기업의 창업은 개인과 사회에 많은 긍정적인 효과를 준다. 개인적으로는 부의 창출 뿐만 아니라 사업의 성공에 의한 성취감 등을 갖게 하며, 사회에 공헌하고 있다는 자부심을 느끼게 한다.

사회 전체 측면에서는 일자리를 창출할 수 있으며, 인간의 삶의 질을 높이는데 공헌하며, 기업활동을 수행하는 과정에서 각종 자원을 효율적으로 이용한다는 효과가 있다.

창업을 하기 위해서는 여러 가지 요소가 동원되어야 하지만 일반적으로 기업가, 아이디어, 자본을 창업의 3요소라고 한다.

이외에도 창업에 필요한 요소는 수없이 많은데, 창업과 관련이 있는 모든 요소가 최적으로 결합되어야 한다는 점이 중요하다. 최적결합이 이루어지지 않으면 경쟁력 있는 창업이나 계속기업으로 성장할 수 없다. 창업 요소 중 기업가, 아이디어, 자본에 대하여 살펴보면 다음과 같다.

1) 기업가

불확실성과 위험성이 높은 경영환경에서 기업을 직접 창업하는 사람이 기업가인데, 창업을 하는데 가장 중요한 요소이며, 창업의 주체이다.

창업하는 기업가인 창업자는 많은 시행착오를 거쳐야 하며, 실패했을 때 경제적 · 물질적 · 정신적 손실을 스스로 책임져야 하기 때문에 남들과 다른 독특한 기질과 능력을 필요로 한다.

창업하는 초기에는 규모가 작은 개인기업의 형태를 취하기 때문에 창업자가 경영관리, 현장 및 생산관리, 인사관리, 재무, 기술 등의 모든 업무를 스스로 해결해야 한다. 보통 창업단계에서의 의사결정은 창업자가 혼자 하는 경우가 많기 때문에 기동력이 있다고 말할 수 있지만 반대로 한 사람이 모든 의사결정을 담당하여야 하기 때문에 불리한 경우도 많다.

창업자에게 요구되는 자질을 개인적 특성과 업무수행에 필요한 특성으로 나누어 보면 다음과 같다.

(1) 창업자의 개인적 특성

창업자에게는 특히 다음과 같은 개인적인 특성과 자질이 요구된다.

- 불확실한 환경변화에 대응할 수 있으며, 반드시 창업을 성공시키겠다는 자신감이 있어야 한다.
- 자기실현을 위한 강한 성취욕구와 독립심이 있어야 한다.
- 실패했을 때에도 좌절하지 않는 기업가정신(entrepreneurship)이 중요하며, 동시에 실패는 성공을 위해 필요한 경험으로 생각하는 여유도 있어야 한다.
- 창업과정의 시행착오를 견딜 수 있는 도전력과 인내심이 요구된다. 특히 도전력이란 무모함을 의미하는 것이 아니고 끊임없는 자기 노력으로 환경변화에 적응하는 능력을 의미한다.
- 다른 사람과 협력할 수 있으며, 나의 의견과 다른 의견을 받아드리고, 경쟁사와도 협업할 수 있는 개방적인 사고가 필요하다.
- 설정한 목표와 전략을 행동으로 옮길 수 있는 추진력이 필요하다.
- 성공하기 위해 필요한 능력을 향상시키기 위해 꾸준히 노력하는 자세도 중요하다.

(2) 기업가로서 업무수행에 필요한 요건

창업자에게 필요한 요건은 개인적 특성과 함께 다음과 같은 업무수행에 필요한 요건을 갖추어야 한다.

- 사업과 개인적인 일을 잘 조화시킬 수 있어야 한다.
- 일을 처리하는 기준이 객관적이며 투명해야 한다.
- 창의성과 혁신능력이 있어야 하며, 변화를 적극 수용하여야 한다.
- 창업하는 분야의 전문적인 지식을 갖추어야 한다.
- 팀웍을 발휘할 수 있는 결합능력과 리더십이 있어야 한다.
- 기술 · 경제 · 사회 등 모든 분야의 미래예측력이 중요하다.
- 기업을 경영하는데 필요한 도덕 · 윤리성이 철저해야 하며, 외부로부터 신용 및 신뢰를 높게 인정받아야 한다.

창업초기의 고민

새로운 제품이나 서비스의 아이디어를 바탕으로 기업을 창업한다는 것은 쉽지 않은 일이다. 성공했을 때 돌아올 부와 명예에 대한 설레임이 있으나 실패했을 때의 고통을 생각하면 두려움이 있을 수 밖에 없다. 창업은 이러한 양면성을 고민한 후 결정하게 되는 어려운 일이다. 남들이 두려워 가지 않는 길을 간다는 것 자체가 큰 모험이기 때문이다.

성공한 창업자로서 평가받고자 하는 인간의 욕구을 충족시키기 위해서는 가지고 있는 아이디어를 성공시킬 수 있도록 피나는 노력과 인내가 있어야 한다. 창업 초기의 심리적인 고민을 극소화시키기 위해서는 다음의 몇 가지를 고려해야 한다.

첫째, 창업 아이디어가 성공할 것이라는 자신감과 확신이 있어야 한다. 미쳤다는 얘기를 들을 정도로 몰입하여 최선의 혁신이 바탕이 되어야 하지만, 조심해야 할 것은 지나치게 불확실한 목표를 설정해서는 안 된다.

둘째, 지속적인 혁신을 추구하되 작은 혁신(minovation : mini와 innovation의 합성어)을 순차적으로 해 나가야 한다. 작은 혁신이란 기존 방식의 부족함을 발견한 후 작은 개선을 해 나가는 접근방식이다.

셋째, 융·복합적인 기술을 바탕으로 전문성을 강조할 수 있어야 한다. 전문성이란 한 분야에 집중하여 경쟁력을 확보해 나가는 것으로, 이를 위해서는 한 분야의 핵심을 먼저 확보한 후 여러 가지 영역으로 확장해 나가는 것이 유리하다. 특히 4차산업혁명시대의 다양한 기술을 융·복합하여 새로운 가치를 창출할 수 있는 전문성이 중요하다.

넷째, 리더십이 필요하다. 초기 기업은 성공 가능성이 확실하지 않기 때문에 구성원들이 불안해하는데, 이런 구성원들을 응집시키기 위한 리더십이 필요한 것이다. 이때 가장 중요한 것은 진실성이다. 창업자가 회사의 성공 가능성, 현재 안고 있는 문제점 등을 솔직하게 공유해 나가는 것이 중요하다.

2) 사업 아이디어

사업 아이디어는 어떤 사업을 할 것인가에 대한 사업내용을 의미하는 것으로, 구체적으로는 어떤 제품이나 서비스를 생산할 것인가에 대한 내용을 말한다.

창업과 관련된 사업 아이디어는 성공과 실패를 결정하는 요인이기 때문에 매우 중요한데, 시장수요의 성장 가능성, 수익성, 독창성, 차별성 등을 가진 사업 아이디어가 높은 성공 가능성을 가지고 있다.

또한 아이디어가 지닌 효용가치가 제품의 가격보다 크거나, 제품의 기능, 용도, 간편성, 경제성, 희소성 등의 측면에서 제품력을 갖추는 것이 중요한데, 이러한 요소는 아이디어에 의해 결정되는 것이다.

물론 아무리 훌륭한 사업 아이디어라도 이를 생산할 수 있는 기계설비, 생산기술, 자본 등이 뒷받침되지 않으면, 제품화할 수 없기 때문에 다른 요소와의 상호관계도 고려해야 한다.

창업의 시작은 사업 아이디어로부터 시작되는 것이기 때문에 아이디어의 발굴을 위해 매우 신중해야 한다. 성공적인 아이디어를 위해서는 되도록 많은 사업 아이디어를 발굴해야 하며, 아이디어의 평가 및 선택 과정을 철저히 수행해야 한다.

특히 최근에는 4차산업혁명기술을 활용하여 구축된 빅데이터(Big Data)를 통해서 소비자의 욕구를 충족시키는 사업 아이디어를 더욱 정확하게 파악할 수 있다.

사업 아이디어가 모두 기업화되는 것은 아니다. 왜냐하면 사업 아이디어는 제품의 사업성 분석, 사업의 평가과정, 회사의 제품개발역량 등의 과정과 분석을 거쳐야 하기 때문이다. 이러한 과정에서 사라지는 아이디어는 무수히 많다.

사업 아이디어는 [그림 5-1]에서 보는 바와 같이 여러 과정을 거치면서 수정

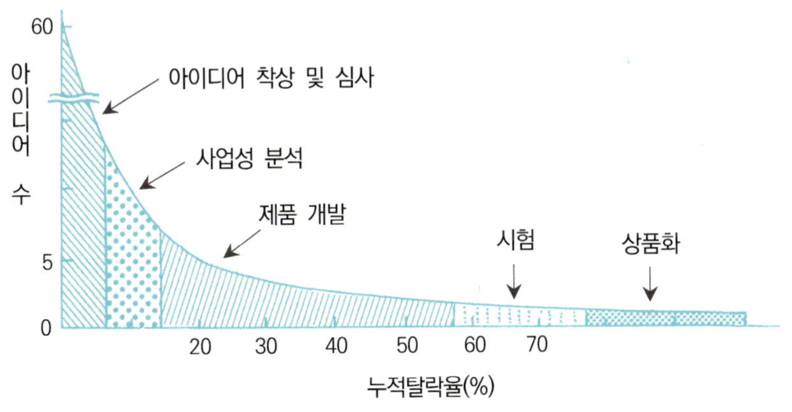

그림 5-1. 신제품 아이디어의 단계별 탈락율

출처 : D. B. Uman, New Product Programs : Their planning and control, American Management Association, 1969, p. 67.

되거나 탈락되는데, 최근에는 기술변화의 속도가 빨라지고, 갈수록 예측을 뛰어넘는 아이디어들이 속출하기 때문에 창업 아이디어의 분석과정은 더욱 더 철저해야 한다.

사업 아이디어를 발굴하는 방법은 크게 두 가지가 있다.

첫째, 시장에서 소비자 욕구를 조사하고, 그 욕구를 만족시킬 수 있는 제품을 개발하는 방법,

둘째, 수요가 있을 것이라는 제품을 예측하고 그의 생산을 가능하게 하는 아이디어를 발견하는 방법.

최근에는 사업 아이디어의 철저한 사전 분석으로 창업 리스크를 줄이고 틈새 및 목표시장을 발굴하는데, 빅데이터(Big Data)분석기법을 많이 활용하고 있다. 빅데이터를 분석하여 소비자가 원하는 차별화된 요구사항을 찾아낼 수 있으며, 적은 비용으로 짧은 시간에 더 확실한 사업기회를 포착할 수 있고, 사업의 성공여부를 사전에 파악할 수 있다.

아마존의 제프 베이조스

제프 베이조스(Jeff Bezos : 1964~)는 1994년 7월 미국 시애틀의 한 차고에서 사업을 시작했다. 그는 창업 27년 만인 2021년에 CEO직을 앤디 재시(Andy Jassy : 1967~)에게 넘겨주고, 아마존의 이사회 의장직을 맡기로 했다.

제프 베이조스는 이임 서한에서, 27년 전 회사 이름도 없이 "오직 하나의 아이디어로 사업을 시작하였을 때 가장 많이 받았던 질문은 '인터넷이 뭐니?'였다.

우리의 성공은 발명(invention)에 뿌리를 두고 있기 때문에 가능했고, 정말 미친 일들을 함께 했다. 놀라운 발명이 있으면 몇 년 뒤엔 그 새로운 게 '정상'이 된다"

이임 서한의 마지막에서도, "계속 발명해라. 처음 아이디어가 미친 것처럼 보여도 절망하지 마라. 당신의 호기심을 나침반 삼아서 나아가라"라며 직원을 독려했다.

차별적인 아이디어의 예

심리학적인 접근으로 개발된 아이디어의 제품이나 서비스가 많은 히트상품을 낳는다. 어느 시대이건 소비자들의 심리를 정확하게 파악하는 상품이 성공하는 것이다.

차별적인 아이디어로 성공하는 제품은 다음과 같은 특징이 있다. 다음의 몇 가지는 성공한 아이디어의 예들이다.

- 기존의 제품과 정보기술(IT)을 융·복합시켜 시간의 절약, 공간의 활용 등을 가능하게 하는 창의적인 아이디어로서, 정보기술을 활용하여 좀 더 편리하고, 시간을 단축시키거나 원격조정이 가능한 제품 등을 개발한다.
- 재미와 호기심을 유발하는 아이디어가 유리하다. 초소형 캔맥주, 초대형 캔맥주, 맥주를 따를 때마다 여러 가지 새소리가 나는 제품 등은 재미와 호기심으로 성공한 예이다.
- 서비스산업에서는 차별적인 친절과 편의시설을 제공하는 아이디어도 중요하다. 미국의 노드스트롬(백화점)은 개점시간 이전에 쇼핑을 가도 소파에 앉아 조간신문을 읽으며, 음악을 들을 수 있는 공간을 제공하고 있다. 손님을 서서 기다리게 하는 것과는 큰 차이가 있다.
- 1인 가구와 독신 생활자를 위한 셀프 상품으로, 식품, 가전제품, 주택, 원예, 팻(pet)산업, 여행업 등에 많은 변화를 주고 있다.
- 환경을 보호하는 제품에 대한 수요가 높아지고 있다. 전기차와 하이브리드카는 매연을 줄일 수 있으며, 업사이클링(upcycling)과 프리사이클링(pre-cycling)제품의 아이디어가 인기를 끌고 있다.
- 가상 및 증강현실 기술을 이용한 서비스의 제공으로, 시간과 공간의 활용도를 높이는 아이디어는 많은 수요를 창출할 수 있다.

(1) 사업 아이디어의 착상

기업에서 생산하는 모든 제품은 아이디어에서부터 출발하기 때문에 기업활동은 아이디어가 바탕이 된다고 할 수 있다. 따라서 창업의 초기 단계는 물론 기존 기업활동의 유지를 위해서 기업은 사업 아이디어의 발굴을 위해서 지속적으로 노력하여야 한다.

① 사업 아이디어의 원천

사업 아이디어란 기업이 시장에 판매할 목적으로 생산하는 제품이나 서비스의 착상을 뜻한다. 성공하는 사업 아이디어는 시장환경의 변화와 소비자가 원하는 제품의 속성이 무엇인지를 정확하게 파악한 아이디어이다. 또한 제품의 품질이나 성능은 물론 디자인, 형태, 안전성 등을 강조하여 소비자의 구매

의욕을 유발할 수 있어야 하며, 특히 최근에는 4차산업혁명기술이 융·복합된 제품 간의 연결성(connectivity)을 강조하는 아이디어의 가치가 높다.

특히 소비자와의 지속적인 소통으로 획득한 정보를 제품개발과정에 반영시켜 소비자의 만족도도 높일 수 있는 아이디어가 효과적이다.

아이디어의 원천

제품생산에 필요한 **아이디어의 원천**을 제조·기술·판매부서, 연구개발부서, 영업부, 소비자, 판매원, 대리점, 원료공급자, 경쟁사 등 어디에서나 얻을 수 있으나 무엇보다도 중요한 것은 소비자로부터 발굴한 아이디어이다. 그 밖에도 상당수의 아이디어는 소비자 혹은 경쟁제품의 모방(imitation)과 복제(copycat)를 통해서 얻는 경우도 많다. 이러한 경우는 반드시 지적재산권을 존중하며 정당한 대가를 지불하고 사용하여야 한다.

또한 최근에는 크라우드 소싱(crowd sourcing)의 방법을 활용하여 인터넷이나 소셜미디어(Social media)를 통한 불특정 다수로부터 아이디어를 모집하여 활용하거나, 빅데이터나 디자인 사고(design thinking)방법을 활용하는 경우가 많다.

그러나 어떤 원천으로부터 얻은 아이디어라도 철저한 사업성 분석을 거쳐야 한다.

② 사업 아이디어의 속성

기업의 사내에서 추출된 제품 아이디어는 각기 자기 부서 중심으로 추구하고자 하는 경향이 있기 때문에, 이러한 경우는 기업의 전체적인 입장에서 객관적으로 분석하고 결정을 내려야 한다.

예를 들면 생산부서는 원가절감을 위하여 표준화되고 한정된 모델 중심으로 제품의 아이디어를 착상하는 데 비하여, 마케팅부서에서는 소비자의 다양한 요구를 충족시키기 위하여 가급적 다양한 제품생산을 강조하고 미적 감각을 중시한다.

이러한 현상을 막기 위해 각 부서는 상호 유기적으로 정보를 교환해 나가면서 객관적인 아이디어를 발굴하도록 해야 한다.

디자인 사고

* **디자인 사고**(Design Thinking) : 디자이너 특유의 사고흐름이나 문제해결방식을 말하는데, 최근에는 최종소비자의 관점에서 문제를 창의적으로 다시 정의하고, 그 해결책을 단순화하는 혁신 프로세스를 말한다.
* 디자인 사고가 성공하기 위해서는 공급자가 사용자나 고객의 입장이 되어 그들이 원하는 욕구를 찾아내야 한다. 또한 디자인 사고 접근방법이 성공하기 위해서는 소비자들의 관찰과 함께 '왜(why)'라는 질문으로 고객의 욕구를 추론해 내는 과정이 이루어져야 한다.

예를 들면 시장을 뒤엎을 만한 혁신적인 제품을 만들기 위해서는 기존을 파괴하여 새롭고 창조적인 무엇인가를 만들고자 하는 사고가 중요하다는 것이다. 이러한 기법이 효과를 거두려면 사용자 중심의 사고, 신속한 개선, 시행착오의 결과를 기동력 있게 수정하는 능력이 중요하다.

이러한 개념을 전 세계에 보급하고 확장하는데 대표적인 프로그램이 스텐퍼드대학의 "d.school"이다.

기기형태(폼팩터)

기기형태(form factor) : 제품의 물리적 외형을 뜻하는 것으로, 처음에는 컴퓨터의 외형적인 규격을 의미하였으나, 현재는 스마트폰에서도 많이 사용하고 있다.

제품의 폼팩터가 변하기는 쉽지 않다.

스마트폰이 처음 출시(2007년)되었을 때 스마트폰의 가장 일반적인 디자인은 바(bar : 막대) 형태의 폼팩터였으나 2018년 중국의 스타트업인 로욜(Royole)이 세계 최초로 폴더블폰을 출시하면서 스마트폰의 폼팩터가 바뀌기 시작하였다.

최근에는 우리나라의 삼성이 폴더블폰의 절대강자로, 스마트폰의 화면이 좌우로 접히는 Z-fold와 상하로 접히는 Z-flip으로 폼팩터를 바꿔가고 있다.

※ 소비자에게 아무리 좋은 제품을 제공하여도 소비자는 제품에 대한 피로도를 느낀다. 그렇기 때문에 오랜 기간 변하지 않은 디자인으로 소비자에게 사랑을 받는다는 것은 쉽지 않다.

(2) 사업 아이디어의 선택

아이디어 중에는 기업에게 많은 이익을 가져다줄 수 있는 아이디어가 있는 반면 아이디어는 좋지만 생산 불가능한 아이디어도 있을 수 있기 때문에 철저한 타당성 분석과정을 거쳐야 한다.

여러 가지 아이디어 중에서 최적의 아이디어를 선택하는 과정에서 고려해야 하는 주요 내용은 다음과 같다.

- 아이디어가 고객의 욕구를 충족시켜 줄 수 있는지?
- 경쟁제품과 차별화시킬 수 있는지?
- 소비자가 만족할 수 있는 디자인인지?
- 기업에게 이익을 가져다 줄 수 있는지?
- 경제적 생산은 가능한지?
- 아이디어가 기업의 목적에 일치하는지?
- 채산성 및 시장성은 있는지?

소비자의 요구와 가치

창업단계에서는 내가 가지고 있는 아이디어도 중요하지만 더 중요한 것은 '소비자가 요구하고, 필요로 하는 용도나 가치가 무엇인지'를 파악하는 것이다. 이를 위해서 소비자를 다양한 방법으로 분석해야 한다.

소비자가 요구하는 용도나 가치를 담아내지 못한 제품은 생산 후 바로 소멸의 길을 걷게 된다. 이를 피하기 위해서는 시간과 비용이 많이 들더라도 철저하고 정확한 사업성 분석을 해야 한다.

3) 자본

아무리 좋은 사업 아이디어라도 자본이 조달되지 않으면 창업은 불가능하다. 자본은 창업 과정에서 필요한 인력, 설비, 기술 등을 획득할 수 있게 하며, 창업의 초기 단계 이후 순조로운 기업활동을 위해서도 중요하다.

자본은 자기자본과 타인자본으로 나눌 수 있는데, 창업의 초기단계에는 외부로부터 자본을 조달받는데 한계가 있으므로 타인자본보다는 자기자본에 대한 의존도가 높다.

창업 과정이 순조롭게 진행되기 위해서는 자본조달이 중요한데, 자본의 조달 원천을 다양화하는 것이 필요하다. 또한 신용과 기술의 타당성, 사업의 성장 가능성, 보유 기술의 가치 등도 자본을 조달받는데 중요한 요소이다.

죽음의 계곡(Death Valley)

창업한 기업은 초기의 일정시간이 지나면, 준비한 창업자금이 모두 소진되어 경영이 어려워지거나 자본 부족으로 파산하는 경우가 많다. 특히 창업의 초기단계는 대부분 이익이 발생되지 않기 때문에 자본 부족의 문제는 더욱 심각하다.

이렇게 창업초기(보통 창업 후 2~3년 혹은 5년까지를 말함)에 운영 및 여유자금 부족으로 겪는 힘든 시기를 '**죽음의 계곡**(death valley)'이라고 한다.

따라서 창업자금을 준비할 때는 초기단계의 일정기간 동안 필요한 운영자금(working capital ; 인건비, 관리비, 원자재비, 세금 등 기업의 경상적인 활동에 필요한 자금)을 창업자금에 포함시켜 준비하여야 죽음의 계곡을 피할 수 있다.

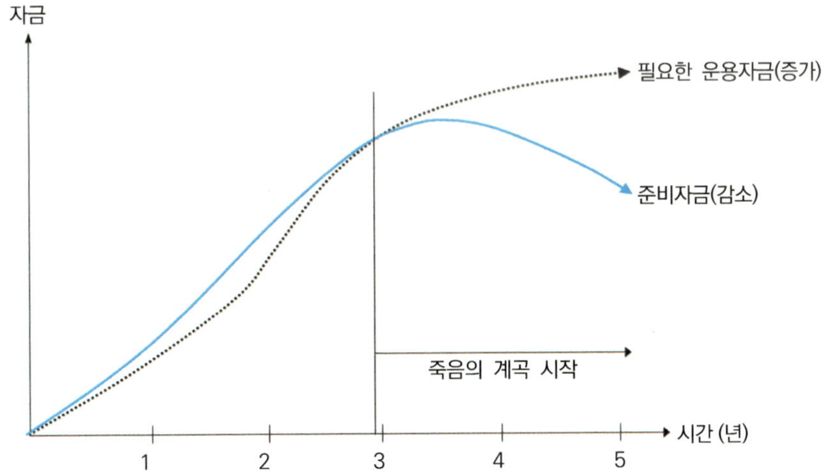

[죽음의 계곡]

창업이 벤처기업(venture business)의 성격을 띠고 있는 경우에는 자본의 조달원천으로서 모험자본(venture capital), 엔젤투자자, 크라우드 펀딩(crowd funding) 등과 같은 다양한 자금을 이용할 수 있다.

모험자본이란 신제품이나 신기술의 개발 또는 기업화를 지향하는 창업단계나 초기성장단계의 기업에게 투자하는 자본으로서, 이 자본의 특성은 높은 위험성은 있지만 독특하고 수익성·시장성을 가지고 있는 기업에 투자하여 높은 자본이익을 취하는 고위험·고수익(high risk - high return)의 속성을 띠고 있다.

창업과정의 자금 조달

창업자금은 창업기업의 발전단계에 따라 몇 단계로 구분되는데, 사업 아이디어의 단계에서부터 상품의 판매를 시작하는 단계까지 네 단계로 나누어 볼 수 있다.

① **제1단계는 창업준비자금 단계이다.**

창업기업의 전반적인 사업내용을 담은 사업계획서에 의해 자금을 조달받을 수 있다. 그러나 이 단계에 동원되는 자금은 일반적으로 창업자가 부담하는 경우가 많다.

② **제2단계는 창업자금 단계이다.**

창업단계는 생산하고자 하는 제품에 대한 검토와 사업성 분석이 끝난 후 생산과정을 준비하고, 생산품이 완성되어 판매를 하기까지의 기간을 의미한다. 이 단계에서도 창업자 자신과 사업상 관련되어 있는 사람들로부터 자금을 조달하지만 자금이 부족하기 때문에 다른 자금을 조달하여야 한다.

최근에는 사업 아이디어의 우수성에 따라 창업단계에서 필요한 자금을 다양한 방법으로 조달받을 수 있다.

③ **제3단계는 사업초기자금 단계이다.**

사업초기 단계에서 상품의 생산과 판매가 예상대로 이루어지지 않으면 자금 부족으로 힘든 상황에 직면하게 된다. 따라서 생산·판매의 초기 단계는 곧바로 이익을 창출하지 못한다는 점을 고려해야 하며, 이 과정을 넘지 못하면 죽음의 계곡(death valley)으로 어려움을 겪는 경우가 많다.

④ **제4단계는 발전자금 단계이다.**

기업이 손익분기점 단계를 지나 수익이 발생하기 시작하면서 회사는 생산능력을 확대시키고, 시장과 신제품개발을 위해 추가적인 운영자금이 필요하다.

이러한 자본을 발전자금이라고 하는데, 사업으로 획득한 이익의 축적과 최적 운용으로 지속 가능한 성장이 이루어지도록 해야 한다.

제2절
기업의 창업

기업의 창업이 순조롭게 이루어지기 위해서는 창업 요소들이 최적의 조건으로 결합해야 한다. 예를 들면 사업 아이디어의 타당성(feasibility)이 검증되어야 하며, 수익성 · 사업의 위험성 정도 · 미래의 성장 가능성 등을 종합적으로 검토하고, 기업의 업종 · 경영규모 · 활동 범위 등을 사전에 철저하게 분석하여야 한다.

다음은 창업단계에서 순조로운 제품의 생산활동을 위해 고려해야 하는 주요 요소이다.

(1) 고객이 요구하는 제품의 분석

제품을 구매하는 소비자의 특성 및 판매가능성(marketability)을 예측하고, 제품특성(product characteristics)이 고객의 요구와 일치할 수 있도록 해야 한다. 이것은 곧 사업의 성공 가능성을 의미한다.

시장과 소비자의 특성을 찾아내기 위해서 시장조사(market research), 소비자조사(consumer research), 경쟁자조사(competitor research) 등을 철저히 분석하여, 가장 경쟁력 있는 제품계획(product planning)을 수립하여야 한다. 특히 생산하는 제품의 성장 가능성을 분석하기 위해서는 경쟁제품에 관한 분석이 중요하며, 기술의 발전 가능성과 함께 기술이 어떻게 영향을 미칠 것인가를 철저히 분석해야 한다.

최근에는 이러한 분석과정의 정확도를 높이기 위해서 4차산업혁명기술과 빅데이터(big data)를 활용하여, 시장이나 소비자의 욕구를 더욱 정확하게 분석할 수 있다.

(2) 외부 및 내부환경 · 경쟁자의 분석

기업을 창업할 때는 기업에 영향을 미치는 모든 외부 및 내부의 경영환경을 철저히 분석하여야 하는데, 외부환경 분석으로부터 사업의 기회와 위험요인을 찾아내고, 창업 아이디어가 기회 요인과 결합하여 성공할 수 있는지를 철저히 분석해야 한다.

경영환경의 분석은 기업의 성공과 실패에 결정적으로 영향을 미치는 중요한 과정인데, 특히 생산하고자 하는 제품의 변동 특성을 분석하고, 시장환경 및 소비자의 요구사항과 가치관, 경쟁자와 경쟁제품의 모든 정보를 분석하고, 매출 추이를 분석하는 것도 매우 중요하다. 또한 유사 및 대체 제품의 출현 가능성 등도 사전에 철저히 분석해야 하는데, 이를 위해서는 기술의 발전 가능성과 추세를 분석하는 방법을 동시에 행하는 것이 효과적이다.

(3) 기업활동의 목표와 범위의 결정

기업활동의 범위나 사업영역을 결정해야 하며, 동시에 제품의 품목 수, 크기, 모델(model), 앞으로의 확장 가능성을 사전에 파악해야 한다. 물론 현재 생산하고 있는 제품의 품질과 가격범위 등을 결정하는 것도 중요하다. 특히 목표와 범위를 결정할 때는 기업이 추구하는 전략을 고려해야 하는데, 기업이 전체 시장을 대상으로 하는지 혹은 제한된 시장을 대상으로 하는지에 따라 달라지기 때문이다.

(4) 아이디어의 설계

타당성 검토(시장분석, 재무분석, 기술분석 등)를 거쳐 최종 선택된 아이디어는 설계단계를 거치면서 설계도가 그려진다. 설계도는 고객의 요구사항(품질, 가격, 성능, 디자인 등)과 생산과정에서 이루어지는 모든 내용(원 · 부자재, 작업 방법, 기계설비 등)을 포함한다.

설계는 예비설계와 최종설계를 거치면서 완성된다.

- **예비설계** : 예비설계(preliminary design)는 제품의 시방(재료, 성분, 크기, 성능, 디자인 등)을 잠정적으로 결정하는 것이다. 예비설계가 끝나면 이를 바탕으로 시제품을 만들고, 설계를 수정하기도 하며, 제한된 고객이나 지역에 시험판매를 하여 결함을 발견하기도 한다.
- **최종설계** : 예비설계 단계에서 결함이나 보완 내용이 수정된 후 최종적으로 확정된 것이 최종 설계(final design)이다. 최종 설계를 거친 설계도는 생산단계로 넘겨져 생산활동을 위한 공정이나 생산 설비의 설계로 이어진다.

유니버설 디자인

유니버설 디자인(universal design) : 성별이나 연령, 국적, 신체적 특징 등에 관계없이 누구나 편하게 이용할 수 있는 디자인을 말한다. 즉 모두를 위한 디자인(Design for all) 혹은 특정 인만을 위한 장벽을 제거하는 디자인(barrier-free design)을 말한다. 이를 위해서는 디자인을 구상할 때 항상 사용자 중심의 사고를 기반으로 편안함과 안전함 그리고 감성적인 면을 고려하는 것이 중요하다.

유니버설 디자인이 되기 위해서는 다음과 같은 몇 가지가 충족되어야 한다. 즉 누구나 쉽게 이해할 수 있어야 하며, 사용법이 간단하여야 하고, 잘못 사용하더라도 오작동이 없어야 하며, 가급적 조작이 수월해야 한다.

롱 라이프 디자인

롱 라이프 디자인(long life design) : 유행을 타지 않으면서 시간이 지나도 곁에 두고 싶은 정감이 가는 디자인으로서, 오랫동안 사랑을 받는 디자인을 말한다. 이는 옛날의 추억을 그리워하거나 제품을 오래 사용하는 사람들이 늘어나면서 많은 관심을 갖기 시작하였다.

롱 라이프 디자인이 되기 위해서는 유행을 따르지 않아야 하며, 사용의 편리성과 수리가 용이하여야 하고, 환경친화적이며, 가격이 적정해야 한다.

잘된 설계

잘된 설계란 소비자의 요구를 충족시키는 설계이지만, 그 밖에도 원가를 낮춘 설계, 품질을 높인 설계, 디자인이 좋은 설계, 사용자의 편의성과 가치를 높인 설계 등 매우 다양한 내용을 포함한다.

잘된 설계에서 빼놓을 수 없는 내용은 제조과정이 용이해야 하고, 생산과정에서의 안전과 환경을 보호해야 하며, 폐기과정에서도 공해의 발생을 극소화시키는 설계를 말한다. 즉 소비자, 생산자, 납품업체, 자연환경 등 기업의 모든 생태계(business ecosystem)를 고려하는 설계가 잘된 설계라고 할 수 있다.

또한 최근에는 **인터랙션 디자인**(interaction design)을 강조하는 설계가 유행하고 있다. 인터랙션 디자인이란 인간이 제품이나 서비스를 사용할 때 디지털 기술을 이용하여 서로 소통할 수 있도록 하는 디자인을 말한다.

최소기능 제품

설계과정을 거쳐 초기 생산단계의 제품에서 많이 사용하는 방법이 **최소기능 제품**(MVP : Minimum Viable Product)이다. 이는 제품에 모든 기능을 한번에 다 포함시키는 것이 아니라 먼저 최소한의 기능으로 출시를 한 후 소비자들의 반응을 보고 기능을 추가하는 방식이다.

소비자들의 반응에 따라 보류하였던 기능을 빠르게 보완하거나 기능을 축소하여 개발·출시하는 방법으로, 제품 개발의 위험을 극소화하고, 시장 변화에 빠르게 대처할 수 있는 유용한 방법이다.

(5) 설비 규모의 결정

시장 분석의 결과로 파악된 예상 수요량을 토대로 설비 규모를 결정하게 되는데, 설비 규모의 결정은 수요에 영향을 미치는 여러 가지 요소와 특히 앞으로의 성장 가능성을 철저히 분석하여야 하는데, 손익분기분석(BEA : Break Even Analysis)을 많이 사용한다.

그러나 최근에는 제품의 라이프 사이클이 갈수록 짧아져 생산 변동이 자주 일어나기 때문에 자체 생산비중을 줄이고 외주(outsourcing)를 택하는 경우가 많다.

생산의 적정 규모

적정규모(optimal size) : 최적규모라고도 하는데, 제품 단위당 평균비용이 최소가 되는 가장 유리한 생산을 실현시켜 주는 기업규모를 말한다. 이는 대량생산의 법칙에 따른 원가절감의 효과와 대규모화에 따른 관리비용의 증대효과가 상쇄될 수 있는 경영규모를 의미하는데, 가장 일반적인 의미는 평균비용이 최소가 되는 규모를 말한다.

생산량의 개념을 고려할 때, 최적 규모의 개념도 중요하지만 기업의 규모에 더 큰 비중을 두어야 한다. 왜냐하면 기업의 규모는 한번 결정되면 장기간 고정화되기 때문이다.

(6) 기업의 입지 선정

기업의 위치를 정하는 기업입지(business location)란 기업의 경영 및 생산활동이 행해지는 지리적인 위치로서, 창업단계에서 중요하게 결정해야 하는 요소이다.

기업의 입지는 생산활동에 직접 영향을 미치는 요소들의 특성을 고려해야 함은 물론 시장, 노동력의 공급 가능성, 원자재의 공급 가능성, 물류비 등을 종합적으로 고려하여 가장 이상적인 경제적 입지가 되어야 한다. 입지에 따라 제조 원가, 유통 및 물류비, 납기 등이 영향을 받고, 경쟁력에 미치는 영향력이 크기 때문이다. 또한 입지가 결정되면 변경이 어렵기 때문에 전략적으로 신중하게 접근해야 한다.

입지를 결정할 때 고려해야 하는 입지요인은 〈표 5-1〉과 같이 경제적 · 사회적 · 자연적 요인으로 구분할 수 있다.

〈표 5-1〉 기업입지의 선정요인

요 인	내 용
경제적 요인	시장과의 거리, 수송의 편의성, 노동력 및 에너지의 공급 가능성, 임금수준, 원자재 공급의 용이성 등
사회적 요인	지역사회의 특성, 관습, 법규, 국토개발계획, 세제 등
자연적 요인	기후, 공업용수, 온도, 습도 등

동대문 시장의 기동력

서울 동대문시장은 우리나라뿐만 아니라 전 세계 패션의 해외 바이어들에게도 관심과 연구의 대상이 되고 있다. 소규모 의류공장이 2만 5천개 이상이며, 의류와 관련된 업체가 5만 개 이상인 동대문시장에서는 패션의 아이디어만 있으면 3일 이내에 시제품을 만들어내며, 특히 원자재 조달, 패턴, 봉제, 가공, 택배('하이바 택배'라는 별칭의 동대문의 오토바이 택배) 등의 인프라가 밀집되어 있어 패스트 패션(fast fashion)에게 가장 중요한 기동력을 발휘할 수 있다. 해외에서는 보통 1달 이상 걸리는 샘플 제작 기간을 감안한다면 상당히 유리한 조건들이다.

이러한 동대문시장의 인프라는 제품의 생산주기가 짧고 유행에 민감한 패션업의 신생 패션 스타트업에게는 최적의 입지이다.

기업의 입지는 국내뿐만 아니라 해외의 입지를 고려해야 하는 경우도 많아졌고, 과거에는 제조원가를 낮추기 위해 인건비가 낮은 지역이나 국가를 입지로 선택하는 경우가 많았으나 최근에는 스마트 팩토리(smart factory)의 출현으로 인건비보다는 정보력, 기동력, 첨단기술 활용 가능성 등을 더 중시하고 있다.

따라서 외국으로 진출했던 기업이 다시 국내로 돌아오는 리쇼어링(reshoring) 현상이 많이 이루어지고 있다.

기업의 U-TURN 현상

※ 저렴한 임금을 활용하기 위하여 인건비가 저렴한 국가로 떠났던 기업들이 다시 우리나라로 유턴하는 경우가 늘어나고 있는데, 유턴하는 이유의 몇 가지는 다음과 같다.

① 진출한 국가의 인건비 급상승과 구인난으로 기대만큼 효과를 볼 수 없다고 판단했기 때문이다.
② 한국에서 생산할 때 기대할 수 있는 "Made in Korea"라는 브랜드 가치와 이미지가 훨씬 유리하다. 즉 진출국의 국가이미지가 낮은 경우는 원산지 표시에 의해 제품이나 기업의 이미지가 낮아지기 때문이다.
③ 해외 시장에서 한국제품의 선호도가 높아졌다.
④ 제조생태계(낮은 부품수준, 낮은 노동력 수준, 부족한 인프라 등)의 불리함 때문이다.
⑤ 자유무역협정(FTA)체결로 관세가 낮아졌고, 한국에서 부가가치가 높은 고급제품을 만들어 해외시장에 수출하는 것이 과거보다 유리해졌다.
⑥ 가치사슬의 통합효과 즉 연구개발, 기획, 생산기능 등의 협력으로 가치의 최적화를 통한 역량극대화를 위한 이유이다.
⑦ 최근의 공장자동화나 스마트 공장(smart factory)은 우리나라에서도 제조원가를 충분히 낮출 수 있다.

미국과 일본은 물론 유럽의 여러 나라도 자국으로 기업을 유턴시키는 노력을 많이 하고 있다. 기업이 자국으로 유턴하면, 입지 지원금 · 설비투자 지원 보조금의 혜택을 주며, 법인세 · 소득세를 감면해 주는 방법으로 유치에 힘을 쓰고 있다. 이러한 유턴현상을 가속화시키는 이유 중 한 가지는 스마트 공장(smart factory)의 출현으로 인건비가 과거 만큼 중요한 요소가 아니기 때문이기도 하다.

※ 기업의 입지를 해외로 진출시키는 것을 **오프쇼오링(offshoring)**이라고 하며, 다시 자국으로 유턴하는 것을 **리쇼오링(reshoring)**이라고 한다.

(7) 기업규모와 생산방식의 결정

기업규모란 기업의 생산 규모나 크기(size)를 말하는 것으로, 특히 제조기업의 경우는 고정설비의 크기를 의미하는 경우가 많다.

기업의 규모는 업종, 입지 조건, 소요 자산 등에 따라 크기가 달라지는데, 제조원가, 수익, 비용에도 큰 영향을 미치기 때문에 매우 중요하다.

일반적으로 기업의 규모는 제품의 생산량 크기에 따라 결정된다. 대량소비가 예상되는 경우는 기업의 규모가 커지는 소품종대량생산 형태를 취하게 되는데, 전용(專用)설비와 규모의 경제(economies of scale)를 활용할 수 있기 때문에 제품의 단위당 제조원가가 낮아지게 된다. 반대로 수요가 적은 다품종소량생산의 경우는 범용(凡用)설비를 이용하기 때문에 제조원가가 높고, 표준화가 어렵다는 약점이 있다.

생산방식

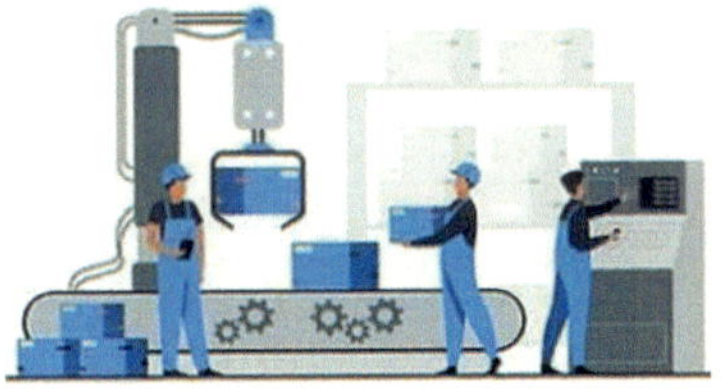

생산방식은 여러 기준으로 구분할 수 있는데, 보통 다품종소량생산과 소품종대량생산, 주문생산과 예측생산 등으로 나눈다.

실무에서 많이 사용하는 생산방식의 용어로는 주문설계생산(ETO : Engineering To Order), 주문생산(MTO : Make To Order), 주문조립생산(ATO : Assemble To Order), 대량(예측)생산(Make To Stock) 등을 사용하는 경우가 많다.

이 밖에도 비표준제품 주문생산, 표준제품 주문생산, 표준제품 대량생산 등의 용어를 사용한다.

제3절 기업의 성장

기업이 창업 과정을 거쳐 사업을 시작하게 되고, 외부환경의 기회와 내부자원의 강점을 활용하여 경쟁력을 획득하면 성장 과정으로 접어들게 된다. 성장이란 기업규모, 이익, 매출액, 시장점유율, 계열사 등의 증가를 의미한다.

창업 및 계획단계에서 성장을 위해 철저한 전략을 수립하였더라도 경영환경이 급변하는 상황에서는 예측할 수 없었던 돌발상황이 발생하여 기업의 성장에 어려움을 줄 수 있기 때문에 기업의 성장전략을 실행할 때는 항상 대체안(plan B)을 수립하여 경영환경에 대한 적응력을 높여야 한다.

1. 기업성장의 의의

기업성장(business growth)이란 기업의 규모나 능력이 커지는 것을 의미하는데, 기업이 성장한다는 것은 사업의 성공과 함께 경영자의 유능함을 의미하기도 한다.

그러나 성장은 경영자의 능력도 중요하지만 최근과 같이 급변하는 경영환경에서 사업 기회를 잘 포착하고 활용하는 것이 중요하며, 특히 4차산업혁명 기술을 융·복합하고 연결성을 강조하는 성장전략이 중요하다.

기업의 성장에는 기업에 투입된 인적 및 물적 자원이 확대되어 기업의 규모가 커지는 양적 성장(quantitative growth)과 기업의 경쟁력 향상에 영향을 미치는 무형의 자산이나 이미지 등이 높아지는 질적 성장(qualitative growth)이 있다.

또한 기업이 자신의 능력을 바탕으로 스스로 성장하는 자력 성장(own efforts growth)과 국가의 육성·지원 정책으로 이루어지는 유도성장(lead growth)이 있다.

기업의 성장을 의미하는 성장지표(growth indicator)는 다음과 같은 여러 가지가 있다. ① 생산액과 판매액, ② 영업이익과 순이익, ③ 총사용 자본액, ④ 부가가치액, ⑤ 시장점유율, 종업원 수, ⑥ 자본가치, ⑦ 자산총액, ⑧ 고정자산액, ⑨ 무형자산가치액 등인데, 이는 전통적인 기준의 재무적인 지표(financial-index)를 강조하였다.

그러나 앞으로는 재무적 요소와 함께 ESG경영(환경친화적 경영, 자연환경 보호, 사회적 책임경영의 실천, 투명경영 등)을 비롯하여 노사관계의 안정화, 구성원의 만족도 등과 같은 비재무적(non-financial) 요소의 지표를 개선하는 방법으로 성장을 꾀하는 것이 강조되고 있다.

본 절에서는 기업의 다각화, 계열화, 인수·합병(M&A)을 설명하고 있으나 그 밖에도 전략적 제휴, 기술제휴 등의 방법을 활용하여 성장을 꾀할 수 있다.

2. 기업 성장의 유형

1) 기업의 다각화

(1) 다각화의 의의와 형태

기업의 다각화(business diversification)란 기존업종과 병행하여 새로운 업종에 진출하여 경영활동의 범위를 확대하는 것을 말한다.

일반적으로 다각화는 서로 다른 업종이나 산업에 진출하는 것만을 의미하지만, 기업의 생산과정에서 생긴 부산물을 판매하는 것과 같이 수직적으로 다각화하는 경우라든지 또는 동일한 업종의 다른 제품을 추가적으로 제조·판매하는 것과 같이 수평적으로 다각화하게 되는 경우도 포함한다.

다각화는 다음과 같은 형태로 구분된다.

- **수평적 다각화** : 수평적 다각화(horizontal diversification)란 동일한 기술이나 마케팅을 바탕으로 같은 산업의 다른 제품을 추가적으로 생산·판매하는 다각화이다. 예를 들면 자동차회사가 자동차 이외에 오토바이, 경승용차 등을 생산하는 것으로, 판매 시너지효과를 기대할 수 있다.

- **수직적 다각화** : 수직적 다각화(vertical diversification)란 원재료나 부산물을 중심으로 수직적으로 다각화하는 경우로서, 일관생산을 뜻하는 것이다. 일관생산의 관련기술이 있으면 높은 시너지효과를 기대할 수 있다.
- **사행적 다각화** : 사행적 다각화(diagonal diversification)란 기존 제품과 관련이 없는 다른 업종으로의 다각화를 말하는데, 집중형(concentric) 다각화와 집성형(conglomerate) 다각화로 구분된다.
- **집중형 다각화** : 기업의 현재 마케팅, 생산기술, 연구개발 등을 기초로 하여 기존의 것과 관련성이 강한 다각화를 하는 것으로, 중심제품의 판매를 강화할 수가 있으며, 판매시너지와 조업시너지 등의 효과를 기대할 수 있다.
- **집성형 다각화** : 컨글로머리트형 다각화를 의미하며, 기존의 기업활동과 전혀 관련이 없는 분야로 다각화하는 것으로, 새로운 사업으로 진출하는 것이기 때문에 철저한 준비가 이루어지지 않으면 위험이 클 수 있다.

이와 같은 다각화의 형태를 결정할 때는 원재료의 확보 · 기술수준 · 재무능력 · 시장능력 등 현실적 여건을 충분히 감안해야 한다.

(2) 다각화의 이유

기업의 성장 방법 중 하나인 다각화 전략을 추구하는 이유는 여러 가지가 있지만, 일반적으로 기업 성장의 추구, 기업경영의 안정화, 시장의 변화에 대한 대응, 간접비의 감소, 시장기회의 활용, 자원의 능률적인 활용, 연구개발 성과의 활용, 경영자의 의지 등을 들 수 있다.

이 같은 다각화의 이유는 다각화의 방향을 선정하는 이유가 되기도 하지만, 최근에는 기술의 발전이 기업의 다각화를 불가피하게 하는 경우도 많다. 예를 들면 다음과 같은 요인이 작용한다.

첫째, 기술혁신으로 신제품 · 신공정의 출현이 불가피하다.
둘째, 소비자 욕구의 다양화가 다각화를 촉진시킨다.
셋째, 자원을 최대한 활용할 수 있다.
넷째, 기업의 안정적인 성장을 꾀할 수 있다.
다섯째, 경영자가 자기의 능력을 보여주고 싶어한다.
여섯째, 기술의 융 · 복합이 다각화를 촉진시키고 있다.

이러한 요인을 종합하면, 다각화의 근본적인 동기는 시장이나 경영환경의 변화에 대응하기 위함이며, 위험을 분산하고, 기업의 안정성과 경영합리화를 도모하며, 나아가 상승효과(synergy effect)를 통하여 시장지배력을 강화하고자 하는 것이다.

2) 기업계열화

(1) 기업계열화의 정의와 목적

기업계열화(business integration)란 다른 기업을 자기 영향력 아래에 두는 방법으로 기업경쟁력을 높이는 것을 말한다.

우리나라는 기업계열화(중소기업촉진법)를 "제조업자 · 가공업자 · 판매업자 또는 수리업자가 물품 · 부품 · 반제품 · 부속품 및 원료의 제조 · 가공 또는 수리를 중소기업자에게 위탁하고, 이를 위탁받은 중소기업자가 전문적으로 물품 등을 제조하는 상호분업적 협력관계를 이루는 형태"로 정의하고 있다.

기업계열화의 목적은 일반적으로 원 · 부자재의 안정적인 공급, 판로의 확보, 생산기반의 확립, 고정설비의 활용과 절약, 기술의 활용 등을 추구하고자 하는 것이다.

물론 기업계열화는 관련 기업을 일방적으로 지배하려는 것이 아니라 생산공정을 기술적으로 결합하고 합리화함으로써 생산능률을 증대시키는 상호분업적 협력관계를 유지하고자 하는 것이다.

이 외에도 기업계열화란 대기업에 의한 중소기업의 계열화뿐만 아니라 대기업 간에 주식의 상호 보유나 상호 융자, 임원의 상호 파견과 같은 인사교류, 기술제휴 등의 방법으로 이루어지는 경우가 있다.

(2) 기업계열화의 형성요인

기업계열화는 기업 간의 관계에서만 그치지 않고 자원의 효율적 이용 및 건전한 하부구조의 형성, 수입대체와 대외경쟁력 강화, 산업의 지역적 분산, 근대적 기업경영기법 개발 · 보급 등 경제 전반에까지 영향을 미치고 있다.

기업계열화의 형성요인은 모기업과 수급기업 간의 협력 증진, 도급거래에 있어서 공정한 거래 질서의 조성 등을 꼽을 수 있는데, 대기업이 중소기업을 계열화하는 이유는 다음과 같다.

첫째, 대기업이 필요한 부품을 직접 기업 내에서 제작한다는 것은 경제적 · 기술적으로도 불가능하기 때문에 계열화를 활용한다.
둘째, 제품이 다양화됨에 따라 모든 부품생산에 규모의 경제 개념이 작용하지 않기 때문에 계열화를 이용한다.
셋째, 부품생산이 갈수록 전문화되어 가고 있다.
넷째, 필요한 모든 부품을 자체 생산하는 것은 조직의 비대화와 함께 관리비가 증가된다.
다섯째, 모기업의 규모 확대에 한계가 있는 경우이다.

일반적으로 이러한 요인에 의하여 계열화가 이루어지고 있으나, 현실적으로는 기업계열화를 통하여 지배 · 종속관계를 이루는 경우가 많다.

(3) 기업계열화의 형태

▸ **수직적 계열화** : 수직적 계열화(vertical integration)는 생산과정의 여러 단계의 관련 기업들로부터 최종 완제품 단계나 소비자까지를 계열화하는 경우이다. 예를 들면 방적 메이커가 직물 · 염색 · 봉제 · 가공 · 유통 등 전 과정을 계열화하는 경우이다.

수직적 계열화

수직적 계열화를 통해 기업활동을 통합하는 방식은 [그림 5-2]와 같이 크게 두 가지로 나눈다. 먼저 가치사슬 안에서 기업의 활동 범위를 부품 등 공급의 원천인 후방으로 확장하는 후방통합(backward integration 혹은 upstream integration)과 구매자나 시장 방향인 판매 · 유통의 전방으로 확장하는 전방통합(forward integration 혹은 downstream integration)이 있다.

수직적 통합의 또 다른 형태는 완전통합(full integration)과 부분통합(partial integration)이 있다. 원자재에서부터 완제품이 최종 소비자에게 전달될 때까지의 모든 과정을 통합하는 것이 완전통합이며, 그 과정 중 일부 단계만을 통합하는 것이 부분통합이다. 즉 완전통합은 기업이 공급자와 유통업자의 가치사슬을 모두 자사의 가치사슬에 편입시키는 경우이며, 부분통합은 전방과 후방의 통합 중 핵심사업을 중심으로 필요한 범위만큼만 통합을 시도하는 것을 말한다.

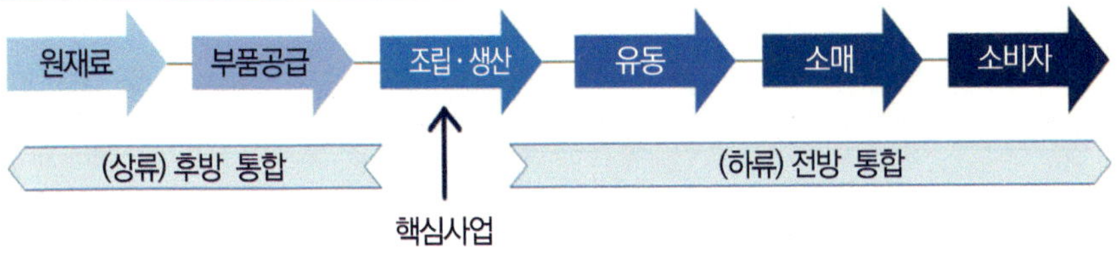

그림 5-2. 원재료에서 최종 소비자까지의 수직적 계열화

- **수평적 계열화** : 수평적 계열화(horizontal integration)는 원재료의 가공 과정의 각 단계에 있는 기업들이 횡적으로 계열화하는 경우이다. 예를 들면 같은 기계 메이커가 수평적으로 계열화함으로써 생산품의 전문화와 시장의 전문화를 꾀하는 경우이다.
- **분기적 계열화** : 분기적 계열화(divergent integration)는 같은 공정 또는 같은 원료를 서로 다른 공정으로 나누어 사용하는 방법으로, 기술적으로 관련이 있는 기업의 계열화를 말한다. 예컨대 석유화학공업의 콤비나트는 분기적 계열화의 대표적인 형태이다.
- **복합적 계열화** : 복합적 계열화(convergent integration)는 다른 공정이나 원료에서 동일한 제품을 복합적으로 계열화하는 경우를 말한다. 예를 들면 전기제품업체가 다수의 부품업체를 계열화하거나, 전기냉장고 · 전기청소기를 각각 생산하고 있는 기업을 계열화하여, 가전제품이라는 동일한 시장에 진출하는 경우이다.

3) 기업의 인수 · 합병(M&A)

(1) M&A의 정의와 목적

M&A(Merger and Acquisition)란 두 개 이상의 기업이 결합해서 현재보다 더 규모가 커지거나 경쟁력을 높이는 것으로, 조직의 효율성 증대 · 경쟁력 향상 · 위험의 분산 · 수익성 향상 등을 달성시키기 위한 기법이다.

기업이 인수·합병을 꾀하는 목적은 다음과 같다.

첫째, 기업이 새로운 분야에 진출하는 다각화를 추구할 때 이미 그 분야에서 활동하고 있는 기업을 인수·합병으로 획득함으로써 시장점유율을 높이고 유통망을 확보하는데 걸리는 시간과 비용을 줄일 수 있다.

둘째, 동일한 업종을 인수·합병하는 경우, 규모의 경제 효과를 기대할 수 있을 뿐만 아니라 피인수기업이 이미 보유하고 있는 시장과 기술을 짧은 시간에 획득할 수 있다.

셋째, 새로운 사업을 확장하거나 신제품을 개발하는 경우, 필요한 기술, 전문인력, 경험, 노하우, 판매망을 가지고 있는 기업을 인수·합병하여 짧은 시간에 경영 및 관리능력을 확보할 수 있으며, 기업이미지의 향상, 인재 확보 등을 꾀할 수 있다.

M&A는 최근 정보통신 및 4차산업혁명기술의 급속한 발전, 경쟁 격화, 기술의 융·복합화, 제품수1명주기의 단축 등에 대응하는 수단으로 많이 사용되고 있다.

(2) M&A의 형태 및 방법

M&A의 형태와 방법은 다음과 같다([그림 5-3] 참조).

① 합병(merger)

합병은 두 개 이상의 기업이 법에 정해진 절차에 의해 하나의 기업으로 결합하는 것이다. 합병이 이루어지는 여러 회사 중 한 회사만이 존속하고, 다른 회사는 흡수되어 법률적으로 해산하는 흡수합병(A+B=A or B)과 모두 해산하고 신설회사를 설립하는 신설합병(A+B=C)이 있다.

또한 흡수합병과 신설합병은 어떤 업종끼리의 합병인가에 따라 수평합병, 수직합병, 혼합합병의 유형으로 분류할 수 있다.

- **수평합병** : 동일한 시장 내에서 기술적으로 연관성이 있는 제품을 판매하는 기업 또는 동일한 업종의 기업이 합병하는 것으로, 시장에서 영향력을 증가시키는데 목적이 있다.
- **수직합병** : 동종의 산업에 속하지만 생산 활동의 단계가 다른 기업들이 합병하는 것으로, 한 제품의 모든 생산과정을 지배하는데 목적이 있다.

▸ 혼합합병 : 서로 다른 이종(異種) 기업 간에 이루어지는 합병으로, 새로운 시장을 확장하고 분산투자의 효과를 기대할 수 있다.

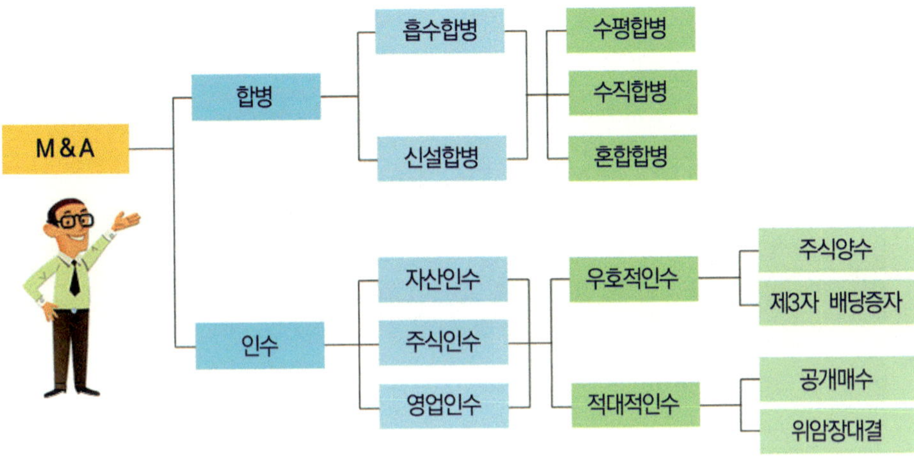

그림 5-3. M&A의 형태

② **인수**(acquisition)

인수는 인수기업이 피인수기업의 주식을 전부 또는 일부를 취득한 후 피인수기업을 법률적으로 계속 존속시키면서 경영권만을 확보하는 것이다. 이는 피인수기업이 법률적으로 계속 존속한다는 점에서 합병과 차이가 있다.

인수 형태는 자산인수, 주식인수, 영업인수(영업양도) 등으로 분류할 수 있는데, 주식인수가 가장 일반적이다.

▸ 자산인수 : 인수회사가 피인수회사의 자산을 일부 또는 전부를 매수하는 인수이다.

▸ 주식인수 : 피인수회사의 주식을 일부 또는 전부를 매수하는 것으로, 인수 측과 피인수 측의 상황에 따라 주식 양수 및 양도, 제3자 배당증자, 위임장대결, 공개매입을 활용할 수 있다.

▸ 영업인수 : 피인수기업이 지니고 있는 영업의 전부 또는 일부를 양수하는 것으로, 인수 측에게 흥미가 없는 부분을 양도의 대상에서 제외할 수 있다.

(3) M&A의 장 · 단점

M&A기법은 다음과 같은 장 · 단점이 있다.

① **장 점**

- 피인수측의 유리한 요소(시장, 거래처, 기업의 이미지 등)를 짧은 시간에 확보할 수 있다.
- 전문적인 노하우와 지식을 획득 · 활용할 수 있다.
- 피인수기업의 유능한 인재를 확보할 수 있다.

② **단 점**

- 피인수기업의 표면화되지 않았던 여러 가지 문제가 M&A 실행 이후에 나타날 수 있다.
- 자사의 경영방침과 관리방식을 기업문화와 풍토가 달랐던 피인수기업에 도입하는데 많은 노력과 시간이 필요하다.

(4) M&A의 유형

▸ **우호적 인수 · 합병**(friendly M&A) : 인수기업과 피인수기업이 M&A의 조건 · 금액 등을 상호협상과 협의에 의하여 결정하는 것을 말한다. 즉 인수 · 합병의 관련 주체가 합의에 의하여 정해진 절차에 따라 M&A를 추진하는 것이다.

▸ **적대적 인수 · 합병**(hostile M&A) : 인수기업이 피인수기업의 경영권을 완전히 장악한 뒤에 전면에 등장해 강제로 경영권을 탈취하는 M&A를 말한다. 이 방법은 상대기업의 동의 없이 M&A가 이루어지는 것으로, 그린메일(green mail), 기업사냥꾼(raiders), 토요일 밤의 기습작전(saturday night special), 공개매수(tender offer), 위임장 대결(proxy fight) 등을 이용한다.

적대적 M&A는 우호적 M&A에 비해 대상기업의 범위가 넓고 특히 인수가격에 경영 및 영업권 프리미엄이 포함되지 않기 때문에 인수가격이 낮아진다는 장점이 있다. 뿐만 아니라 잠재능력을 충분히 발휘하고 있지 못하고 있는 기업을 적대적 M&A의 방법으로 확보한 후, 구조조정을 통해 기업가치를 높이는 것이 가장 매력적인 부분이다. 그러나 상대방과의 협상이나 합의 과정이 없기 때문에 사회적으로 비난받는 경우도 있다.

(5) M&A의 실패 요인

많은 장점 때문에 M&A는 갈수록 일반화되고 있지만 반대로 다음과 같은 경우는 실패할 수도 있기 때문에 유의하여야 한다.

첫째, M&A의 목적과 동기가 불명확한 경우
둘째, 경영자가 자기 능력의 과시용으로 M&A를 추진하는 경우
셋째, 정확하지 못한 사전 실사(實査)로 인수가격이 높은 경우
넷째, M&A 후 기업문화를 통일시키지 못하는 경우

인수 후 통합

인수・합병은 기업의 성장과 발전을 위해 매우 유용한 기법이며, 특히 최근과 같이 급변하는 경영환경에서 경쟁력을 확보하기 위한 방법으로 많이 활용되고 있다.

그러나 인수・합병을 신속하게 처리하는 무리한 과정은 겉으로는 통합이 되었지만 내부적으로는 내홍을 겪는 경우가 많기 때문에 조직문화, 업무 프로세스 등이 혼란스럽고, 기대한 만큼의 효과를 기대할 수 없는 경우도 있다.

이러한 약점을 보완할 수 있는 것이 '인수 후 통합'이다. **인수 후 통합**(PMI : Post-Merger Integration)이란 인수・합병을 하는 인수기업과 피인수기업이 목적한 바대로 시너지 효과가 극대화되도록 행하는 전략적인 접근으로서, 물리적 결합이 아닌 화학적 결합으로 시너지 효과를 기대할 수 있다.

(6) M&A의 공격과 방어기법

① 공격기법

▸ **공개매수**(tender offer, take over bid) : 특정 기업의 주주들로부터 공개적으로 장외에서 주식을 사들이는 행위로서, 주주들은 장내보다 비싼 값에 주식을 팔 수 있다.

▸ **그린메일(green mail)** : 특정 기업의 일정 지분을 장내에서 사들인 뒤 경영권을 가지고 있는 대주주에게 압박을 가하여, 장외에서 비싼 값에 주식을 되파는 수법으로서, 이를 그린메일러(green mailer)라고 한다.

▸ **파킹(parking)** : 우호적인 제3자를 통해 지분을 확보하게 한 뒤 주주총회에서 투표권을 행사하게 하여 기습적으로 경영권을 탈취하는 방법이다

▸ **흑기사(black knight)** : 경영권 방어를 돕는 백기사와 달리 경영권 탈취를 돕는 제3세력을 말한다.

▸ **토요일 밤 기습작전(saturday night special)** : 방어할 틈을 주지 않기 위해 토요일 저녁 황금시간대에 TV를 통해 공개매수를 선언하는 방법이며, 미국에서 주로 사용된다.

② **방어기법**

▸ **백기사(white knight)** : M&A 공격을 받았으나 스스로 방어할 자본이 부족할 때, 우호적으로 경영권을 보호해 주는 제3세력을 말한다.

▸ **황금 낙하산(golden parachute)** : M&A를 하는 기업이 피인수기업의 임원을 해임할 때 거액의 퇴직금을 지급하도록 하여 공격자에게 인수부담을 주는 전략이다. 퇴직금 지급 대상자가 일반 종업원일 경우엔 이를 주석(tin, 朱錫) 낙하산이라고 한다.

▸ **팩맨(pac man)** : 방어자가 반대로 공격자의 주식을 매집하는 등 정면대결을 하는 방법으로 '같이 죽기 전략'이며, 양측이 서로 돌이킬 수 없는 피해를 입을 수 있다.

▸ **독약처방(poison pill)** : 적대적 M&A를 예방하기 위하여, 독소증권을 보유한 특정 주주에게 특별한 권리를 부여해 이를 행사하게 함으로써 인수자가 적대적 M&A를 포기하도록 하는 권리나 증권을 말한다.

▸ **왕관의 보석(jewel of crown)** : 왕관에 달려 있는 보석처럼 회사의 핵심자산을 매각해서 인수하려는 기업의 의욕을 꺾는 방법이다.

▸ **초다수 의결제** : 이사 선임이나 해임, M&A에 대한 결의요건을 크게 강화하여 인수회사가 M&A를 어렵게 하는 방법이다. 예를 들어, 이사 선임 및 해임 요건을 주주의 80% 이상이 동의하도록 정관에 명시한다면 어떤 기업이 다른 기업을 M&A 하더라도 임원을 교체하기 힘들어진다.

차등의결권

* 구글(Google)의 공동창업자인 세르게이 브린(Sergey Brin)과 래리 페이지(Larry Page)는 1주당 10표의 의결권이 있는 차등의결권을 가지고 있기 때문에 이들의 승인 없이는 누구도 구글을 인수할 수 없으며, 투자자가 회사 경영에 영향력을 행사하지 못하게 만들었다. 따라서 이들은 외부 간섭없이 회사를 운영할 수 있는 권한을 가지고 있다.

* 워렌 버핏(Warren Buffett)은 외부적으로는 차등의결권을 반대하는 입장을 취하면서도 자신의 지주회사인 버크셔 해서웨이(Berkshire Hathaway Inc. : 1965년 설립)는 보통주보다 의결권이 200배 많은 주식을 통해 지배하고 있다.
* 포드자동차(Ford Moter Company)의 경우, 포드 일가(Ford's family)가 7%의 지분을 가지고 있지만, 차등의결권을 통하여 40% 이상을 지배하고 있다.

이러한 차등의결권 주식을 보유하면 단기 차익을 노린 헤지펀드(Hedge Fund)와 사모펀드(private equity fund) 등의 경영권 위협이나 적대적 M&A를 효과적으로 방어할 수 있다.

제 3 부
ESG경영

3부에서는 최근에 가장 강조가 되고 있는 ESG경영의 내용을 다루었는데, 지구 및 자연환경을 보호하고자 하는 가치관의 요구로 기업의 생존을 위해 가장 중요한 요소로 자리잡고 있는 개념이 ESG경영이다.

ESG경영이란 기업의 목표가 재무적 관점에서 벗어나 환경, 사회, 지배구조 등과 같은 비재무적인 요소를 중요하게 다루고자 하는 경영을 말한다. 즉 자연환경을 보호하고, 사회적 책임경영을 성실히 수행하며, 지배구조의 개선으로 투명한 기업활동을 강조하는 경영을 말한다.

ESG경영은 기업 내부에서 조직적으로 준비하는 1단계를 넘어, 최근에는 ESG경영을 위한 조직을 더욱 확장하고 새로운 비즈니스 모델로 성장을 추구하는 2단계를 맞이하고 있다.

3부는 3개의 장으로 구성되어 있는데, 6장에서는 친환경경영의 내용을 다루었으며, 7장에서는 기업의 사회적 책임경영을 다루었고, 8장에서는 기업지배구조와 윤리경영의 내용을 설명하였다.

제6장 친환경 경영

제1절

친환경 경영의 개념

자연환경 파괴는 갈수록 심각해지고 있는데, 환경 파괴를 하는 큰 원인 중 하나가 기업활동이라고 알려지면서, 사회는 기업에게 자연환경을 보호하는 기업활동의 실천을 요구하고 있다.

친환경 경영(environment-friendly management)은 모든 기업활동을 환경친화적으로 전개하여 지구환경을 보호함은 물론 사회나 소비자로부터 환경을 보호한다는 우호적인 이미지를 구축하여 경쟁력을 높이고자 하는 경영방식을 말한다.

친환경 경영의 범위는 제품의 설계단계에서부터 원·부자재의 구매, 생산, 마케팅, 소비, 폐기단계에 이르기까지이며, 그 외에도 기업활동에 직·간접적으로 영향을 미치는 모든 영역까지이다.

앞으로는 모든 기업이 친환경 경영 전략을 펴나가는 것이 경쟁력의 가장 중요한 핵심 요소 중 하나가 되었으며, 선택이 아니라 필수적인 요소가 되었다.

제2절

친환경 경영의 도입

기업 활동을 함에 있어 자연과 환경을 파괴하는 여러 종류의 오염물질을 배출하는 경우가 적지 않다. 첨단 과학기술의 발전은 인류에게 많은 이로움을 주지만 한편으로는 오염발생으로 환경을 파괴하기도 한다.

따라서 사회는 기업에게 친환경 경영의 기업활동을 강하게 요구하게 되었다. 또한 세계적으로도 지구 생태계를 보호해야 한다는 인식이 확산되면서 친환경 경영의 기업활동은 이제 경쟁력을 높이고, 지속가능한 발전을 위해 필수적인 요소가 되었다.

1. 지속가능한 성장

최근 심각하게 대두되고 있는 환경오염은 오존층의 파괴, 지구온난화, 산성비, 생태계의 파괴, 기후변화 등과 같이 여러 형태로 나타나고 있다. 이러한 환경오염의 심각성은 1972년에 개최된 '유엔 인간환경회의'와 로마클럽(The Club of Rome)에 의해 발간된 '성장의 한계(The Limited To Growth)'라는 보고서가 계기가 되어 전 세계적으로 확산되기 시작했다.

특히 1970년대의 에너지 위기와 1980년대 대규모 환경재해를 경험하면서, 1992년 리우 정상회담을 통해 환경문제에 대한 각성과 인류의 대응을 선언한 '리우선언(the Rio Declaration on Environment and Development)'이 발표되었으며, 세부적인 실천과제를 천명한 '의제21(Agenda 21)'이 발표되었다.

'의제21'은 오늘날 모든 환경논의의 근간이라고 할 수 있는 '환경적으로 건전하고 지속가능한 개발'의 이념을 담고 있다. 지속가능한 개발이란 지구의 자정능력 범위 내에서 이루어지는 경제성장을 말하며, 이는 개발과 보존, 경제성장과 환경보호, 인간과 자연의 조화를 의미한다.

리우선언

1972년 인간환경회의에서 채택된 '인간환경선언'의 정신을 확대 · 강화시킨 것으로서, '환경적으로 건전하고 지속가능한 개발'을 실현하기 위한 27개의 행동 원칙으로 구성되어 있다.

주요 원칙으로는 ① 환경 파괴에 대한 책임 부여, ② 지구 생태계의 보존, ③ 환경 훼손 방지에 대한 연구, ④ 환경 분쟁의 평화적 해결 등이 있다.

이러한 리우선언의 원칙을 실천하기 위하여 '의제 21(Agenda 21)'이 채택되었다.

과거의 경영학에서는 경제성과 친환경 경영은 양립할 수 없는 대립된 개념으로 인식되었다. 왜냐하면 환경개선을 위한 투자는 생산비용을 상승시켜 수익성이 악화되거나, 제품가격이 상승하여 수요가 감소하고, 기업성장을 저해한다고 믿었기 때문이다.

그러나 지속가능한 성장을 위해서는 지금까지의 전통적인 사고를 수정할 수밖에 없게 되었다. 즉 모든 기업이 추구해 온 이윤극대화만으로는 더 이상의 성장을 보장받을 수 없다는 인식하에 '경제성'과 '친환경 경영'의 조화를 기업 경영의 목표로 삼게 되었다.

2. 국제환경규제의 강화 추세

나날이 악화되는 환경오염으로부터 지구를 보호하기 위하여 각국은 국경을 뛰어넘는 통합노력으로 환경문제에 공동대처하고 있으며, 나아가 각종 무역규제의 수단으로 이용하고 있다.

특히 모든 국가는 환경규제에 관한 각종 법을 강화하고 있는데, 예를 들면 자동차 배기가스 기준을 강화하고, 오존층을 파괴하는 제품의 사용을 금지하고 있으며, 오염 가능성이 있는 제품의 생산자 회수의무(take back duty)를 마련하고, 플라스틱 사용의 억제, 탄소배출량의 통제 등을 도입하고 있다.

또한 국제환경규제의 동향은 ① 공정 및 생산방식의 그린화, ② 무역과 환경

정책의 연계, ③ 환경정책과 투자의 연계, ④ 오염의 통합관리, ⑤ 오염의 거래권 등을 크게 강화하고 있다.

이러한 국제 동향에 발맞추어 각국은 자국의 기업활동을 친환경 경영의 산업구조로 개편하고 있으며, 친환경 관련 기술의 개발에 박차를 가하고 있고, 대·중소기업 간의 친환경 경영을 위한 협력방안을 마련하고 있다.

환경마크제도

환경마크제도 : 제조, 유통, 사용 및 폐기과정에서 같은 용도의 다른 제품보다 환경오염을 적게 일으키거나 자원을 절약할 수 있는 제품임을 인증해주는 친환경제품에 대한 품질인증제도이다.

이 제도는 1979년 독일에서 블루엔젤(Blue-Angle)이라는 이름으로 처음 시작되었고, 일본은 1989년, 캐나다는 1990년부터 시행했다. EU도 1992년부터 도입했으며, 미국은 민간단체에서 '그린실(Green Seal)', '그린크로스(Green Cross)' 등의 명칭을 사용한다. 우리나라도 1992년부터 이 제도를 시행하고 있다.

환경규제강화를 위한 국제협력방안의 예로는 지구환경 보전을 위한 몬트리올의정서, 바젤협약, 기후변화협약 등을 꼽을 수 있으며, 이 밖에도 WTO, OECD, ISO 등에서도 환경관련 지침을 만들어 이의 준수를 의무화하고 있고, RE100, net zero, fit for 55와 같은 캠페인이나 규제 등도 있다.

- **몬트리얼의정서** : 몬트리얼의정서(Montreal Protocol)는 1989년 1월에 발효된 국제협약으로, 오존층 파괴물질에 대한 규제가 목적이다. 주요 규제 대상은 CFC, 할론, 메틸부로마이드 등이다.
  2021년 영국 랭커스터대학의 폴 영(Paul Young)박사팀은 몬트리얼의정서가 없었다면 지구는 '불타는 땅'이 되었을 것이라는 논문을 네이처지에 발표하였다.
- **바젤협약** : 바젤협약(Basel Convention)은 유해 폐기물의 국가 간 교역을 규제하는 국제협약이다. 이 협약에서 지정한 폐기물은 47개종이다.

- **기후변화협약** : 정식명칭은 기후변화협약(UNFCCC : United Nations Framework Convention on Climate Change)이지만 일명 리우환경협약이라고 한다. 이 협약은 지구의 온난화를 방지하기 위한 국제협약이다.
  주요 규제 대상은 이산화탄소(CO_2)를 비롯한 온실가스의 방출을 제한하는 것이다.
- **생물다양성협약** : 생물다양성협약(Convention on Biological Diversity)은 지구상의 생물종을 보호하기 위해 마련된 협약으로, 1993년 12월에 발효되었다. 이 협약은 생물다양성 보존, 생물다양성의 지속가능한 사용, 유전자원의 이익 공유 등이 주요 목적이다.
- **RE100** : 기업이 사용하는 전력의 100%를 2050년까지 재생에너지(태양열, 태양광, 풍력, 수력 등)로 대체하자는 국제 캠페인으로, 2014년에 영국 런던에서 발족되었다.
- **net zero** : 배출원이 배출한 만큼을 흡수원이 다시 흡수하도록 해 실질적으로 온실가스 배출량을 '0(零)'으로 만드는 것으로, 탄소중립(carbon neutralization)이라고도 한다.
- **Fit for 55** : 2021년 7월 유럽연합(EU)이 2030년까지 유럽연합의 평균 탄소배출량을 1990년의 55% 수준까지 줄이자는 내용으로, 가장 핵심이 되는 내용은 탄소국경세이다. 탄소국경세란 유럽연합으로 수입되는 제품이 유럽연합 내 제품보다 탄소배출이 더 많은 경우에 세금을 부과하는 것이다.

자외선과 오존층

태양의 유해한 자외선이 사람의 몸이나 식물에 장시간 노출되면 단백질과 DNA가 손상돼 성장을 멈추거나 생명을 잃는다. 이 같은 자외선이 지표에 닿는 것을 막아주는 것이 오존층이다.

오존층 파괴물질의 규제에 관한 기후협약이 1987년에 채택된 몬트리올의정서인데, 2021년 기준 197개 국가가 참여하고 있는 최대 협약으로 확대되었다.

이 협약은 냉매제로 쓰이는 프레온 가스(CFC)의 사용을 전면 금지하고, 대체 냉매제를 개발·사용할 것을 독려하는 것이 주요 내용이다. 프레온 가스는 선진국에서는 1996년부터, 개발도상국은 2010년부터 사용이 완전 금지되었다.

몬트리얼 의정서에 참여한 모든 국가들은 오존층을 파괴하는 물질의 사용을 단계적으로 감축하는 동시에 대체물질을 개발하여 오존층을 파괴하는 물질을 영구적으로 퇴출시키는 전략에 동참하고 있다.

기후변화의 피해 국가, 투발루

투발루(Tubalu)는 남태평양의 한 가운데에 있는 9개의 섬으로 이루어진 나라로서, 인구는 약 11,000명 정도이며, 현재는 면적이 25.9km^{2}의 작은 나라이지만 누구나 가보고 싶어 하는 산호초와 평화로움의 상징인 나라이다.

투발루는 기후변화의 가장 큰 피해 국가 중 한 나라인데, 현재 평균 해발고도가 평균 6피트 6인치에 불과하며, 수면은 매년 0.2인치씩 상승하고 있다.

※ 기후변화의 피해는 매우 다양한 형태로 인류를 위협하고 있다. 예를 들면 대홍수, 가뭄, 대형산불, 각종 곤충 떼(특히 메뚜기 떼)의 출현 등을 꼽을 수 있다.

3. 환경인식의 변화

전 세계적으로 지구를 보호하는 운동과 기업의 친환경 경영운동이 강화되고 있다. 이러한 움직임은 기업활동을 친환경적으로 전환시키고 있으며, 친환경 기업이라는 이미지를 기업의 경쟁력으로 활용하고 있다.

친환경 제품이란 개발단계, 생산단계, 폐기단계까지의 전 과정에서 환경문제를 고려한 제품을 말한다. 즉 개발 및 설계단계에서 오염이나 유해물질이 배출되지 않도록 설계하며, 생산단계에서는 친환경적인 생산공정을 구축하고, 사용·폐기과정에서도 유해물질이 배출되는 것을 방지하거나 극소화시키는 제품을 말한다.

이 같은 친환경적인 기업활동은 추가적인 비용을 유발할 수밖에 없으나 이러한 비용은 투자의 개념으로 인식되고 있으며, 장기적으로 가장 중요한 경쟁력의 원천이 되고 있다.

4. 예방체제로 전환

최근 세계의 여러 나라에서 추진하는 친환경 정책의 특징은 각종 환경규제 기준을 갈수록 강화하며, 사후 규제 위주의 정책에서 벗어나 사전 예방체제로 전환하고 있다는 점이다.

이러한 전환은 기업의 친환경적인 생산활동을 더욱 활성화시키고 있다. 우리나라의 '환경친화적기업지정제도'와 '환경친화적 산업구조로의 전환촉진에 관한 법률'이 대표적인 예이다.

'환경친화적기업지정제도'는 지금까지의 규제와 단속위주의 사후관리 환경 정책을 기업의 자발적인 환경개선으로 유도하는 예방적인 정책이다.

'환경친화적 산업구조로의 전환촉진에 관한 법률'은 기업의 에너지와 자원을 줄이는 생산공정 개선, 청정생산기술 개발의 촉진 및 환경산업 육성을 통한 친환경산업구조 구축과 환경경영체제 인증을 제도적으로 뒷받침하고 있다.

또한 환경운동단체, 시민운동단체, 소비자들의 환경보호에 대한 인식이 높아지면서 기업의 친환경 경영을 가속화시키는 새로운 압력으로 등장하고 있다.

제3절 친환경 경영의 실천

기업이 경쟁력을 확보하기 위해서는 모든 기업활동을 친환경적으로 전개하여야 하는 시대가 되었다. 또한 소비자의 가치관이 환경을 보호하는 기업의 제품이나 서비스를 선호하며, 국제기준도 환경보호를 성실히 수행하는 기업에게 유리하도록 전개되고 있다.

기업의 친환경 경영 내용을 설계단계, 생산단계, 사용단계, 사용후(폐기) 단계로 구분하여 살펴볼 수 있다.

- **설계단계** : 설계단계부터 환경을 보호하도록 노력하는 것이다. 예를 들면 설계단계에서 원료 사용을 극소화시키고, 재사용이나 재활용이 가능하게 하며, 제품이 고장 나지 않고 오래 사용할 수 있도록 설계하고, 생산과정이나 폐기과정에서 환경을 오염시키지 않도록 설계하는 것이다.
- **생산단계** : 생산과정을 친환경적으로 구축하는 것으로, 친환경적인 생산공정의 구축, 생산과정에서 공해나 오염이 발생하지 않도록 하는 모든 노력을 의미한다.
- **사용단계** : 생산과정을 거친 제품이나 서비스가 소비자에게 넘어간 상태에서의 친환경적인 활동을 의미하는데, 소비자가 행하는 친환경 노력이 포함된다. 예를 들면 제품 사용법의 준수로 제품수명을 연장시키거나 친환경제품의 식별 능력, 부품의 적시 교환으로 에너지를 절약하는 방법, 재사용·반복사용이나 재활용시스템 등을 적극 활용하는 것이다.
- **사용후(폐기)단계** : 수명을 다한 제품의 폐기과정에서 이루어지는 친환경 활동을 의미하는데, 재활용·재사용이 가능하도록 하며, 폐기과정에서 폐기물의 양을 극소화시키는 방법, 폐기과정에서 오염이 발생하지 않도록 하는 방법 등을 포함한다.

1. 친환경 경영 활동의 요구

친환경 경영(environment-friendly management)이란 기업활동의 모든 과정에서 공해가 발생하지 않고, 환경을 파괴하지 않으며, 생산한 제품의 사용이나 유통 및 폐기과정에서 공해가 발생하지 않도록 하는 기업의 경영활동을 말한다.

갈수록 기업에게 환경을 보호하는 노력을 강조하는 이유는 산업화와 기업의 생산활동이 환경을 파괴하는 주범으로 지목되고 있기 때문이다.

친환경 경영

친환경 경영(environment-friendly management) : 기업 활동 모든 과정(생산, 유통, 폐기 등)에서 공해를 발생시키지 않고, 자원과 에너지 사용을 극소화하며, 특히 폐기과정에서 재활용·재사용 등이 가능하도록 하는 경영을 말한다.

친환경 경영은 궁극적으로 인류의 건강과 자연환경을 보호하는 것이며, 나아가 기업의 경쟁력을 높이는 원천이 된다.

특히 ESG경영이 빠르게 확산되면서 친환경 경영을 실천하는 방법이 다양해지고 있으며, 영역도 넓어지고 있다. 이같이 환경을 보호하는 경영활동은 지속가능한 발전을 위해 모든 기업이 반드시 실천해야 하는 요소로 자리 잡고 있다.

넷 포지티브

넷 포지티브(Net Positive) : 기업이 경영활동을 수행할 때, 기업과 관련이 있는 모든 이해관계자(소비자, 협력기업, 지역사회, 조직의 구성원 등)와 자연 및 지구환경과 공존하면서 성장을 꾀하는 기업활동을 말한다.

넷 포지티브의 유형은 매우 다양한데, 예를 들면 수·이재민 지원, 협력사 지원, 다문화가정 및 장애인 지원, 사막화 방지, 숲 조성 등이다.

이 개념은 ESG경영과 맥을 같이하는 것으로 볼 수 있는데, 기업활동이 궁극적으로 사회 전체에 긍정적인 영향을 주고자 하는 기업활동이다.

1) 친환경적인 전략 수립

기업이 성장하기 위해서는 친환경 경영을 강조해야 하는 시대가 되었다. 따라서 환경보호를 위한 전략적 사고가 전략에 포함되어야 한다.

특히 생산기업에서 환경보호의 효과를 극대화시키기 위해서는 모든 생산과정(설계, 생산, 사용, 폐기)에 친환경을 실천하는 방법을 포함해야 한다.

친환경 경영을 위한 각 단계별 활동은 독립된 내용이라기보다는 상호 밀접한 연관성과 보완적 특성을 가지고 있기 때문에 설계, 생산, 폐기 등의 모든 공정을 연계하여 친환경 경영의 효과를 극대화시켜야 한다.

즉 친환경적인 기업활동을 수행하기 위해서는 설계, 생산, 사용 및 폐기단계의 모든 영역이 조화를 이루어야 하며, 기업의 전체적인 관점에서 환경보호의 유효성이 극대화되도록 해야 한다.

탄소국경세(Carbon Border Tax)

ESG경영이 저탄소로 생산한 제품이 탄소배출량이 많은 물품보다 가격 경쟁력이 떨어지는 것을 막기 위하여, EU는 2021년에 탄소국경세에 대한 초안을 발표하였고 2025년부터 탄소국경세를 도입할 예정이다. 미국 증권거래위원회(SEC)는 기업 내부에서 직간접적으로 발생하는 탄소의 배출은 물론 거래기업이나 협력사의 생산, 물류, 제품 사용, 폐기 과정에서 발생하는 탄소 배출까지 공시할 것을 권고했다.

이러한 조치들은 수입품의 생산과정에서 배출된 탄소량을 따져 관세를 부과하겠다는 것이다.

* 제품을 만드는 과정에 탄소를 얼마나 발생시켰는지 나아가 그 제품을 만들 때 사용한 전기는 무엇으로 만들었는지까지도 고려한다.

* 탄소국경세에 대비하는 방법 중 하나가 RE100, Fit for 55 등의 실천으로 탄소 배출을 줄이는 노력을 선제적으로 관리해야 한다.

2) 각 단계별 친환경 활동

기업은 항상 혁신적인 경영활동을 지속적으로 실천해 나가는 조직이다. 혁신의 대상은 관리, 제조현장, 유통 등 모든 영역이 해당되지만 최근에는 그중에서도 환경보호나 환경오염·파괴를 극소화시키는 친환경 경영활동의 혁신이 강조되고 있다. 특히 사회의 요구나 소비자의 의식도 친환경적인 제품이나 기업을 더 선호하는 추세로 바뀌어 가고 있다.

과거에는 기업경영의 목표가 주로 효율성과 생산성의 극대화를 목표로 전개되었으나 갈수록 자원의 적정사용과 재사용, 폐기물의 극소화, 공해배출량의 극소화 등의 환경보호 활동을 강조하고 있다.

친환경적인 생산활동을 위해서는 설계단계, 생산단계, 사용단계, 사용 후 단계로 구분하여 추진하는 것이 효과적인데, 설계·생산단계와 사용 후 단계의 효과는 기업의 노력(예를 들면 자원과 에너지의 최소 사용, 재활용이 가능하도록 설계, 폐기과정에서 오염 발생의 극소화 등)이 중요하고, 사용단계에서는 소비자의 노력(사용 방법이나 구성품의 적시 교환, 환경친화적 제품의 선별 능력 등)이 중요하다.

(1) 설계단계

설계단계는 친환경 경영활동의 시작 단계로서, 환경보호나 오염·공해방지 등과 관련된 모든 내용과 과정에 결정적으로 영향을 미친다.

예를 들면 에너지·전력의 효율을 높이는 설계, 환경오염을 극소화시키는 설계, 투입량을 최소화시키는 설계, 폐기물을 극소화시키는 설계, 재료나 폐기물을 재활용할 수 있는 설계, 고장이 나지 않도록 설계하는 방식 등을 통하여 설계단계 이후에서 친환경적인 활동을 수행할 수 있도록 해야 한다.

안전과 고장 예방을 위한 다양한 설계

환경친화적인 제품을 생산하기 위한 설계방식은 여러 가지가 있으나, 제품을 안전하며, 고장 나지 않고 오래 사용하는 설계방식을 채택하는 것도 친환경적인 기업활동이다.

- **Fail Safe** : 사용자가 잘못 조작하여 고장이 나더라도 추가적으로 설계된 이중안전 장치(dual system)가 작동하여 고장으로 인한 사고나 고장을 예방할 수 있도록 설계된 방식을 말한다.
- **Fool Proof** : 사용자가 오동작을 하더라도 기계설비나 장치가 오작동하지 않도록 설계하는 방식으로, 예를 들면 사용자의 올바른 동작에만 작동하도록 설계하는 방식이다.
- **Safe Life** : 서브시스템에서 고장이 발생하여도 전체 시스템의 안전성은 그대로 유지되도록 설계하는 방식을 말한다.
- **Redundancy** : 이 방식은 다음과 같은 2가지 방식이 있다.
  ① 제품이나 구성품의 일부가 고장이 나더라도 기능을 수행할 수 있도록 2개 이상의 구성품을 중복설계하여 신뢰성을 높이는 일종의 병렬설계방식
  ② 제품의 성능이나 용량이 한계치를 벗어날 가능성에 대비하여 보통 필요로 하는 성능·용량보다 더 감당할 수 있도록 설계하는 방식

설계단계에서 행할 수 있는 친환경적인 경영의 기법으로 리메뉴팩처링(remanufacturing)기법이 있다(〈표 6-1〉 참조).

리메뉴팩처링기법이란 수명을 다한 제품을 분해하여 주요 부품을 재사용할 수 있도록 하는 방법이다. 예를 들면 플라스틱으로 만들었던 부품을 스테인레스강으로 설계하여 재사용할 수 있도록 하거나, 사용한 자원을 원자단위로 분해하여 재활용할 수 있게 하는 방법 등을 말한다.

그동안 많이 사용하였던 리사이클링(recycling)은 폐기물의 화학적 처리에 따르는 공해 유발과 막대한 재생 비용을 지불해야 하는 단점이 있지만 리메뉴팩처링기법은 이러한 단점을 보완할 수 있으며 자원의 절약도 기대할 수 있다.

〈표 6-1〉 리사이클링과 리메뉴팩처링의 비교

	리사이클링	리메뉴팩처링
기본개념	폐기물의 화학적 처리	부품분해, 재조립을 통한 재사용
장점	완전 신제품으로 재가공	비용의 대폭절감 가능
단점	비용이 많이 들고, 재생과정에서 공해발생	제조원가가 높고, 중고부품 사용에 대한 소비자의 불만 증가
향후전망	성장 여지가 적음	정부, 기업, 학계의 지원이 활발함

자원순환경제사회

* 전 세계에서 인간이 쏟아내는 폐기물의 양은 어마어마하며, 모든 나라는 폐기물 처리에 상당한 비용을 지불하고 있다. 따라서 기업도 자사가 생산하는 제품의 폐기과정에서 배출되는 폐기물이 극소화될 수 있도록 해야 하고, 재사용·재활용이 가능하도록 설계해야 하는 등 환경을 보호하는 노력에 동참해야 한다.

또한 늘어나는 폐기물 중에서 재활용 가치와 경제적 가치가 높은 자원을 재사용하는 방법을 활용해야 한다.

'자원순환경제사회'란 폐기물이나 쓰레기를 소중한 자원으로 인식하고, 설계단계에서부터 재사용·재활용할 수 있도록 설계하여 자원을 절약하도록 하는 것이다.

* 유럽연합(EU)은 2019년 플라스틱 사용을 줄이고 재사용을 강화하는 법률을 통과시켰고, 플라스틱으로 인한 오염이 심각해지자 2021년부터 포크, 나이프, 숟가락 등 10가지 품목의 일회용품 사용을 전면 금지하기로 했다. 또 2030년까지 플라스틱 포장재와 병 모두 재생이 가능한 소재를 사용하도록 했다.

* 세계 최대 화학회사인 독일의 바스프(BASF : 1865년 창업)는 폐플라스틱을 녹여 원료를 추출한 새 플라스틱으로 각종 포장재와 가전제품, 차량용 부품을 생산하기 시작했다. 또한 폐비닐에서 석유를 뽑아내는 등 폐비닐봉지나 페트병을 자원으로 활용하는 노력을 전략적으로 추진하고 있다.

(2) 생산단계

생산단계에서의 친환경 경영활동이란 주로 설계단계에서 결정된 내용에 의하여 좌우되는 특징이 있다. 생산활동은 설계의 내용대로 작업이 이루어지기 때문이다. 물론 생산단계에서도 친환경적인 노력을 스스로 할 수 있는데, 예를 들면 제품의 불량률을 낮추는 노력, 이산화탄소를 적게 배출하는 생산설비의 도입, 생산과정에서 발생하는 공해나 오·폐수의 양을 줄이는 방법 등이다.

리퀴드 데스의 환경보호

최근에는 지구의 환경을 보호하는 친환경 경영의 수행 여부가 기업의 경쟁력을 측정하는 중요한 기준으로 활용되고 있기 때문에 기업들이 환경보호 활동으로 경쟁기업과 차별화를 시도하고 있다. 이러한 전략을 잘 활용하여 기업의 가치를 인정받은 회사 중 하나가 리퀴드 데스(Liquid Death)이다.

리퀴드 데스는 생수를 캔에 담아 판매하는 회사로서, 회사의 슬로건이 플라스틱을 없애자는 의미의 '플라스틱에게 죽음을 선사하다(Death to Plastic)'이다. 한 캔 당 5센트씩 비영리 환경보호단체에게 기부도 하고 있는 기업이다.

이 회사는 캔에 담은 생수를 파는 이유를 다음과 같이 설명하고 있다. '전 세계의 플라스틱 제품 중 재활용되는 비중이 10% 미만이며, 알루미늄은 약 70% 정도가 재활용되기 때문에 캔의 사용은 결국 플라스틱으로부터 환경을 보호하는 것이다'.

파타고니아(patagonia)의 친환경 경영

1973년에 창업한 미국의 아웃도어 브랜드인 파타고니아(patagonia)는 덜 사고 가급적 중고품을 사용하자는 캠페인을 통하여, 소비자들로부터 친환경 브랜드라는 이미지를 얻고 있으며, 매년 꾸준히 성장하고 있는 의류회사이다.

이 회사는 의류의 제조과정에서 물, 나무, 산소 등의 원재료를 최대한 아끼고, 재생 가능한 원료, 인권 및 환경보호, 좋은 품질을 위한 노력을 제1의 원칙으로 삼고 있다.

특히 2011년 뉴욕 타임지에 '꼭 필요하지 않으면 옷을 사지 말라'는 "DON'T BUY THIS JACKET"이라는 광고를 게재한 후 소비자로부터 환경을 보호하는 기업이라는 것을 각인시켰다.

최근에 강조되고 있는 ESG경영을 오래전부터 실천하고 있는 회사이다.

가상수

가상수(假想水, virtual water) : 제품이나 농 · 공산물의 생산과정에서 단위제품 당 생산에 필요한 물의 양을 말하는 것으로, 외국에서 제품을 수입하는 경우에도 물을 수입하는 것과 같은 효과가 있다고 본다.

예를 들면 커피 한잔은 140리터, 우유 1리터를 생산하는데 물 1,000리터, 쌀 1kg은 5,000리터, 소고기 1kg을 위해서 15,500리터, 청바지 1벌에는 5,400리터의 물이 필요한데, 이렇게 눈에 보이지 않는 물을 가상수라고 한다.

유네스코의 물 · 환경교육기관(IHE)은 매년 가상수 수입 국가의 순위를 발표하고 있다.

(3) 사용단계

기업에서 행하는 친환경 경영활동이 효과를 더 발휘하기 위해서는 제품을 사용하는 소비자의 협조가 필요하다. 아무리 잘 만들어진 친환경 제품이라도 사용방법이나 규정을 준수하지 않으면 그 효과는 반감되기 때문에 제품의 사용 방법을 잘 준수하여 환경을 보호하고자 하는 소비자의 협조가 중요하다. 또한 소비자들도 환경의 중요성을 인식하고 소비패턴을 친환경적으로 바꾸어야 한다.

물론 사용단계에서 효과를 극대화하기 위해서는 설계단계의 사전 노력이 절대적으로 필요하다. 사용단계에서 행해지는 모든 내용이 설계단계에서 결정되기 때문이다.

'나는 소비할 때 죄책감을 느낀다'

환경보호 의식이 강한 사람들은 상품·제품을 소비하고, 여행하면서 죄책감을 느낀다고 한다. 이들이 만들어지는 과정에 얼마나 많은 이산화탄소를 배출하였을까? 를 생각하기 때문이다.

또한 여행할 때도 비행기보다는 가급적 기차를 이용한다고 한다. 왜냐하면 비행기가 기후변화에 가장 큰 영향을 미치는 인간의 발명품 중 하나이기 때문이다.

다양한 형태의 친환경 경영'

ESG경영이 일반화되면서 우리 주변에서 볼 수 있는 변화된 모습은 다음과 같다.

모바일 영수증의 도입으로 종이 사용을 줄이고, 친환경 경영 재질의 물티슈 생산, 각종 포장재에 플라스틱 사용의 극소화 노력, 1차 상품(과일, 채소)의 포장에 재생PET(Polyethylene terephthalate) 소재 사용, 각종 리필제품의 확대 및 용기 반복 사용 등이다.

탄소발자국

지구온난화를 막기 위하여 개인과 기업이 발생시키는 이산화탄소의 발생량을 온실가스의 총량으로 규제하여 이산화탄소(CO_2)와 온실가스를 줄이자는 취지에서 2006년 영국에서 시작된 것이 **탄소발자국**(carbon footprint)이다.

인간이 살아가면서 혹은 기업이 제품을 생산하고, 소비하며, 폐기하는데까지 직·간접으로 발생되는 이산화탄소의 총량을 탄소발자국으로 표시(무게 단위인 kg 또는 우리가 심어야 하는 나무 수로 표현)하게 하여 지구온난화에 대응하고 온실가스 감축을 위해 활용하는 제도이다.

참고로 CNN은 탄소배출과 에너지 및 돈을 모두 절약할 수 있는 다음과 같은 10가지 방법을 제시하였다. ① 절전 형광등 사용하기, ② 적정온도 유지하기, ③ 에어컨 필터 청소하기, ④ 전기제품의 플러그 뽑기, ⑤ 절약형 샤워기 사용하기, ⑥ 경제적인 정속 운전하기, ⑦ 1년에 한 번 자동차 점검하기, ⑧ 자전거 타기, ⑨ 채식하기, ⑩ 제철음식 먹기 등이다. 이와 같은 것들은 생활 속에서 실천 가능한 환경보호 및 탄소발자국을 줄일 수 있는 방법들이다.

(4) 사용후단계

사용후단계에서의 친환경적인 경영활동이란 수명을 다한 제품과 폐기되는 제품의 재활용·재사용 방법, 폐기나 재활용하는 과정에서 오염이 발생되지 않도록 하는 방법 등을 말한다.

이는 설계와 생산단계에서의 노력 여하에 따라 효과가 달라지는데, 특히 제품의 설계단계와 생산활동의 내용뿐만 아니라 폐기과정의 환경까지도 고려하는 설계를 강조해야 한다.

또한 폐기과정에서 오염 발생은 불가피하다는 사고에서 벗어나야 하며, 자연환경의 파괴나 오염이 진행된다면 인간의 생존 자체를 위협할 수 있음을 인식해야 한다.

이렇게 모든 기업활동에서 친환경적인 노력을 하는 기업은 경쟁력확보에 유리한 고지를 점할 수 있다. 이를 위해서는 기업전략에 친환경적인 활동의 구체적인 내용이 포함되어야 한다.

앞으로는 자연보전, 환경보호, 공해방지를 위한 노력을 하지 않는 기업은 소비자들로부터 외면을 당하는 시대가 될 수밖에 없을 것이다.

생분해성 플라스틱

플라스틱은 편리성과 경제성으로, 인류의 삶을 획기적으로 바꿔준 소재임에 틀림없다. 그러나 사용 후 버려지는 플라스틱은 특히 해양과 해양생물에 치명적으로 영향을 미치며, 환경을 파괴하고 있다.

이러한 피해를 막기 위해 최근에는 생분해성 플라스틱(biodegradable plastic)을 사용하고 있다. 생분해성 플라스틱이란 땅에 매립했을 때 수개월 안에 물, 이산화탄소, 메탄가스 등으로 완전히 분해되는 플라스틱이기 때문에 자연환경과 지구 생태계를 보호하게 된다.

참고로 버려진 폐기물이 분해되는데 걸리는 시간은 종이(2~5개월), 우유팩(약 5년), 나무젓가락(약 20년), 나일론 천(30~40년), 1회용 기저귀(적어도 100년 이상), 플라스틱과 스티로폼(약 500년) 등이다.

자연과 지구환경을 보호하기 위해서는 기업은 물론 모든 인류가 서로 노력해야 한다.

업사이클링 · 프리사이클링 · 켐사이클링

리사이클링에서 리메뉴팩처링을 거쳐 최근에는 업사이클링, 프리사이클링, 켐사이클링의 개념이 더욱 빠르게 확산되고 있다.

업사이클링(up-cycling) : 폐기물을 재활용 · 재사용하는 단순한 차원을 넘어 새로운 가치나 디자인을 더하여 전혀 다른 제품으로 재탄생시키는 것을 말하는데, 예를 들면 폐타이어를 이용하여 신발을 만들거나 트럭의 폐천을 이용하여 가방을 만드는 방법 등이다. 이 방법은 창의적인 부가가치를 생산할 수 있기 때문에 새로운 산업으로 발전하고 있으며, 갈수록 그 영역도 넓어지고 있다.

업사이클링의 이점은 다음과 같다.

① 폐기물의 발생량과 폐기비용 · 소각비용을 절감할 수 있다.
② 환경오염을 예방할 수 있다.
③ 새로운 일자리를 창출할 수 있다.
④ 환경과 경제가 선순환되는 자원순환사회를 만들 수 있다.

프리사이클링(pre-cycling) : 제품을 생산 · 유통하는 과정에서 가급적 폐기물이 발생하지 않도록 노력하는 것으로, 재활용을 염두에 두는 사전재활용을 의미한다. 최근 환경을 보호하고자 하는 소비자의 가치관은 리사이클링과 업사이클링의 단계를 넘어 프리사이클링을 강조한다. 예를 들면 포장을 할 때 속 비닐을 사용하지 않거나 플라스틱 · 비닐봉지의 사용을 억제하고, 리필 제품사용, 1회용 플라스틱 컵 대신 텀블러 사용 등을 습관화하는 것 등이다. 이는 소비자가 불편함을 수용해야 효과가 있다는 것을 전제한다.

켐사이클링(chemical recycling) : 폐플라스틱이나 폐비닐을 열처리하여 새로운 형태의 기름(oil)과 가스(gas)를 추출한 후 이것을 원료로 나프타를 추출하여 고품질의 플라스틱을 만드는 기법으로, 재활용의 혁명이라는 평가를 받으며, 도시에서 기름을 뽑아낸다고 하여 '도시 유전'이라고 부른다.

예를 들면 폐플라스틱이나 폐비닐에서 기름을 뽑아내는 기술이 개발되면서 각광을 받고 있는데, 산소 없이 태우기 때문에 다이옥신과 같은 유해물질이 발생하지 않는다. 매년 약 3억 톤의 플라스틱이 배출되는데, 이 중 약 10%만 재활용되고 나머지는 소각 · 매립되거나 바다에 버려져 환경을 파괴하는 주범인 플라스틱을 재활용할 수 있는 획기적인 기법이다.

친환경 경영의 요구

기업이 사회로부터 앞으로 더 강한 요구를 받게 될 것 중 한 가지가 환경보호를 위한 기업의 노력이다. 모든 제조기업이 자연환경을 보호하고 있다는 신뢰를 소비자로부터 얻었을 때 매출의 증가, 기업이미지 향상을 기대할 수 있으며, 궁극적으로 경쟁력을 높일 수 있는 새로운 가치사슬(new value chain)을 만들 수 있다.

또한 지금까지는 제품의 경제적 가치나 제품 자체의 성능(효과) 등을 중요시하였지만, 이제는 자연환경을 보호하고 환경파괴를 예방하는 기업의 노력이 기업이나 제품의 브랜드 이미지와 경쟁력을 높이는 데 중요하게 영향을 미치고 있다.

최근에는 ESG경영의 개념이 확산되면서, 기업의 친환경 경영의 요구는 더욱 강조되고 있으며, 선택이 아닌 필수요소로 자리 잡아가고 있다.

플로깅

플로깅(plogging) : 2016년 스웨덴에서 시작된 건강과 환경을 지키는 운동으로, 조깅을 하면서 쓰레기를 줍는 운동을 말한다. 우리나라에서는 줍다와 조깅을 결합하여 '줍깅'이라고 한다.

이 운동은 특히 MZ세대로부터 많은 호응을 받고 있으며, 나날이 동참하는 인구가 늘고 있다. 이는 지구환경을 보호하는 자발적인 운동으로, 오염으로부터 지구를 보호하고자 하는 인식이 높아져 가는 징표이기도 하다.

2. 친환경 경영의 정착

과거에는 기업경영의 핵심과제가 단순히 기업의 재무적인 목표달성에 초점이 맞추어졌었다. 예를 들면 생산성, 수익성, 더 많은 산출물을 생산하는 방법, 경쟁에서 이기는 방법, 매출을 극대화시키는 방법 등을 강조하였다.

그러나 최근에는 그 방법과 내용이 매우 다양하고 갈수록 깊이를 더해가고 있는데, 특히 강조되는 것 중 하나가 비재무적인 요소의 친환경 경영이다.

친환경 경영이란 유한한 자원을 절약하며, 자원을 재활용·재사용함으로써 지구환경을 보호하고자 하는 거시적인 목표뿐만 아니라 제품의 설계, 생산, 폐기과정에서 친환경적인 노력을 통하여 경쟁력을 확보하려는 것이다.

친환경 경영이 강조되는 이유는 환경보호나 파괴와 관련된 사회적인 인식이나 요구수준이 갈수록 높아져 가고 있기 때문이며, 기업의 목적이 수익을 넘어 ESG경영을 통한 사회적 가치창출로 옮겨져가고 있기 때문이다.

따라서 효율의 극대화만을 추구하였던 과거의 경영방식에서 벗어나 이제는 효율의 극대화와 함께 ESG경영(환경 친화, 사회적 책임경영, 지배구조의 개선)을 동시에 달성할 수 있는 경영방식으로 전환되어야 한다.

친환경 경영은 선진국들의 대기업에만 해당되는 문제라고 잘못 인식되었던 시기도 있었지만, 앞으로는 모든 기업이 반드시 추진해야 하는 필수과제가 되었다. 특히 기업의 지속성장을 위해 ESG경영이 가장 중요한 핵심과제가 되었기 때문에 친환경 경영은 기업 경쟁력의 원천으로 자리를 잡아가고 있다.

친환경 경영이 정착되기 위해서 고려할 수 있는 내용은 다음과 같다.

첫째, ESG경영의 실천을 위한 친환경 경영의 비용은 반드시 지불해야 하는 투자의 개념으로 이해하여야 한다. 왜냐하면 친환경 경영은 궁극적으로 경쟁력 향상과 기업의 성장을 위해 가장 중요한 경쟁우위요소로 자리잡았기 때문이다.

둘째, 환경과 관련된 문제를 공동으로 대처하는 것도 바람직한 방법 중 하나이다. 공동 대처 방법이 유리한 이유는 친환경 경영에 필요한 기술·정보·자본 등을 다른 기업과 공동으로 해결하는 것이 비용·시간·노력을 줄이면서 효과도 크기 때문이다.

셋째, 정부의 정책적 지원도 중요하다. 정부의 정책적 지원이란 환경전문인력을 육성하는 프로그램 개발, 환경 관련 전문기관을 설립하여 전문가를 양성 또는 환경 관련 법규나 규정을 체계적으로 재정비하여 기업의 친환경 활동을 더욱 경제적이고 합리적으로 행할 수 있도록 하는 것이다.

넷째, 소비자들의 인식전환도 중요하다. 친환경 경영을 성실히 수행하는 기업에게는 그렇지 않은 기업보다 더 좋은 기업이미지를 부여하거나, 친환경 활동을 수행하기 때문에 발생되는 약간의 성능저하, 가격인상에 대해서도 이해하고 수용하는 자세를 가져야 한다. 또한 제품을 오래 사용하는 생활 습관이나 중고품을 구입하는 방법 등도 모두 친환경적인 노력이다.

다섯째, 여러 가지 형태의 친환경적인 경영활동은 생산비용의 증가로 이어진다. 생산비용의 증가는 가격경쟁력이 낮아지는 것을 의미하는데, 이를 극복하기 위해서는 효과적인 친환경기술을 개발·활용하는 전략으로 부정적 영향을 상쇄시켜 나가야 한다.

기업의 친환경 경영은 생산자인 기업, 사용자인 고객은 물론 국가나 사회 전체적인 측면에서 자원절약, 환경보호 등의 효과를 기대할 수 있다.

그린 워싱

그린 워싱(Green Washing) : 그린(Green)과 세탁(Washing)의 합성어로서, 기업이 환경문제를 성실하게 실천하지 않으면서 친환경 이미지로 과대포장하는 것을 말한다. 즉 겉모습만 ESG 경영을 하는 것에 빗대어 표현하는 용어이다.

ESG경영이 중요한 사회적 이슈가 되면서 많은 기업이 친환경 경영을 실천하기 위하여 많은 투자와 노력을 하고 있으나 일부 기업은 형식적으로 친환경 경영을 하면서 광고나 이벤트를 통하여 친환경 경영을 한다고 과장광고를 하는 경우가 있다.

최근의 소비자나 사회는 진정성 있는 환경보호활동을 하는 기업과 그린워싱 기업을 구분하는 현명함을 가지고 있으며, 기업의 환경보호활동은 진정성을 바탕으로 투명하게 이루어져야 한다.

리커머스

리커머스(Re-commerce : 중고거래) : 리커머스의 원래 뜻은 사용하던 제품을 반납하면 할인을 해 주는 보상판매나 제품을 일정 기간 사용한 고객에게 새로운 제품으로 교환해주는 교환판매를 의미한다. 최근에는 중고 거래의 의미까지도 포함된 용어로 사용되고 있다. 예를 들면 당근마켓, 번개장터, 중고나라 등이 대표적이다.

리커머스 시장은 중고품에 대한 인식이 최근 바뀌었으며 특히 MZ세대가 희소한 빈티지 제품을 선호하면서 빠르게 성장하고 있는데, 이는 제품을 더 오래 사용할 수 있는 방법으로써 환경을 보호하는 개념으로 볼 수 있다.

빠르게 성장하고 있는 리커머스 시장에 대응하기 위해 대형 백화점에서도 중고 전문매장을 운영하고 있다.

제7장 사회적 책임경영

제1절
경영자와 사회적 책임

1. 기업가

기업가(entrepreneur)란 기업을 직접 설립·운영하고 성장시켜가는 사람이다. 기업가의 몇 가지 정의는 다음과 같다.

- 기업가란 경영의 주체가 되어 기업을 운영하는 데 필요한 자본을 직접 조달하는 출자자이며, 기업을 성장·발전시키기 위한 경영관리자로서의 성격을 갖는 사람을 말한다.
- 기업가란 기업활동에 필요한 경영의 여러 요소를 가장 합리적으로 결합하고, 기업이 처한 경영환경에 능동적으로 대처할 수 있는 기업가정신(entrepreneurship)으로 기업을 운영하는 사람을 말한다.

이 같은 기업가가 더욱 능력을 발휘하기 위해서는 능률적이고 혁신적인 기업활동을 위해 계획 · 조직 · 지휘 · 통제하며, 동시에 이윤 창출과 사회적 책임을 성실히 수행해나가야 한다.

또한 기업가에게 빼놓을 수 없는 것이 혁신적인 경영마인드인데, 최근과 같이 기술이 급변하는 시대에서는 혁신의 중요성을 인식하고 이를 실천할 수 있어야 한다.

혁신의 주요 대상은 ① 신제품 개발, ② 새로운 생산 방법의 도입, ③ 신시장 개척, ④ 새로운 원료나 부품의 공급, ⑤ 새로운 조직의 형성, ⑥ 노동생산성 향상 등 매우 다양하다.

지금까지 살펴본 기업가는 소유와 경영이 분리되지 않는 고전적 의미를 가지고 있으며, 규모가 작은 기업의 경영관리자 성격을 의미한다.

그러나 기업의 규모가 커지고, 전문화되어 있으며, 소유와 경영이 분리되고 불확실성과 위험성이 큰 경영환경에서는 전문성을 가진 경영자를 요구하게 된다.

2. 경영자

1) 경영자의 속성

경영환경이 다양하고 복잡해짐에 따라 전문성을 가진 경영자에게 기업의 운영을 위임하면서 기업가의 속성이나 역할도 달라졌다. 기업가는 경영일선에서 물러나고, 이익이나 투자에 대한 보상을 배당받게 된 것이다.

그렇다면 소유와 경영이 분리된 경영환경에서 실질적으로 기업을 지배하고 이끌어 가는 사람은 누구인가?

기업이란 기업의 목적을 달성하고자 설립 · 운영되는 하나의 조직체이지만 기업이 스스로 정책을 수립하거나 혹은 기업활동을 수행하지 못한다. 따라서 전문성을 가진 사람이 경영활동의 주체가 되어야 하는데, 그와 같은 기능을 수행하는 사람이 바로 경영자이다.

즉 기업가가 경영활동에 필요한 기계설비 · 원료 구입 등에 필요한 자본을 제공하면, 경영자는 경영 권한을 위임받아 경영활동을 수행한다.

따라서 경영자의 경영기능은 출자자의 출자기능과는 분리되며, 기업을 지배·경영하는 주체로서 경영활동을 책임지고 수행한다. 그렇기 때문에 경영자는 기업의 성패를 결정짓는 가장 중요한 책임을 지고 있다.

오늘날 경영자란 전문적인 경영 능력을 바탕으로 기업의 목표인 이윤을 창출하여야 하며, 동시에 사회적 책임경영, 자연환경 보호, 모든 이해관계자와의 공정한 거래 등을 실천하여야 한다.

경영자의 유형

경영자의 유형은 분류하는 기준에 따라 다양하게 구분할 수 있다.

기업조직의 발전에 따라 소유경영자, 고용경영자, 전문경영자로 구분할 수 있으며, 경영관리계층에 따라 최고경영층, 중간경영층, 하위경영층으로 구분할 수 있다.

또한 각 부문 별 전문가의 조언을 바탕으로 최종의사결정을 하는 최고경영책임자(CEO : Chief Executive Officer)와 부문별 전문경영자(COO : Chief Operating Officer)로 구분하는 것이 일반적이다.

2) 최근에 강조되는 경영자의 능력

기업경영을 책임지고 있는 경영자의 역할과 자질은 시대에 따라 다양하게 바뀌어 가고 있다. 과거에는 강력한 조직 장악력을 바탕으로 한 상의하달(Top-down)방식, 즉 카리스마를 바탕으로 하는 명령과 통제 능력이 중시되었다.

그러나 차츰 하의상달(Bottom-up), 수평주의, 솔선수범, 신뢰, 다양성 존중 등을 바탕으로 조직을 이끄는 리더십 능력이 중요해지고 있다. 특히 도덕·윤리성이 갈수록 강조되고 있는데, 경영자가 윤리적이지 못하거나 불명예로운 행동을 하였을 때는 기업에게 치명적인 악영향을 미치기 때문이다.

최근에는 각종 첨단 정보통신기술(ICT)이 빠르게 발전하면서 기술을 융·복합적으로 활용하는 능력과 혁신성이 강조되는데, 이러한 기술이 경영의 모든 패러다임을 바꾸는 최근의 경영환경에서 기술의 전문지식은 경영자의 능력으로서 매우 중요한 요소가 되었다.

또한 빅블러(Big Blur)시대가 일반화되어가고 있는 최근에는 다양한 영역과 협업할 수 있는 개방적인 사고도 필요하다.

최근에 강조되는 경영자의 능력

불확실성과 위험성이 커진 최근의 경영환경에서 기업경영을 책임지고 있는 경영자의 역할과 중요성은 갈수록 강조되고 있다. 경영자에게 요구되는 능력 몇 가지는 다음과 같다.

다양한 가치관을 가진 구성원의 팀웍을 유인할 수 있는 리더십을 발휘할 수 있어야 하며, 급변하는 경영환경에 대처하는 기동력과 변신 능력이 중요하고, 특히 기성세대와 젊은 세대 간의 가치관을 조화시키는 능력도 강조되고 있다.

이 밖에도 재무적 요소를 달성하는 능력과 함께 기업의 비재무적 요소를 중시하는 경영자의 의지와 능력을 요구하고 있다. 특히 ESG경영의 실천 능력이 중요하게 강조되고 있는데, 기업의 목적이 수익을 넘어 사회적 가치창출로 바뀌고 있기 때문이다.

3. 경영자와 사회적 책임과의 관계

사회를 구성하는 여러 가지 요소 중 중요한 비중을 차지하는 것이 기업이기 때문에 기업의 사회적 책임은 갈수록 강조되고 있다.

그러나 사회적 책임을 논할 때 기업경영을 책임지고 있는 경영자를 먼저 이해할 필요가 있다. 왜냐하면 기업의 사회적 책임은 경영자의 경영철학이나 신념에 의해 달성되기 때문이다.

그렇기 때문에 기업의 사회적 책임을 이해하기 위해서는 먼저 경영자와 기업의 사회적 책임 관계를 정립하는 것이 필요하다.

경영자의 사회적 책임과 기업의 사회적 책임

일반적으로 경영자의 사회적 책임과 기업의 사회적 책임을 동일한 개념으로 보는 경우와 두 개념을 구분하는 경우가 있다. 많은 학자들은 동일한 개념으로 이해하지만 굳이 구분을 한다면 다음과 같은 약간의 차이를 생각할 수 있다.

경영자의 사회적 책임 : 기업의 운영과 직접 관련이 있는 요소에 대한 책임으로, 기업의 존속·발전, 주주, 종업원, 소비자, 이해관계자, 지역사회 등과 같은 미시적인 영역의 책임을 말한다.

기업의 사회적 책임 : 경영자의 사회적 책임 영역을 포함하여, 국가·사회까지 영역을 넓힌 광범위한 책임이라고 볼 수 있다.

※ 이 책에서는 기업의 사회적 책임이라는 용어를 사용하고 있지만, 경영자의 사회적 책임과 동일한 개념으로 설명하였다.

따라서 기업이 사회적 책임을 성실하게 수행하기 위해서는 먼저 경영자의 사회적 책임을 준수하고자 하는 의지가 가장 중요하며, 경영자의 자질을 논할 때 반드시 사회적 책임을 준수하고자 하는 능력을 평가하여야 한다.

이 같은 사회적 책임의 준수를 통하여 최근에 강조되는 ESG경영을 실천할 수 있으며, 기업의 비재무적인 요소(환경적 및 사회적 가치를 중시하는 요소)를 비롯한 무형의 가치를 높일 수 있다는 점을 이해하여야 한다.

제2절

기업의 사회적 책임

1. 기업의 사회적 책임의 정의와 출현

1) 기업의 사회적 책임의 정의

기업의 사회적 책임(CSR : Corporate Social Responsibility)이란 기업이 모든 이해관계자 집단의 기대에 대하여 반응(responsiveness)하는 의무와 책임을 말한다. 즉 기업활동에 영향을 미치는 거시·미시적인 모든 이해자 집단에게 지켜야 할 의무를 말한다.

오늘날 기업의 규모가 거대화됨에 따라 기업도 많은 이해관계자와 관련을 맺게 되었으며, 사회에 미치는 영향력과 역할이 커졌기 때문에 기업이 수행해야 할 책임과 의무가 더 많아졌다.

기업이 사회적 책임을 성실히 수행하기 위해서는 기업경영을 책임지고 있는 경영자의 사회적 책임에 대한 의식이 높아야 하며, 경영자가 가지고 있는 사회적 책임에 대한 의지와 철학이 투자자·종업원·소비자, 모든 이해관계자를 충족시켜야 한다.

즉 기업은 사회적 책임의 성실한 이행을 통하여 기업의 이해관계자들과의 관계를 개선해 나가면서 기업을 운영해야 한다. 그러한 노력으로 좋은 기업, 일하고 싶은 기업, 착한 기업으로 만들고, 그 기업의 제품이라면 구매하고 싶은 충동을 느끼게 하는 기업이 되도록 해야 한다. 결국 사회의 모든 구성 요소들과 상호의존 속에서 성장·발전할 수 있도록 운영하여야 한다.

이렇게 사회를 구성하는 여러 가지 요소 중 하나로서 기업의 비중과 역할이 커지면서 기업의 사회적 책임은 당연히 수행해야 할 책임이다.

2) 기업의 사회적 책임의 출현

기업의 사회적 책임에 대한 인식이 중요하게 대두된 시기는 1930년대 미국에서부터이며, 그 후 기업의 사회적 책임에 대한 요구는 갈수록 강조되기 시작하였다.

독일은 일찍이 1920년대부터 기업에게 공공의 성격과 사회적 책임을 부여하기 시작하였고, 영국도 꾸준히 기업의 사회적 책임을 강조해 왔으며, 1982년에는 '지역사회와 기업(Business on the Community)'을 결성하고 기업책임지수를 적용하여 기업의 사회적 책임을 평가하고 있으며, 2006년부터는 이해관계자의 이익을 먼저 고려하도록 명시하였다.

미국은 2000년 엔론(Enron)사태 이후 상장기업의 회계 규제의 강화와 투자자 보호를 위하여 사베인즈-옥슬리법(Sarbanes Oxley Act : 2002) 등의 법을 제정하여 이해관계자를 보호하기 시작하였다.

우리나라에서 기업의 사회적 책임이 거론되기 시작한 것은 경제개발과 기업의 발전이 본격적으로 이루어지기 시작한 1960년대부터였다고 볼 수 있으며, 기업의 꾸준한 노력으로 최근에는 선진국 수준으로 사회적 책임이 정착되어 가고 있다.

Enron 사건

엔론(Enron Energy Corporation : 1985년 창업, 2001년 파산)은 텍사스 휴스톤에 본사를 둔 미국 랭킹 7위의 에너지 회사였으나 2001년 10월에 파산하였다.

경영진의 거짓말과 수익을 부풀린 분식회계를 하였다는 사실이 내부고발에 의하여 밝혀졌기 때문이다. 그 당시 엔론 이외에도 회사는 수익률을 조작한 월드컴(Worldcom), 미성년자의 노동력을 착취한 갭(GAP) 등이 비윤리적인 행동으로 많은 비판을 받았다.

이러한 사건 이후 기업의 윤리성, 투명성 등의 필요성이 더욱 강조되기 시작하였으며, 투명성을 높여 투자자나 소비자를 보호하기 위한 여러 가지 규제가 강화되었다.

사베인스 - 옥슬리법

사베인스 옥슬리법(Sarbanes Oxley Act) : 엔론과 월드컴 등의 회계부정사건을 계기로 회계 및 재무의 투명성을 높이기 위하여 만들어진 규제로, 회계 및 재무의 투명성을 높이기 위해 민간 회계감독위원회(PCAOB : Public Company Accounting Oversight Board)를 설립하고, 특히 회계 및 재무 장부의 오류가 있을 때 경영진이 처벌받도록 한 법이다.

최근에는 기업이 사회에서 차지하는 비중이 커지면서 기업의 사회적 책임 내용이 더욱 고도화되고 있는데, 특히 ESG경영의 개념이 확산되면서 기업의 사회적 책임은 과거 어느 때보다 더욱 강조되고 있다.

기업의 사회적 책임은 기업의 이해당사자들이 기업에 기대하고 요구하는 사회적 의무들을 충족시키기 위해 행하는 활동으로, 기업이 자발적으로 이해관계자들의 요구사항을 분석하여, 경영활동에 적극적으로 반영해야 하는 필수적인 요소가 되었다.

2. 기업의 사회적 책임 내용

기업의 사회적 책임의 내용은 ESG경영이 빠른 속도로 확산되면서 체계적으로 정립되어 가고 있는데, 기업이 수행해야 할 사회적 책임의 주요 내용을 살펴보면 다음과 같다.

① 기업의 존속 · 발전에 대한 책임

기업의 존속 · 발전에 대한 책임은 기업의 가장 중요한 책임 중 하나이다. 왜냐하면 기업이 파산된다는 것은 기업 · 주주 · 종업원 · 국가 차원에서의 피해가 막대하며, 기업의 기본 목표 중 하나인 영속성을 충족시키지 못하기 때문이다.

만일 기업이 존속 · 발전하지 못하고 파산한다면, 개인은 말할 것도 없고, 국민경제 전체가 갖게 되는 손실은 엄청나게 크다.

따라서 기업은 독립된 실체로서 계속기업(going concern)으로 존속되어야 한다.

② 소비자에 대한 책임

기업이 아무리 좋은 제품을 생산하더라도 이를 구입하는 소비자가 없다면 기업은 생존할 수 없다.

전통적인 기업관에 의하면, 기업의 책임은 좋은 제품을 낮은 가격으로 제공함으로써 의무를 다하는 것으로 인식되었지만, 최근에는 환경보호, 철저한 사후 서비스, 소비자의 보호와 안전, 소비자 만족 극대화 등의 책임을 강조하는 시대가 되었다. 또한 기업은 제품이나 서비스에 관한 정확하고 객관적인 정보를 제공해야 하며, 진실한 광고 · 홍보로 소비자에 대한 책임을 성실히 수행해야 한다.

왜냐하면 소비자의 의식수준과 경제적 여유의 향상으로 요구하는 수준이 더욱 높아졌으며, 모든 관점이 소비자의 입장으로 바뀌었기 때문이다.

소비자에 대한 사회적 책임을 위해서 최근에는 모든 첨단 및 정보통신기술을 활용하여야 하며, 특히 무형의 가치를 높일 수 있는 ESG경영의 실천 등으로 소비자로부터 신뢰받을 수 있어야 한다.

IBM의 고객우선주의

토마스 왓슨 1세가 1914년 IBM(International Business Machines)을 창업할 때 회사의 경제적 성공과 자신의 가치관을 반영한 회사를 만들기 위해 제일 먼저 한 일이 IBM의 행동규범과 가치관을 담은 기업신조를 설정하는 일이었다. 행동규범을 설정한 후 그의 가치관은 IBM의 기초가 되었고, IBM에서 종사하는 모든 종업원은 왓슨 1세가 바랐던 "IBM이 어떤 회사이어야 하는가?"에 대하여 정확하게 이해하면서 근무하고 있다.

왓슨 1세의 경영신조는 1956년 아들인 왓슨 2세가 최고책임자의 지위를 물려받았을 때는 물론 현재까지 꾸준히 지켜지고 있다. 왓슨 1세가 설정한 기업신조란 ① 개인을 존중해야 한다(IBM의 모든 구성원은 각자가 중요하다는 것을 강조하는 기업문화를 조성한다). ② 고객에게 가능한 최고의 서비스를 제공해야 한다(회사의 모든 활동은 고객의 요구에 초점이 맞추어져야 하며, 항상 기존제품이나 경쟁사의 제품보다 우수한 품질의 제품을 공급해야 한다). ③ 탁월성과 뛰어난 업적을 추구해야 한다(IBM의 모든 구성원들은 가장 뛰어난 방법으로 일을 수행하도록 한다) 등이다.

③ **주주에 대한 책임**

기업의 주인은 주주이기 때문에 주주를 만족시켜야 하는 것은 당연한 책임이다. 주주에 대한 책임으로서 주주를 만족시키는 방법은 크게 두 가지인데, 기업의 자산 가치를 높이는 방법과 이익 배당을 높여주는 방법이다. 또한 주주에게 기업활동에 관한 모든 정보를 투명하고 정확하게 공개해야 한다.

④ **이해자 집단의 이해조정 책임**

이해자 집단이란 기업에 영향을 미치는 모든 내·외부의 환경요인으로, 주주, 종업원, 정부, 채권자, 지역사회, 소비자 등 수없이 많다. 이들은 모두 기업에게 직·간접으로 영향을 미치는 요소로서, 이들과의 관계에서 발생하는 문제를 원활하게 조정해야 하는 책임이 있다.

예를 들면 주주에게는 일정한 이익배당을 보장하고, 종업원에게는 적정한 임금을 지급함은 물론 고용의 안정을 보장하며, 소비자에게 양질의 제품을 공급하고, 지역사회와 협력관계를 유지하는 사회적 책임을 충실히 이행하여야 하며, 채권자에게는 이자와 원금을 상환하고, 국가에는 납세의 의무를 준수해야 하는 책임을 가지고 있다. 이 외에도 모든 거래처, 금융기관, 원료공급처 등에 대한 이해관계도 고려해야 한다.

이 같은 모든 이해자 집단을 만족시킨다는 것은 쉽지 않은 일인데, 이해자 집단은 각기 자기의 이익을 보호하기 위해 행동하기 때문이다.

⑤ **지역사회에 대한 책임**

기업은 지역사회로부터 직·간접적으로 많은 관계를 유지하면서 기업활동을 수행한다. 따라서 지역사회와 우호적인 관계를 유지해 나가야 하며, 지역사회의 발전을 위해 협력해야 한다.

예를 들면 기업활동의 결과인 이윤의 일부를 지역사회의 발전을 위해 환원하여야 하며, 특히 공해, 소음, 기타 여러 가지 산업공해의 피해를 극소화시키는 노력을 해야 하며, 공해 배출이나 오염으로 지역사회가 피해를 보게 해서는 안 된다.

⑥ 종업원에 대한 책임

기업의 최대 자산은 인적자산이다. 따라서 기업은 조직에서 필요한 능력 있는 인적자원을 확보하고, 일하기 좋은 근무환경을 제공하며, 이들에게 리더십을 발휘하여 동기를 부여하며 회사와 일체감을 형성하게 하고, 인간적 · 심리적 · 경제적 만족을 실현시켜 주어야 한다.

일하기 좋은 회사(GWP)

기업의 사회적 책임을 실천하는 형태는 매우 다양하다. 그중 하나가 **일하기 좋은 회사**(GWP : Great Work Place)이다. GWP는 로버트 레버링(Robert Levering : 1944~)박사가 '성과가 좋은 기업의 공통적인 문화적 특성'을 밝힌 내용이다. 일하기 좋은 기업의 특성과 핵심을 요약하면 다음과 같다.

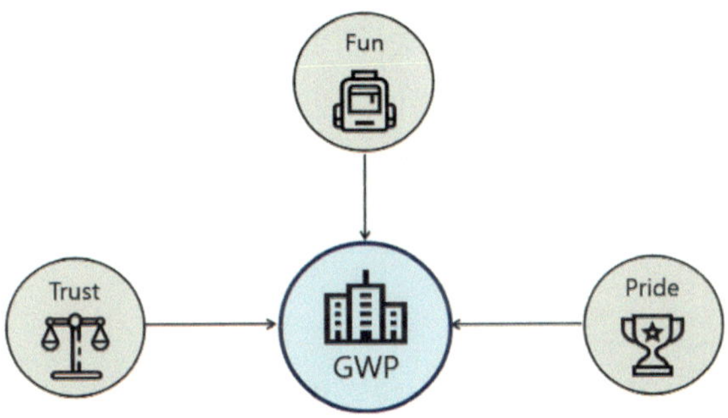

모든 구성원이 신뢰(Trust)를 바탕으로, 자기가 하는 일에 대한 자부심(Pride)을 갖고, 자기가 하고 있는 일을 즐기는(Fun) 기업으로, 즉 인간 중심의 경영을 실천하는 기업을 말한다.

⑦ 후계자 양성의 책임

기업의 사회적 책임 중 가장 기본적인 책임이 기업의 존속 · 발전에 대한 책임이다. 기업이 존속 · 발전하기 위해서는 기업의 영속성을 유지시킬 수 있도록 지속적으로 후계자 양성이 이루어져야 하는데, '경영자인 내가 떠나도 언제든 후임자가 그 자리를 대체할 수 있도록 후계자를 양성'하여야 한다.

왜냐하면 기업이 영속성을 갖기 위해서는 유능한 경영자의 연속성이 먼저 선행되어야 하기 때문이다.

⑧ ESG경영의 실천 책임

기업 활동으로 발생하는 공해 및 오염이 지구환경을 파괴하는 심각성이 갈수록 커지면서 기업은 환경오염의 주범이라는 비난을 받고 있다. 이에 따라 모든 기업은 환경을 보호하는 친환경 경영을 실천하는 많은 노력을 하고 있다.

특히 ESG경영이 확산되면서 환경을 보호하는 기업활동의 요구가 강조되고 있다. 따라서 친환경 경영은 기업이 능동적으로 실천해야 하는 사회적 책임 중 하나이다.

⑨ 정부에 대한 책임

정부나 국가는 기업에게 보호와 규제를 동시에 가하는 역할을 한다. 즉 정부는 기업활동을 저해하는 각종 외부 요인으로부터 기업을 보호하기도 하고, 반대로 기업활동이 환경과 소비자에게 피해를 주지 않도록 법으로 통제하기도 한다. 물론 정부의 지나친 규제는 기업활동을 위축시키는 경우도 있다.

기업은 이 같은 정부에 대해서도 지켜야 할 책임이 있는데, 가장 대표적인 것이 조세의 의무를 성실히 수행하는 것이다.

3. 기업의 사회적 책임에 대한 긍정론과 부정론

기업이 사회에서 수행하는 사회적 책임의 기능과 역할을 어떻게 보느냐에 대해서는 긍정론과 부정론의 두 가지 이론이 있다.

긍정론은 기업이 적극적 · 자발적으로 이해자 집단의 여러 요청을 받아들여 이에 대응하는 사회적 책임을 수행하는 것은 기업의 존속 · 발전을 위하여 필요하다는 견해이다.

부정론은 기업의 기능을 생산적 행동 범위에만 한정시키고, 나머지는 제도에 맡겨야 한다는 주장으로, 사회적 책임을 부정하는 견해이다.

1) 기업의 사회적 책임에 대한 긍정론

기업이 적극적 · 자발적으로 기업의 이해자 집단과 지켜야 할 의무인 사회적 책임을 이행하는 것은 기업의 존속·발전에 필요하다는 견해이다. 이러한 견해를 지지하는 대표적인 학자는 데이비스(K. Davis), 블룸스트롬(R. L. Blomstrom), 월턴(C. C. Walton), 벌리(A. A. Berle) 등이 있다. 그들이 주장하는 관점은 다음과 같다.

① 기업의 사회적 책임은 기업의 존속·발전을 위해 필요하며, 사회나 일반 대중도 이의 수행을 요구하고 있다.
② 기업이 실천하는 사회적 책임은 기업의 이미지를 향상시키며, 좋은 이미지는 기업의 성과를 높이는 중요한 요인이 된다.
③ 기업은 많은 사회적 권력을 가지고 있기 때문에 이에 상응하는 사회적 책임을 수행해야 한다.

기업의 사회적 책임에 대한 긍정론은 '기업은 그의 권력에 상응하는 책임이 따른다는 것을 자각하고, 사회에 대하여 책임 있는 행동을 취해야 한다'고 강조하는 견해이다.

2) 기업의 사회적 책임에 대한 부정론

기업의 사회적 기능을 생산적인 경제활동에 한정시키고, 그 이외의 요구사항은 정부나 기타의 제도에 맡겨야 한다는 견해이다. 즉 기업에게 사회적 책임을 강요하면 할수록 기업활동은 위축될 수 있다는 것이다.

기업의 사회적 책임에 반대하는 대표적인 학자는 프리드만(M. Friedman), 레비스(B. W. Lewis), 보웬(H. R. Bowen), 슈바르츠(D. Schwartz) 등이며, 부정론이 주장하는 내용은 다음과 같다.

① 기업은 이윤극대화를 위해 능률향상과 원가절감을 위해 노력할 때 사회에 최대의 이익을 가져다준다. 또한 기업가는 이윤의 동기에 의하여 행동하기 때문에 사회적 책임의 수용이나 이윤극대화를 방해하는 행동을 해서는 안 된다. 따라서 이윤극대화를 방해하는 사회적 책임론은 부정되어야 한다.
② 사회적 책임의 실천은 원가상승 요인이 되고, 결국 높은 가격의 상품이 소비자에게 전달될 수 있다. 또한 기업은 원가절감을 위해 종업원을 해고하는 경우가 발생한다.

③ 기업의 사회적 책임은 기업의 기본적인 목적을 흐리게 한다.
④ 사회적 책임의 수행은 기업의 생산활동에 지장을 줄 수도 있으며, 경제적 목표와 사회적 목표 중 어느 쪽도 달성하지 못할 수 있다.
⑤ 사회적 책임은 기업가의 자기권리 보전과 정당화를 위한 수단으로 사용될 수 있기 때문에 기업에게 더 큰 힘을 갖게 한다.
⑥ 사회적 책임의 측정기준이 불분명하고, 정확히 측정할 수 없다.

기업의 사회적 책임에 대한 찬반론의 내용을 〈표 7-1〉로 정리하였다.

〈표 7-1〉 사회적 책임에 대한 찬성과 반대

찬 성	반 대
1. 사회적 책임은 반드시 지켜야 할 윤리적 사항이다. 2. 사회적 책임을 통한 배려와 조치는 기업에게 유리하게 작용한다. 3. 기업의 이미지를 개선한다. 4. 지역사회와 관계개선을 위하여 필요하다. 5. 사회의 규범은 사회적 책임을 요구한다. 6. 올바른 법률사회를 유지하기 위하여 사회적 책임은 필요하다. 7. 기업은 사회문제를 해결하기 위한 주요 기구 중 하나이다.	1. 이윤극대화를 파괴한다. 2. 사회적 책임 비용의 증대는 제품의 가격을 인상시킨다. 3. 사회적 활동의 크기를 측정할 수 없다. 4. 사회적 책임에 관한 규정은 불법이다. 5. 기업은 사회적 책임문제를 해결할 사회적 기술이 없다. 6. 기업의 기본적 목적을 약화시킨다. 7. 사회적 책임을 다해도 공공으로부터 지지를 얻지 못한다.

제3절
기업의 사회적 책임경영

기업활동의 주요 관심사가 주주의 이익만을 중시하였던 시대(제1경영시대)에서, 주주를 포함한 기업의 모든 이해관계자를 중시하였던 시대(제2경영시대)를 거쳐, 현대는 기업의 모든 이해관계자는 물론 자연과 환경을 보호하는 사회적 책임경영을 중시하는 시대(제3경영시대)가 되었다.

따라서 기업은 존속·발전을 위한 이윤을 추구하면서 여러 가지 사회적 책임을 수행해야 한다.

1. 사회공헌활동

기업의 사회적 책임은 갈수록 그 영역이 넓어지고 있는 추세이다. 과거에는 전혀 고려되지 않았던 내용이 최근에는 필수적으로 지켜야 하는 내용이 되기도 한다. 이는 기업의 사회적 역할에 대한 사회구성원들의 기대감이 높아지고 있기 때문이다.

최근에는 기업의 사회공헌활동이 기업의 경쟁력을 높이는 중요한 요소로 자리잡으면서 사회공헌활동을 전략적으로 접근하고 있는데, 사회공헌활동은 선택이 아니라 필수이며, 기업의 경쟁력과 이미지를 높일 수 있는 중요한 수단으로 활용되고 있다.

1) 사회공헌활동의 내용과 기대효과

기업의 사회적 책임에 대한 내용은 주주, 종업원, 소비자, 정부 등에 대한 책임이 주요 내용이었으나 최근에는 이러한 개념이 더욱 확대되어 사회공헌활동까지 포함하게 되었다.

사회공헌활동의 내용은 장학재단운영, 문화·예술의 활동 지원, 사회봉사활동, 봉사단체의 운영 및 지원, 장애인 지원, 소외계층의 지원, 소년소녀가장 돕기, 결식아동 돕기, 문화·복지·언론재단의 운영 등을 꼽을 수 있다.

기업의 사회공헌활동은 새로운 시대의 요구사항 중 하나이기 때문에 자선활동을 하는 단계를 넘어서 전략적이고 능동적으로 접근해야 한다. 따라서 사회공헌활동을 비용으로 인식해서는 안 되며, 투자의 개념으로 인식하여 경쟁력을 높일 수 있도록 해야 한다.

메세나

메세나(Mecenat)는 미국에서 1967년 기업이 예술인을 후원하는 후원회가 발족되면서부터 사용되기 시작한 용어인데, 문화 · 예술 등에 대해 지원하는 기업의 모든 활동을 말한다.

기업이 메세나 활동에 적극적인 이유는 회사의 이미지를 향상하기 위한 홍보전략으로 활용할 뿐만 아니라, 고급문화를 선도한다는 이미지가 기업의 아이덴티티(identity)를 유지하는데 도움이 되기 때문이다. 따라서 기업은 이러한 활동을 매우 의미 있는 장기적인 투자로 생각한다.

메세나의 예는 중세시대에서도 볼 수 있는데, 르네상스 시대에 메디치 가문(Medici family)이 레오나르도 다빈치(Leonardo da Vinci : 1452~1519)와 미켈란젤로(Michelangelo : 1475~1564) 등 많은 예술가와 학자를 후원하였다.

우리나라는 1994년에 사단법인 한국메세나협회가 발족되어 운영되고 있다.

한국메세나협회 Korea Mecenat Association

사회공헌활동으로 기대되는 효과는 다음과 같다. ① 기업의 사회적 신뢰도를 높여주며, ② 다른 경쟁기업들과 차별화를 시킬 수 있고, ③ 사회공헌활동으로 기업의 이미지가 향상되면 매출 증대를 기대할 수 있으며, ④ 사회적으로 기업 이미지가 좋은 기업에 근무한다는 자부심으로 구성원들의 사기가 높아질 수 있다.

2) 사회공헌활동의 방법

기업의 사회공헌활동은 당연하고 일반화되어 가고 있는데, 그 이유는 사회공헌활동을 통하여 기업의 모든 이해관계자와 소비자로부터 좋은 기업의 이미지를 구축할 수 있고, 신뢰를 얻을 수 있으며, 궁극적으로는 경쟁력을 높일 수 있기 때문이다.

기업이 사회공헌활동을 수행하는 방법은 다음과 같은 몇 가지가 있으며, 기업이 처한 상황을 고려하여 가장 유리한 방법을 이용하게 된다.

첫째, 기업이 사회공헌활동을 직접 지원하는 방법이다. 예를 들면 고아원, 양로원, 보육원 등 사회복지기관에 직접 기부하는 방법이다.

둘째, 여러 사회단체나 기관을 이용하여 간접적으로 사회공헌활동을 수행하는 방법이다. 예를 들면 사회공헌활동을 하는 봉사단체, 협회, 기관 등을 지원하는 방법이다.

셋째, 기업이 직접 사회공헌활동을 위한 재단을 설립한 후 기금을 재단에 출현하여 사회공헌활동을 수행하는 방법이다.

자본주의의 변천

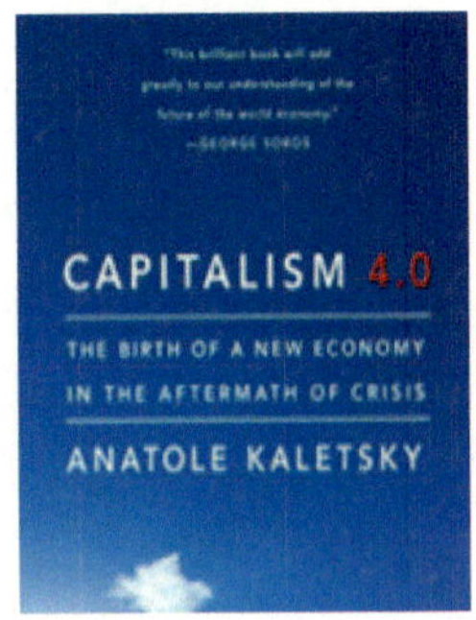

'자본주의 4.0(The Birth of a New Economy : 2010)'은 영국의 경제평론가 아나톨 칼레츠키(Anatole Kaletsky)가 자본주의의 발전과정을 18세기 후반부터의 실증적인 자료를 토대로 저술한 책이다. 이 책은 2008년 리먼 브라더스(Lehman Brothers)의 파산을 계기로 촉발된 세계적 금융위기 이후 자본주의의 새로운 패러다임인 자본주의 4.0시대가 도래하고 있다고 주장한 책이다.

칼레츠키는 자본주의의 발전과정을 다음과 같은 4단계로 구분하고 있다.

1단계는 시장의 중요성을 강조한 자유방임경제이고, 2단계는 정부역할이 강조되는 케인즈 경제학의 영향을 받은 시기로서 대공황 이후를 의미한다. 하지만 정부의 실패로 스태그플레이션(물가와 실업률 동반상승현상)이 발생하면서 다시 시장주의로 회귀하는 신자유주의를 자본주의 3단계라고 보았다. 그 후 자본주의 4단계가 도래하였는데 과거의 자본주의가 승자를 위한 사회를 표방하였다면, 자본주의 4.0시대는 공동체 의식 속에서 상생과 조화를 추구하는 '나눔과 배려의 따뜻한 자본주의'를 의미하는 개념으로, 정부와 시장의 관계가 적대적 관계가 아닌 협력과 이해의 관계로 인식되어야 한다고 주장하였다.

이와 같이 '자본주의 4.0'은 사회를 구성하는 모든 이해관계자들이 서로 독려하면서 동시에 책임을 강조하는 형태의 자본주의라고 할 수 있다. 즉 모두의 행복한 성장을 추구하는 것을 의미하고, 나눔과 책임을 다하는 기업인의 자세를 요구하는 것이기도 하다.

사회공헌활동의 인식변화

기업의 사회공헌활동은 시간이 흐르면서 인식이나 접근방법이 많이 변하고 있다.

과거에는 단순히 기업이 획득한 이윤의 일부로 행하는 착한 일, 기부, 협찬, 선행을 베푸는 일 등을 사회공헌활동이라고 생각하였다. 그러나 이러한 개념은 시간이 흐르면서 더욱 적극적인 방법으로 변하고 있다.

최근에는 기업이 사회를 위해서 꼭 해야 할 일이며, 하지 않으면 기업의 생존이 불가능하다는 관점으로 변하였다. 즉 단순히 사회공헌활동에 투자한 돈의 크기가 아니라 기업이 사회문제를 해결하며, 사회의 가치를 높이는데 진정성을 얼마나 가지고 있느냐를 중요하게 인식하게 되었다.

2. 공유가치창출

기업이 법과 질서 및 윤리를 준수하면서 모든 이해관계자의 요구를 충족시키면서 이윤을 추구하였고 동시에 사회적 책임(CSR : Corporate Social Responsibility)을 이행하였다면, 사회나 소비자는 좋은 기업이라고 인정하였다.

그러나 이러한 사회적 책임의 개념은 약간의 의문이 있을 수 있는데, 그 이유는 남에게 보여주기 위한 행동을 유발할 수 있으며 그 기준이 모호하고 진정성이 순수하지 않을 수도 있기 때문이다.

최근에는 공유가치창출(CSV : Creating Shared Value)의 개념이 강조되고 있는데, 이는 기업의 사회적 책임보다 더 진전된 의미이며, 기업 본연의 가치창출 활동과 사회적 책임이나 공헌 활동을 일체화시킨 개념이다. 즉 기업의 성장이 사회의 발전으로 이어질 수 있도록 기업의 사업구조를 혁신해 나가는 경영방식으로, 기업의 사회적 책임을 더 실질적으로 확장한 것으로 볼 수 있다.

예를 들면 기업의 모든 활동(원료 조달, 생산, 물류, 판매, 폐기 프로세스)에 사회적 가치를 창출할 수 있는 활동을 내재화시킴으로써, 기업의 이윤추구와 사회적 가치를 동시에 창출할 수 있도록 하는 것이다.

공유가치창출

공유가치창출(CSV : Creating Shared Value) : 단순한 기부나 후원을 넘어 기업이 사회적 가치와 경제적 이윤을 함께 창출하는 활동을 말하는데, 기업의 수익성, 사회 및 지역사회의 발전, 환경보호 등의 균형을 꾀하는 기업활동을 말한다.

기업의 사회적 책임(CSR)이 사회적 책임을 수행하기 위한 비용의 개념이라면 공유가치 창출은 사회 · 경제적 효율을 증가시키면서 경쟁력과 기업의 가치를 높일 수 있는 한 차원 높은 개념이다.

〈 공유가치창출의 예 〉

- 스타벅스(starbucks : 1971년 창업)는 공정무역 인증을 받은 최고급 원두만을 시가보다 높은 가격에 구입하고, 이를 통해 고객에게 "스타벅스 커피를 마시면 커피 농가와 공정무역을 후원하는 효과가 있다"고 홍보함으로써 브랜드 이미지를 높였다.

- 다국적기업인 스위스의 네슬레(Nestle : 1866년 창업)는 커피 재배 농가에게 커피의 재배 기술을 지속적으로 교육시킴으로써 커피 농가의 수익 증대는 물론 농촌지역의 개발에도 앞장서고 있다.
- 탐스슈즈(TOMS shoes : 2006년 창업)는 한 켤레의 신발이 팔릴 때마다 한 켤레를 기부하는 'one for one' 프로그램으로 신발이 필요한 아이들을 돕고 있다.
- 물류나 수송 전문회사가 트럭 기사에게 교통질서와 안전 운전을 위한 철저한 교육으로, 교통사고를 줄여 회사의 비용을 낮추고 교통질서를 잘 지키는 회사의 이미지를 얻을 수 있으며, 사회 전체적으로는 교통질서 확립이라는 사회적 가치를 창출한다.

공유가치창출 경영의 단계

기업의 사회적 책임을 더욱 진전시킨 공유가치창출 경영으로 지속가능한 성장을 하기 위해서는 다음과 같은 단계를 거치는 것이 필요하다.

첫째, 어떤 가치를 '누구'에게 제공할 것인가를 결정한다. 여기에서 누구의 대상은 내부고객, 협력회사, 외부고객, 지역사회, 국가와 인류 등 영역이 매우 넓다.

둘째, '공유가치의 내용'을 기업목표에 포함시킨다. 특히 이 과정에서는 공유가치의 내용을 모든 구성원들과 공유하는 것이 중요하다.

셋째, 기업이 보유한 '핵심역량'을 중심으로 전략에 포함시켜 구체화한다. 기존에 보유하고 있는 핵심역량을 활용할 수 있는 경우와 핵심역량을 보강하기 위한 새로운 투자가 필요한 경우도 있다.

넷째, '공유가치창출경영'을 시스템화하여야 한다. 지속적으로 공유가치창출 경영이 효과를 높이기 위해서는 장기적이고 체계적인 시스템화가 이루어져야 한다.

제8장 기업지배구조와 윤리경영

제1절
기업지배구조

1. 지배구조의 의의

기업지배구조(CGS : Corporate Governance System)란 경영자가 기업의 모든 이해관계자(주주, 채권자, 종업원 등)들에게 지켜야 할 의무사항이 제대로 지켜지고 있는지를 감독하는 시스템을 총칭하는 것으로, 기업경영에 직·간접적으로 관련 있는 모든 이해관계자들의 이해(利害 : interests)를 조정하고, 규율하는 제도적 장치를 말한다.

기업지배구조의 유래는 전문경영자가 주주를 무시하고 자신의 이익을 추구하는 것을 막기 위해 1980년대 미국에서 채택하기 시작하였는데, 대표적인 내용은 사외이사제도 도입, 소액주주 권한 강화, 감사 기능의 독립성, 회계제도의 투명성, 주주 권리의 강화, 금융감독체계 강화 등이다.

기업지배구조가 추구하는 목적은 경영진이 주주를 비롯하여 모든 이해관계자에게 지켜야 할 최선의 의무를 다하도록 견제하는 것이다.

모든 이해관계자와의 관계가 좋다는 표현은 기업의 지배구조가 좋다는 의미로 해석되기도 하는데, 투명한 기업지배구조는 경쟁력의 원천이 되고, 장기적으로 기업을 성장시키는 중요한 요소로 자리 잡아가고 있다.

2. 지배구조와 윤리경영

ESG경영 중 'G'에 해당되는 기업의 지배구조가 갈수록 강조되고 있으며, 이를 개선하고자 하는 기업의 노력이 과거 어느 때보다 활발하다.

지배구조를 개선하겠다는 의미는 기업활동과 관련 있는 모든 이해관계자와의 관계를 투명하고 윤리적으로 운영하며, 윤리경영을 바탕으로 법을 준수하고, 모든 의사결정을 공정하게 실천하겠다는 것이다.

따라서 지배구조는 윤리경영과 같이 접근해야 하며, 기업의 생존을 결정하게 되는 키워드(key word)라는 것을 명심해야 한다.

제2절 기업윤리와 윤리경영

1. 기업윤리

1) 기업윤리의 의의와 관점

사회가 기업에게 요구하는 여러 가지 요구 중 한 가지가 '모든 경영활동에 높은 윤리적 기준을 적용할 것과 공동의 선(善)을 위해 노력해 달라'는 것이다.

왜냐하면 기업이 오직 이윤추구와 성장만을 목표로 기업활동을 수행하면 많은 부작용이 사회에 전가되기 때문이다.

(1) 기업윤리의 의의

사회의 강한 요구에 기업이 부응하려면, 모든 의사결정의 기준이 윤리성에 바탕을 두는 윤리경영을 실천해야 하며, 기업윤리를 기업의 목적에 포함시켜야 하고, 윤리성을 강조하는 기업문화가 정착되도록 노력해야 한다.

그러나 윤리가 아무리 중요하다고 하더라도 윤리만을 강조할 수도 없고, 반대로 윤리를 무시하고 수익만을 강조할 수도 없는 것이 기업이다.

따라서 기업은 윤리적인 의사결정을 바탕으로 경제적 이익을 추구하면서, 모든 이해관계자들과의 거래에서 윤리를 우선하는 윤리경영을 실천해야 한다.

(2) 기업윤리의 정의

현대 사회는 갈수록 정의와 질서를 강조하기 때문에 기업활동도 고도의 윤리성에 바탕을 두는 윤리경영이 강조되고 있다. 이렇게 윤리성을 강조하는 이유는 정의 · 질서 · 도덕성을 의미하는 윤리성이 무너지면 사회의 투명성이 약해져 사회가 무질서해지기 때문이다.

따라서 기업의 모든 경영활동은 높은 수준의 윤리성에 바탕을 두고 실행되어야 한다.

그렇다면 갈수록 강조되는 기업윤리의 정의를 어떻게 규정해야 할까?

기업윤리란 조직 구성원이 윤리적인 규칙이나 규정을 실천하는 정도를 말하지만, 기업의 관점에서 윤리를 정의할 때는 정의가 더 다양하고 애매할 수 있다. 왜냐하면 기업이 추구하는 목표는 이윤추구인데, 이윤추구와 윤리경영 사이에는 상충관계(tradeoff)가 발생하기 때문이다.

따라서 기업활동을 수행하는 과정에서 발생하는 윤리적인 문제의 상충관계를 해결하기 위하여는 윤리경영의 분명한 원칙을 정하고, 그 원칙을 적용하여야 한다.

그러나 기업이 설정한 윤리기준에 모든 구성원이 동의한다는 것은 매우 어려운데, 이는 각자의 윤리기준이 다르기 때문이다. 이같이 각 구성원의 윤리기준과 기업의 윤리기준이 다른 경우에 개인은 큰 혼돈에 빠질 수 있다.

조직의 구성원은 조직의 규정을 따라야 하는 부담을 안고 근무하기 때문에 조직에서는 순수한 개인의 기준이 무시되는 경우가 있다. 기업에서는 기업윤리가 중요하지만 개인의 윤리도 존중되어야 하며, 개인의 윤리 수준이 높으면 기업의 윤리수준도 높아진다.

윤리의 상충관계

기업에게 더욱 중요하게 강조되는 윤리 문제는 대부분 상충관계로 고민하는 경우가 많다.

* 윤리적인 행동이 장기적으로는 이윤을 가져올 수 있으나 단기적으로는 비용이 발생할 수 있기 때문에 의사결정을 할 때 상충관계로 고민하게 된다.
* 망하는 회사를 살리기 위해 법적으로는 문제가 없으나 약간의 비윤리적인 의사결정을 하였을 때 법적인 관점과 윤리적인 관점의 상충관계가 발생한다.

개인의 윤리적 행동

기업의 윤리에 대하여 자주 거론하지만, 개인의 높은 윤리적 행동은 많은 사람으로부터 존경을 받는다.

미국의 39대 대통령인 지미 카터(James Earl Carter Jr. : 1924~)는 대통령 퇴임 후 50년 전에 지은 방 2개짜리 농장에서 생활하고, 대통령 경력을 경제적으로 이용하지 않겠다는 이유로 고액 강연이나 기업의 사외이사를 하지 않았으며, 죽어서도 농장에 묻히겠다고 결정하였다.

퇴임 후 그가 가장 열정적으로 하는 일은 저소득층을 위한 집짓기 운동, 저개발국가 봉사활동 등으로, 많은 사람의 존경을 받고 있다.

(3) 윤리적인 의사결정

기업이 윤리경영을 실천하기 위해서는 먼저 윤리적인 의사결정이 선행되어야 한다. 일반적으로 기업이 의사결정을 할 때는 자기이익모델(self interest model)을 이용한다. 그러나 기업은 개인의 소유물이 아니라 사회의 구성요소 중 하나이기 때문에 기업이 존속·발전하려면 사회이익모델(societal interest model)을 동시에 고려해야 한다.

자기이익모델과 사회이익모델

자기이익모델 : 자기이익모델이란 ① 기업의 이기적인 활동(이윤추구)이 가장 많은 사람에게 가장 큰 혜택을 주므로, ② 기업활동의 목표는 이익극대화이고, ③ 법과 규제의 범위 내에서 행동하되, ④ 능률적으로 기업의 목표를 달성해야 한다는 것이다.

사회이익모델 : 사회이익모델이란 ① 기업은 사회가 필요로 하는 제품이나 서비스를 제공해야 하며, ② 사회가 필요로 하는 가치를 창조하고 그것을 전달하는 것을 목표로 삼아야 하고, ③ 그 대가로 이익을 얻을 수 있게 되는 것이기 때문에, ④ 사회와 지속적인 우호관계가 유지되도록 노력해야 한다는 것이다. 그러나 기업은 경제적 조직이므로 정당한 수익은 사회이익모델에서도 필요하다고 본다.

지금까지의 내용을 바탕으로 기업윤리를 정의하면, '기업이 모든 의사결정을 수행할 때 가장 합리적인 윤리원칙을 적용하고, 윤리적인 기준을 바탕으로 무엇이 옳고 그른지, 무엇이 좋고 나쁜지를 분별하는 정도를 말한다. 따라서 윤리경영은 기업윤리의 정착이 선행되어야 한다.

기업이 윤리경영을 실천하기 위해서는 먼저 윤리적인 의사결정이 선행되어야 한다.'

도덕 · 윤리 · 기업윤리 · 윤리경영

도덕, 윤리, 기업윤리, 윤리경영의 개념을 구분 · 정리하면 다음과 같다.

- **도덕** : 사회에서 다른 사람과 함께 살아가기 위한 개인적 차원의 옳고 그름에 대한 기준
- **윤리** : 옳고 그름의 기준을 개인에 두는 것이 아니라 사회나 조직 전체를 고려하여 만들어진 도덕적 기준
- **기업윤리** : 기업의 구성원이 윤리적인 규칙을 지키는 정도를 말한다.
- **윤리경영** : 기업이 이익만을 추구하는 것이 아니라 국가, 사회, 이해관계자와 지켜야 할 윤리적인 규칙을 지키면서 기업을 경영하는 것을 말한다.

※ 기업윤리와 윤리경영의 수준이 높으면 소비자나 사회로부터 지속적인 신뢰를 얻을 수 있으며, 기업이 존재할 수 있는 기반이 된다. 윤리경영은 기업의 사회적 책임의 영역으로 구분할 수도 있는데, 기업이 사회적 책임을 성실하게 수행할수록 소비자와 사회는 그 기업이 계속 존속해 주기를 바란다. 따라서 기업의 목표를 순조롭게 달성할 수 있게 된다.

2) 기업윤리의 요구

전통적인 기업관에서는 윤리를 강조하면 이익의 크기가 작아진다고 믿었기 때문에 기업윤리를 강조하는 경영기법에 적극적으로 찬성하지 않았지만, 최근에는 윤리경영이 필수적인 요소이므로 매우 적극적이다. 오히려 갈수록 더 높은 수준의 기업윤리가 강조되고, 그 기준 또한 강화되어 가고 있다. 특히 가치관이 변하면서 윤리의 기준과 깊이가 고도화되어 가고 있다.

물론 기업이 윤리성을 강화하는 기업경영을 실천하면 단기적으로는 비용이 발생할 수도 있지만, 궁극적으로는 기업의 이미지가 높아져 사회로부터 존경을 받는 기업이 되기 때문에 기업의 매출액이나 수익성도 올라간다.

따라서 기업이 윤리경영을 실천하는데 소요되는 비용은 장기적으로 경쟁력을 유발하여 기업에게 이익을 가져다주는 투자의 개념으로 이해되어야 한다. [그림 8-1]은 기업이 윤리를 강조하는 경우, 이익증대로 이어지는 과정을 나타낸 것이다.

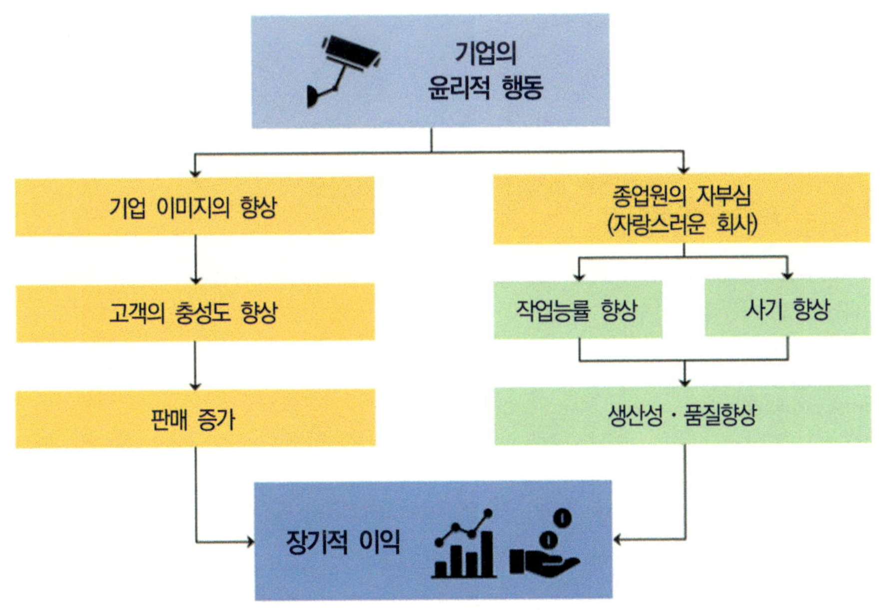

그림 8-1. 기업윤리와 기업이익

3) 기업윤리의 유형

기업윤리의 유형은 여러 가지 기준으로 구분할 수 있지만 크게 소극적인 유형과 적극적인 유형으로 나눌 수 있다.

- **소극적인 유형** : 조직이 기본적으로 지켜야 할 정도의 윤리 문제와 이해관계자와의 거래에서 사회적으로 비판받을 만한 비윤리적인 행위를 금지하는 정도의 소극적인 윤리 수준을 말한다. 예를 들면 연고(학연, 지연, 혈연 등)에 의한 채용금지 및 거래처 선정 금지, 부당한 이윤추구 금지, 탈세 · 탈법 등의 부당한 행위 금지, 과대광고 금지, 부정한 뇌물수수 금지 등이다.
- **적극적인 유형** : 모든 구성원이 지켜야 할 윤리적인 행동을 적극적으로 권장함은 물론 외부의 모든 이해관계자와의 거래에서 윤리적인 행동을 능동적으로 실천하는 윤리 수준을 말한다. 예를 들면 구성원들의 인격 존중 및 개인의 창의력과 능력 발휘 기회 부여, 종업원의 경영 참여 기회 확충, 윤리적인 행동의 솔선수범, 기업이익의 사회 환원, 지역사회 발전을 위한 지원, 소비자에게 양질의 제품을 공급, 적극적인 자연보호활동 등의 광범위한 윤리 행동을 포함한다.

4) 기업경영의 갈등과 윤리수준의 제고 방안

(1) 윤리경영의 갈등

현대 경영학에서 좋은 기업, 우량기업, 사회로부터 존경받는 기업을 평가하는 척도의 기준은 기업의 규모, 이익의 크기가 아니라 윤리경영의 실천 여부이다.

윤리경영을 실천하기 위한 기업의 윤리 수준은 구성원의 윤리 수준이 높았을 때 가능하다.

윤리경영을 실천하기 위해서는 윤리 문제의 갈등 요소를 제거해야 하는데, 갈등 문제는 기업이 추구하는 이윤획득과 각 구성원이 개인적으로 지키고 싶은 윤리 수준의 차이에서 주로 발생한다.

따라서 갈등을 최소화하기 위해서는 기업의 윤리 수준과 구성원의 윤리 수준을 일치시키는 것이 중요하며, 윤리적인 행동을 당당하게 실천하는 윤리문화가 정착되어야 한다.

윤리적인 갈등

어려운 창업 및 성장 과정을 거치면서 승승장구하던 기업이 윤리적으로 비판을 받으면서 쇠퇴하거나 망하는 경우를 종종 보게 된다. 윤리적으로 비판을 받는 유형은 여러 가지가 있지만, 금전, 청탁, 유혹으로부터 벗어나지 못하였거나, 개인 : 조직, 돈의 유혹 : 가치, 성과 : 원칙, 효율성 : 효과성 등의 갈등에서 윤리적이지 못한 의사결정을 하는 경우이다. 또한 아주 작고 사소한 규칙을 무시하거나 지키지 않아서 윤리적으로 돌이킬 수 없는 후회를 하는 경우도 많다.

① 윤리 문제의 전략적 접근

사회에서 요구하는 기업의 역할이 과거와 달라졌기 때문에 기업이 수행해야 할 의무 또한 달라졌다.

윤리경영이 성공하기 위해서는 윤리에 관한 정확한 기준을 정해야 구성원의 행동이나 의사결정에 혼란이 없다. 따라서 윤리 문제를 반드시 지켜야 할 전략적인 문제로 접근해야 한다.

만약 기업이 윤리경영에 관한 확실한 기준과 방법을 설정하지 않으면, 오히려 윤리경영의 갈등 문제는 더 심각해질 수 있다. 예를 들면 엄청난 이익을 발생시킬 수 있는 의사결정이 윤리 문제로 실행되지 못하는 경우가 생길 수 있다.

윤리성의 결여

일본 브릿지스톤(Bridgestone)의 미국 현지법인인 파이어스톤(Firestone)은 1990년대 초부터 포드에 「익스플로러용 타이어를 공급해 왔다.

문제가 발생된 원인은 '주행 시 트래드(tread : 타이어가 노면에 닿는 부분)가 떨어져 나가는 결함'으로 미국을 비롯한 세계 각지에서 전복사고를 일으킨 데서 시작되었다.

2000년 8월까지 미국에서만 88명이 사망하고 약 250명의 부상자가 발생하였음에도 불구하고, 브릿지스톤은 이러한 사실을 은폐하는데 급급하였다.

결국 미국에서 650만대를 리콜하였으며, 2001년 미국교통안전국에서는 전 세계 자동차를 리콜시켰다.

포드자동차 회사도 이런 타이어의 결함을 알면서 숨겨왔다는 의혹이 제기되면서, 주가와 신용이 폭락하는 등 톡톡한 대가를 지불하였다.

존슨앤존슨의 타이레놀 사건

1982년에 있었던 타이레놀 사건은 전 세계를 놀라게 했다. 타이레놀에 청산가리를 투입해 7명이 사망한 사건이었으며, 그 여파로 타이레놀의 시장점유율이 37%에서 7%로 추락하였다.

존슨앤존스(Jonson & Jonson)는 수사가 진행 중임에도 제조 과정에 관한 모든 정보를 공개하고, 유통 중인 타이레놀을 리콜하였다. 또한 1억 달러의 광고비를 투입해, '원인이 규명될 때까지 타이레놀을 복용하지 말라'는 광고를 했다.

수사 결과, 타이레놀의 실수나 결함 때문이 아니라 정신병자인 제3자가 독극물을 투입한 것으로 밝혀졌다. 이러한 수사 결과의 발표와 함께 존슨앤존슨이 문제에 대응하는 과정을 지켜 본 소비자들은 존슨앤존슨을 더욱 신뢰하게 되었으며, 그 결과 더욱 신뢰하는 브랜드 이미지를 갖게 되었고, 시장점유율은 곧바로 예전의 수준으로 회복되었다.

② 개인 의사의 존중

기업의 모든 구성원이 행하는 행동은 기업의 대리인 성격을 띠게 되는데, 구성원의 개인적인 윤리기준이 회사의 윤리기준과 차이가 있을 때는 심리적으로 큰 갈등에 직면하게 된다.

이러한 갈등을 제거하기 위해서는 기업이 추구하는 윤리적인 행동이 사회와 기업 및 모든 구성원들에게 도움을 주고 있다는 것을 알림으로써 구성원의 갈등을 제거해 주어야 한다.

또한 기업 구성원으로서 기업활동에 참여하는 개인이 업무와 관련된 내용이 윤리적이지 못하면 이를 스스로 거부할 수 있도록 해야 한다.

③ 기업의 손실

기업이 윤리경영을 실천하지 않으면 경영자 개인은 물론 기업도 커다란 손실을 입게 된다. 즉 비윤리적인 행동은 회사의 이미지와 신용도가 낮아져 소비자로부터 외면을 당하게 되며, 종업원의 사기가 낮아지고, 그 결과 회사에 불만이 커지고, 근무 의욕이 떨어져 생산성의 저하를 가져온다. 결과적으로 기업의 수익에 악영향을 미치게 될 수밖에 없다.

애플의 도덕적 해이

애플은 2017년 12월 신제품의 구매를 유도하기 위해 출시한 지 오래된 제품의 성능을 고의로 떨어뜨렸다는 의혹(일명 배터리 게이트)에 대하여, 2014~2016년에 출시한 아이폰(아이폰7, 아이폰6, 아이폰6S, 아이폰SE)의 작동속도를 사용자 몰래 일부러 떨어뜨렸다고 공식 시인했다.

스마트폰 배터리를 1~2년 사용하면 100% 충전을 해도 출력과 용량이 줄어들기 때문에 고객들은 배터리를 추가로 구매하거나 새 제품을 사게 된다. 애플은 운영체제 업데이트라는 명목하에 스마트폰의 두뇌 격인 AP(Application Processor : 스마트폰의 중앙처리장치)의 작동 속도가 낮아지도록 조작하였는데, 이렇게 AP의 속도를 낮추면 앱 실행이 늦어지고 성능이 저하된다.

문제가 된 소프트웨어 업데이트를 설치하면 일정한 환경에서 성능 저하가 일어난다는 사실을 잘 알면서도 배터리 결함 은폐, 고객 이탈 방지, 후속 모델 판매촉진 등을 위해 숨겼다는 것이다.

아이폰의 사용자들은 고객이 사용하는 기기의 성능을 떨어뜨리고 이를 숨긴 문제에 대하여, 애플에 대한 믿음과 충성심이 손상되었다고 지적하였다. 이는 2017년 삼성전자가 갤럭시 노트7의 발화사건이 터지자 제품 생산을 중단하고 철저히 조사한 후 결과를 공개한 것과 비교된다고 하였다.

터널링

터널링(tunneling) : 내부거래를 이용하여 기업의 자원이나 이익을 빼돌리는 것을 말한다. 예를 들면 S그룹은 총수 일가가 전액 투자한 계열사(컴퓨터 통합시스템, 사내급식 등)에게 수의계약을 통하여 모든 일감을 몰아주어 엄청난 이익을 거둘 수 있었으며, 그 계열사를 주식시장에 상장시켜 높은 주가를 형성하게 하여 주가상승으로 인한 이익까지도 챙긴다. H그룹도 그룹의 총수 일가가 투자한 운송회사에게 그룹의 모든 수송을 맡겨 이익을 챙긴 후 주식시장에 상장시키고 엄청난 이익을 총수 일가가 가져간다.

이러한 예는 윤리경영이나 투명경영을 강조하는 가치관과 거리가 있는 부당한 거래라고 볼 수 있다.

(2) 기업윤리 수준의 제고 방안

기업이 높은 윤리 수준으로 윤리경영을 실천하기 위해서는 다음과 같은 내용이 선행되어야 한다.

또한 윤리경영을 제도적으로 실행할 수 있도록 시스템화하는 것이 중요하며, 윤리의 중요성을 모든 구성원에게 전파시키기 위해 윤리전문교육기관의 윤리교육과 훈련을 활용하는 것도 중요한 방법이다.

① 최고경영자의 의지

기업윤리는 최고경영자의 경영철학과 실천하고자 하는 의지가 매우 중요하다. 왜냐하면 최고경영자는 윤리규정을 제정하고, 시행 방법을 제시하고, 윤리경영이 정착될 수 있도록 조직환경과 기업문화를 조성하고 정착시킬 수 있기 때문이다. 또한 기업의 전 구성원이 윤리적인 행동에 대한 의지와 자부심을 갖게 할 수 있기 때문이다.

따라서 최고경영자는 윤리경영에 대한 투철한 철학과 의지를 갖고 있어야 하며, 모든 구성원에게 윤리적으로 모범이 되어야 한다.

② 윤리의 제도화

윤리의 제도화란 기업 구성원의 모든 행동에 윤리적 기준을 적용할 수 있도록 조직을 시스템화하는 것을 의미하는데, ① 윤리경영지침 설정, ② 윤리경영을 수행할 수 있는 공식기구(예를 들면 윤리위원회) 설립, ③ 윤리 관련 프로그램을 체계적으로 운영하는 것 등이다.

윤리를 제도화하기 위해서는 윤리에 관한 미션 수립(mission building)을 통하여 윤리에 관한 기준과 지침을 확실하고 객관적으로 제정할 필요가 있으며, 부서와 개인의 성과를 평가할 때 윤리의 실천 여부를 포함하는 것이 중요하다.

③ 윤리문화의 정착을 위한 교육과 훈련

윤리경영이 성공하기 위해서는 모든 구성원에게 윤리에 관한 교육·훈련을 꾸준히 실시하여 윤리문화가 정착되도록 해야 한다. 교육을 통하여 윤리경영이 필요한 이유를 체계적으로 이해시키고, 모든 의사결정은 윤리적인 문제를 고려하도록 철저하게 훈련시켜야 한다.

윤리에 관한 교육·훈련 방법은 윤리 수준을 높일 수 있는 사례(case study)를 이용하는 방법이 가장 많이 이용되고 있다.

선진국에서는 모든 교육기관과 회사에서 윤리에 관한 교육 프로그램을 운영하고 있으며, 사회에서 필요로 하는 윤리의 중요성을 강조하고 있다.

조직의 윤리 수준을 높이려면!

조직이나 기업의 윤리 수준을 높이려면 가장 먼저 모든 구성원의 개인적인 윤리 수준을 높여 나가야 한다. 이를 위해서는 평소 철저한 윤리 교육을 통하여 구성원 스스로 높은 윤리성을 가지고 있도록 하는 것이 중요하다.

또한 윤리경영이 갈수록 강조되고 있는 시대적인 흐름에서, 윤리경영이 경쟁력의 원천이 될 수 있도록 전략적으로 추진해야 하며, 조직이나 기업의 모든 구성원이나 이해관계자를 생각하는 윤리경영이 기업문화로 자리잡아야 한다.

2. 윤리경영

앞에서 설명한 기업윤리가 잘 정착되면 기업이 윤리경영을 실천하는 것은 매우 수월하다. 왜냐하면 윤리경영을 위한 기업의 토양이 잘 정비되었기 때문이다.

그러나 기업이 윤리경영을 실천해야 한다는 사실에 대해서는 인정하지만 "과연 윤리경영의 범위는 어디까지인가?"하는 문제는 계속 논쟁거리로 남아 있는데, 윤리경영의 범위는 기업의 자발적인 의사와 이윤극대화라는 두 가지 조건을 충족시키는 접점이 되어야 한다.

1) 윤리경영이 강조되는 이유

기업이 수준 높은 윤리경영을 실천하면, 사회로부터 신뢰를 받을 수 있으며, 윤리성을 강조하는 기업문화가 정착되어 기업이미지도 향상되고, 구성원들의 사기와 자부심이 높아지기 때문에 궁극적으로 기업의 경쟁력이 높아진다.

윤리경영이 정착되기 위해서는 윤리강령(COC : Code of Conduct)을 선포하여, 모든 구성원이 전사적으로 윤리경영에 동참하도록 유도하는 것이 효과가 있다.

기업의 윤리경영이 중요하게 대두되는 이유는 다음과 같다.

첫째, 기업의 모든 활동이 윤리성을 바탕으로 이루어지면 기업의 이미지가 좋아지기 때문에 장기적으로 기업의 성장과 발전에 도움을 준다.

둘째, 기업활동의 높은 윤리성은 기업의 이해관계자 집단에게 미치는 영향이 직·간접적으로 매우 크며, 궁극적으로 기업의 경쟁력을 높이는 중요한 수단이다.

셋째, 사회나 소비자의 의식 수준과 가치관이 변함에 따라 기업에게 요구하는 윤리성의 수준도 높아지고 있다.

넷째, 기업의 비윤리적인 행동은 기업경영을 비효율적으로 만들며, 이에 따라 발생하는 사회적 비용의 규모가 갈수록 커지고 있다.

도덕성의 결여

* 지난 2013년에는 한국의 무더운 여름 때문에 온 국민이 고생을 유난히 많이 했다. 고생을 한 이유는 전기부족 때문이었는데, 신고리 원전1,2 호기와 신월성 원전 1,2호기 가동중단이 한몫을 하였다. 그런데 가동의 중단 이유가 원전에 들어간 부품(제어 케이블)과 관련되어 불량품 납품, 뇌물수수, 시험 성적서 위조 등의 비리가 있었음이 밝혀졌다.
  원자력 발전소의 심각성이 전 세계적으로 갈수록 커지는 상황에서 원전 비리 사건은 국내는 물론 외국에까지 한국의 도덕적 해이를 보여준 창피한 사건이었다.

* 1913년에 설립한 아더 앤더슨(Arthur Andersen)은 미국의 대표적인 다국적 컨설팅 전문회사였으나, 한순간에 도산되었다.
  아더 앤더슨이 망하기 직전(2001년) 회사의 규모는 전 세계 84개국의 385개 지사에서 85,000여명의 직원이 근무하였으며, 매출은 93억 달러의 대단한 회사였다.
  이러한 거대 회사가 도산한 이유는 미국의 엔론(ENRON)사의 회계감사를 하는 과정에 4년간 분식회계를 하였다는 사실이 **내부고발자**에 의해 밝혀지면서 2001년 말에 파산하였다.

* 최근에도 세계적인 기업들이 윤리성 결여나 상실로 기업의 이미지가 실추되는 어려움을 겪고 있는데, 이러한 사건들은 사회적으로도 큰 충격을 주고 있다.

유키지루시(雪印)

수입 쇠고기를 일본산으로 속여 팔려고 했던 일본 유키지루시(雪印)식품이 2002년 문을 닫았다. 유키지루시는 일본 햄과 소시지 시장의 86%를 점유했던 일본 최대의 식품회사였으나, 2001년 10~11월에 걸쳐 호주산 쇠고기 13.8톤을 포장하여 일본산 쇠고기로 팔려고 했다는 사실이 알려지면서 불과 한 달 만에 문을 닫았다.

유키지루시는 그 당시 유행하였던 광우병 소동 이후 정부가 수입산 쇠고기를 사들여 처분하기로 하자, 안 팔리는 수입 쇠고기를 일본산으로 둔갑시킨 후 비싼 값에 팔아넘기려 했다. 이 사건 이후 소비자들은 철저히 유키지루시를 외면했고 슈퍼마켓 등에서 유키지루시 식품은 자취를 감추었다.

윤리성을 외면한 기업에 대한 소비자의 반응을 보여 준 한 예이다.

2) 윤리경영의 전제와 실천

(1) 윤리경영의 전제

최근에는 ESG경영이 강조되면서 지배구조의 개선을 통한 윤리경영이 빠르게 확산되고 있는데, 지배구조 개선을 통하여 법을 준수하고, 특히 윤리성을 강조하는 기업활동을 행하는 것이 윤리경영이다. 이는 모든 이해관계자와의 거래에서 공정 · 투명 · 정직을 강조하는 윤리경영 · 정도경영을 의미하는 것이기도 하다.

이를 위해서는 먼저 의사결정의 투명성을 유지할 수 있는 건전한 지배구조를 구축하는 것이 시작점이며, 기업의 생존을 결정짓는 중요한 요소 중 하나이다.

이 같은 투명한 지배구조는 투자를 유인하는 수단으로도 매우 중요한데, 이는 사회적 책임투자의 개념이 빠르게 증가하고 있기 때문이다.

윤리경영을 성공적으로 실천하기 위해서는 다음과 같은 몇 가지 전제가 필요하다.

첫째, 윤리경영을 위한 경영자의 투철한 철학이 있어야 한다.

둘째, 투명한 지배구조를 갖추어야 한다.

셋째, 윤리를 강조하는 기업문화가 정착되어야 한다.

넷째, 경영 성과의 측정 기준이 재무적인 요소 이외에도 비재무적 요소 (non-financial information)를 중시하도록 전환되어야 한다.

ESG경영과 사회적 책임투자

최근 사회에서 기업에게 요구하는 환경 보호, 사회적 책임, 건전한 기업지배구조 등의 개념이 빠르게 확산되고 있는데, 이러한 내용을 **ESG**(Environment · Social · Governance)**경영**이라고 하며, ESG경영은 가장 중요한 기업 경쟁력의 기준으로 자리잡아가고 있다.

비재무적인 요소를 강조하는 ESG경영의 성실한 수행의 결과가 재무적 성과로 이어지고 있다는 것이 밝혀지면서 ESG경영을 성실하게 수행하는 기업에 투자하는 **사회적 책임투자(SRI** : Socially Responsible Investment**)**를 유인하는 수단으로 이어지고 있다. 따라서 기업이 지속적으로 성장을 하기 위해서는 ESG경영의 효과를 극대화하여 기업의 가치를 높여야 한다.

(2) 윤리경영의 실천

기업은 사회를 구성하는 중요한 요소 중 하나이기 때문에 기업이 윤리경영을 성실하게 실천하는 것은 사회적 책임의 당연한 의무이다.

그러나 기업이 윤리경영을 실천하는 것은 생각보다 쉽지 않다. 왜냐하면 기업이 추구하는 목표와 기업이 설정한 윤리 수준에 따라 달라지는 것이며, 윤리경영을 실천하는 방향 · 영역 · 깊이가 다양하고, 과학적인 기준이 없기 때문이다.

그러나 일반적으로 기업이 윤리경영을 실천하기 위해서는 다음과 같은 내용들이 갖추어지도록 노력해야 한다.

- 윤리헌장이나 윤리강령을 규정하고 이를 전략적으로 추진하며,
- 모든 경영활동의 투명성을 보장하여 윤리경영을 지원하고,
- 구성원의 윤리 의식을 높이기 위한 윤리 실천을 서약하며 ,
- 윤리문화를 강조하는 기업문화를 조성하고,
- 윤리적인 업무 능력을 인사고과에 포함시키며,
- 자사의 윤리경영 실천은 물론 협력사나 거래사를 선정할 때도 윤리적인 기준을 고려하는 윤리적 협업의 노력을 실천하고,

- 법과 규정의 철저한 준수로 부패를 방지하도록 독려하며,
- 윤리 역량을 강화하기 위한 교육을 정기적으로 실시하는 것 등이다.

기업책임경영

기업책임경영(RBC : Responsible Business Conduct) : 기업이 경영활동을 수행하는 과정에서 사회적으로 발생할 수 있는 부정적인 행동과 영향을 분석·점검하여 사전에 예방하고자 하는 것으로, 법적·규범적 사항을 자발적으로 준수하고 이행하는 것이다.

이는 기업의 사회적 책임과 도덕·윤리성을 결합한 광범위한 개념으로 기업에 대한 사회적 윤리성을 높여 지속가능경영을 가능하게 하는 강제성이 없는 민간주도의 기법이다.

예를 들면 인권보호, 환경보호, 뇌물수수방지, 우호적인 노사관계, 소비자 이익, 투자자 보호, 정보공개 등의 광범위한 내용을 스스로 준수하는 것이다.

유한양행의 창업자 유일한 박사

유한양행

우리나라 기업의 사회적 책임이나 윤리경영을 논할 때, 유한양행(1926년 창업)의 창업자 유일한(1895~1971) 박사를 빼놓을 수 없다. 유한양행은 윤리경영, 성실 납세, 이윤의 사회 환원을 대표하는 기업이다.

창업자 유일한의 경영철학을 엿볼 수 있는 몇 가지 주요 어록(語錄)은 다음과 같다.

- 기업의 생명은 신용이다.
- 기업에서 얻은 이익은 그 기업을 키워 준 사회에 환원되어야 한다.
- 기업은 개인의 것이 아니며, 사회와 종업원의 것이다.
- 기업에 종사하는 모든 사람은 하나의 공동체이다.
- 정당하게 세금을 내야 하며, 탈세해서는 안 된다.

그가 실천한 대표적인 경영방침이나 제도는, 우리나라 최초로 1939년에 종업원지주제도를 도입하였으며, 자식을 비롯한 모든 친인척을 경영에서 배제시켰으며, 1969년에 전문경영인에게 경영권을 넘겼고, 생전에 자신의 주식 55%를 교육·장학·사회사업 등에 기증하였으며, 남은 재산도 사후에 사회에 기증하였다.

제 4 부
경영관리

기업의 경영활동은 경영계획, 경영조직, 경영지휘, 경영통제의 관리과정(management cycle)을 반복하면서 이루어지는데, 이러한 관리과정이 합리적·체계적·능률적으로 이루어질 때 기업의 목표가 순조롭게 달성될 수 있다.

관리과정이란 모든 구성원이 기업의 목표를 달성하기 위해 계획을 수립하고, 계획을 수행하기 위한 조직을 구성하고, 구성원을 지휘하며, 통제하는 활동이라 할 수 있다.

관리과정은 아래의 [그림 1]과 같이 PDS 방식과 POC 방식으로 구분되는데, 이러한 관리과정은 기업의 모든 계층과 부문에서 이루어지게 된다.

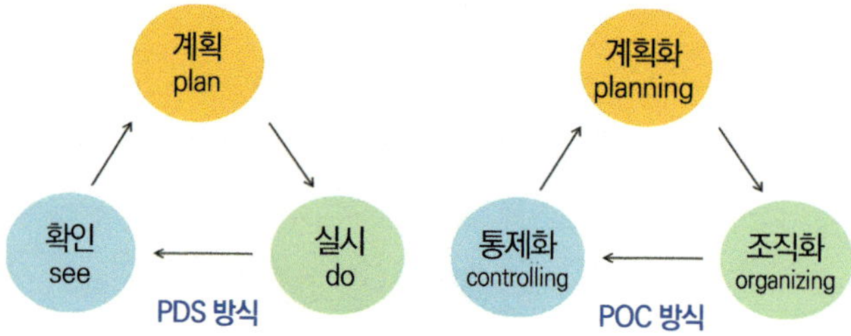

[그림 1] 관리과정(management cycle)

- **PDS 관리과정** : PDS란, 관리과정이 계획 → 실시 → 확인의 세 가지 단계로 이루어지는데, 집행이 가능한 계획을 수립하는 "plan", 수립된 계획을 집행하는 "do", 집행한 결과를 계획과 비교하고 확인하는 "see" 과정을 의미한다.
- **POC 관리과정** : POC란, 관리과정이 계획화 → 조직화 → 통제화하는 과정으로 이루어지는데, 집행이 가능한 계획을 수립하는 "planning", 수립된 계획을 집행하기 위하여 자원을 조직하는 "organizing", 계획대로 집행되었는지를 확인하는 "controlling" 과정을 의미한다.

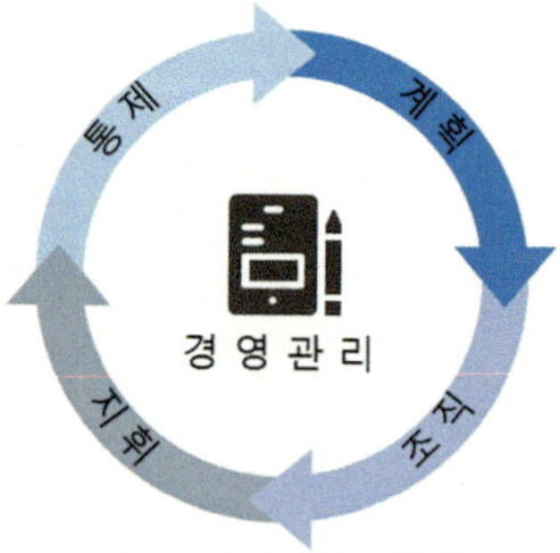

[그림 2] 경영관리과정

이 책에서는 경영관리과정을 [그림 2]와 같이 계획·조직·지휘·통제 등 네 가지로 설명하였다. 기업은 경영자원을 가장 효율적으로 사용할 수 있는 순환과정을 거치면서 기업의 목표를 달성한다.

제9장 경영계획

제1절
경영계획의 의의와 속성

1. 경영계획의 의의

계획(plan)은 목표를 달성하기 위한 여러 대안으로부터 미래의 행동규칙이나 실행과정을 설정하는 것으로, 언제, 어디서, 어떻게, 어떤 경영활동을 해야 하는지를 정하는 것이다. 좀 더 구체적으로 표현하면 경영계획은 기업의 전반적인 목표의 설정, 기업활동의 장기 · 중기 · 단기계획을 결정하는 것으로 경영관리과정(계획 → 조직 → 지휘 → 통제)의 시작이며, 모든 경영활동 및 결과에 영향을 미친다.

계획은 현재를 미래와 연결해 주는 역할을 하기 때문에 항상 성공 확률에 대한 의문이 제기되는데, 계획이 아무리 잘 수립되었다 하더라도 미래의 불확실한 경영환경을 정확하게 예측하는 것은 거의 불가능하기 때문에 계획에는 항상 불확실성이 존재한다는 것을 전제해야 한다.

이러한 계획의 불확실성은 대내 · 대외 경영환경분석을 철저히 하더라도 예상하지 못했던 돌발상황이 발생하기 때문이다. 특히 요즘과 같이 기술의 발전 속도가 빠르고, 기술의 융복합이 강조되며, 기술의 영역이 무너지고 있는 경영환경에서는 미래를 예측하기가 더욱 어렵다.

따라서 실행 가능성과 확실성이 높은 계획을 수립하기 위해서는 기업을 둘러싸고 있는 경영환경분석을 더욱 치밀하게 해야 함은 물론 계획이 가지고 있는 속성, 원칙, 단계, 유형을 잘 이해하는 것이 중요하다.

2. 경영계획의 속성

경영관리는 크게 나누어 계획화(planning), 조직화(organizing), 지휘(directing), 통제(controlling)의 순환과정을 거치는데, 계획기능은 기업의 경영목적을 위해 집행되는 지침인 기본목표, 방침 등을 규정하는 것이다.

계획기능은 관리과정의 출발점으로서, 불확실한 경영환경에 적응할 수 있는 여러 가지 방법을 구축하는 과정이며, 통제의 기준이 된다.

일반적으로 계획은 다음과 같은 속성을 가지고 있다.

① 기업이 나아갈 방향을 제시하기 때문에 구성원의 목표의식이 분명해진다.
② 각 부문이 실행해야 할 업무를 제시해 주기 때문에 목표달성을 위한 일관성을 유지할 수 있다.
③ 불확실한 미래 상황의 대처 능력을 높일 수 있다.
④ 최소의 비용으로 최대의 효과를 얻게 하는 경제성 원칙을 관철할 수 있도록 한다.
⑤ 통제의 기준을 제공한다.

제2절

경영계획의 유형

경영계획의 유형은 [그림 9-1]과 같이 여러 가지 기준으로 구분할 수 있는데, 일반적으로 기간에 따른 기준으로 장기계획(long-range plan), 중기계획(middle-range plan), 단기계획(short-range plan)으로 구분하며, 범위를 기준으로 전략적 계획(strategic plan), 전술적 계획(tactical plan), 운영 계획(operating plan)으로 구분할 수 있다.

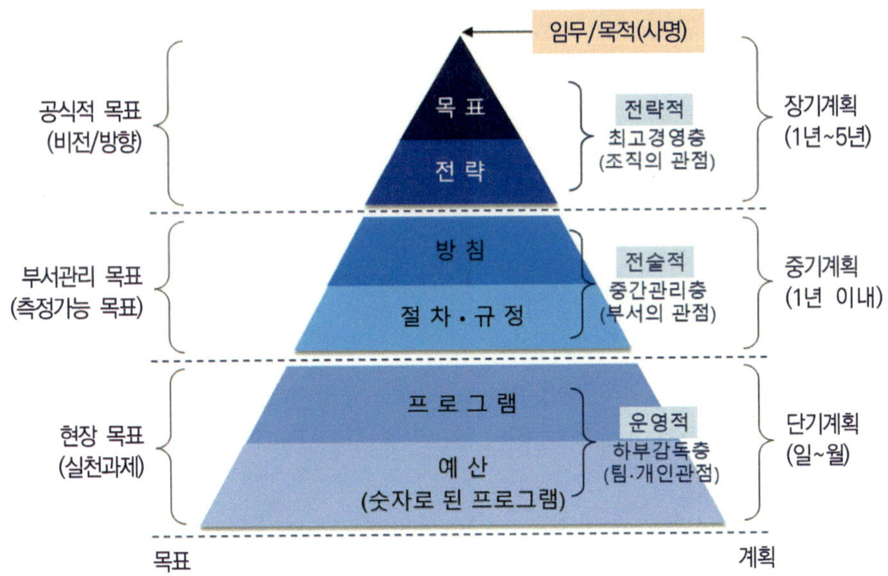

그림 9-1. 계획의 계층

계획과 관련된 용어의 정리

일반적으로 계획과 관련되어 자주 사용되는 용어는 다음과 같은데, 이들 용어를 정확하게 구분하기 어려운 경우가 많지만 다음과 같은 약간의 의미상의 차이가 있다.

- **목적 · 사명(purpose or missions)** : 기업의 존재 이유나 사명을 의미하며, 궁극적으로 기업이 나아갈 방향을 뜻한다.
- **목표(objectives)** : 조직활동이 지향하는 것으로, 계획을 수행하기 위한 조직, 지휘, 통제의 목적을 말한다.
- **전략(strategy)** : 포괄적인 목표를 달성하기 위해 기업이 보유하고 있는 자원의 최적 안배를 말하는 것으로, 방침의 목표가 된다.
- **방침(policy)** : 의사결정을 하는 지침으로 정책이라고도 한다. 이는 의사결정이 목표에 일관성 있게 기여할 수 있도록 해준다.
- **절차(procedure)** : 특정 활동을 수행하는 지침이나 방법을 말한다.
- **규칙 · 규정(rule)** : 특정 활동의 구체적인 수행 방법이나 기준을 제시해 준다. 예를 들면 해야 할 행동과 해서는 안 되는 일을 명시한다.

1. 기간에 따른 구분

경영계획을 기간에 따라 장기 · 중기 · 단기계획으로 구분하는데, 장기계획은 조직의 상위계층에서, 단기계획은 하위계층에서 수립한다.

- **장기계획** : 장기계획(long-range plan)은 5년 이상의 기간을 대상으로 하는 계획을 말하며, 주로 최고경영층이 수립하는 계획이다. 예를 들면 신규사업의 진출과 철수, 신제품 개발, 해외 공장의 신설 등의 계획 등이다.
- **중기계획** : 중기계획(middle-range plan)은 장기계획과 단기계획의 중간에 해당되는 계획으로, 장기와 단기계획의 교량적인 역할을 하는 성격을 띠고 있으며, 주로 중간관리층에서 수립하는 계획이다.
- **단기계획** : 단기계획(short-range plan)은 보통 1년 이하의 기간을 대상으로 하는 계획으로, 주로 하위관리자의 반복적인 계획이다.

2. 경영계층에 따른 구분

계획을 경영계층에 따라 전략적 계획과 전술적 계획으로 구분한다.

- **전략적 계획** : 전략적 계획(strategic plan)은 최고경영층에 의하여 수립되는데, 기업이 나아갈 방향을 설정하는 것으로, 어느 산업이나 업종으로 진출할 것인가?, 경쟁에 어떻게 대처할 것인가? 궁극적으로 달성해야 할 목표는 무엇인가? 등에 관한 내용이 된다.
- **전술적 계획** : 전술적 계획(tactical plan)은 주로 중간관리층 이하에서 수립하는 계획인데, 전략적 계획을 달성하기 위한 수단이나 방법에 관한 계획이다.
- **운영 계획** : 운영 계획(operating plan)은 전략적 및 전술적 계획을 구체적으로 실천하는 방법의 계획으로, 자원의 능률적인 활용 방법이 주요 내용이다.

제3절
경영계획의 수립단계와 원칙

1. 경영계획의 수립단계

경영계획을 수립할 때는 다음과 같은 과정을 거친다.

① 기업의 외부환경을 분석한다.

기업활동에 영향을 미치는 외부환경을 분석하는 단계이다. 외부환경 분석은 기업활동에 영향을 미치는 경제적 · 사회적 · 문화적 · 법률적 · 정치적 환경 등을 분석하여, 사업의 기회요인과 위협요인을 파악하는 것이다.

② 기업의 내부환경 요소를 분석한다.

기업이 보유하고 있는 모든 인적·물적 자원을 분석하여 가장 우월하고 차별적인 경쟁력을 발휘할 수 있는 강점과 경쟁사에 비하여 약한 약점을 분석하는 것이다. 외부환경분석의 결과로 얻은 기회요인을 기업의 강점과 결합하는 계획으로 경쟁력을 발휘하도록 해야 한다.

③ 목표를 설정한다.

기업환경변화에 대한 예측과 분석의 결과를 토대로 기업이 추구해야 할 계획의 목표가 무엇인지를 설정한다.

기업의 모든 자원을 활용하여 미래지향적인 기업의 목표를 구체적으로 확정하는 것이다.

④ 목표의 달성을 위한 부분계획을 수립한다.

앞의 단계에서 결정된 장기목표를 달성하는 모든 부문계획을 수립하는 것으로, 각 부문의 능률(efficiency)이 전체의 유효성(effectiveness)을 극대화할 수 있도록 수립해야 한다.

⑤ 대체안을 분석한 후 최적해를 결정한다.

이 단계는 실행 가능한 모든 대체안(alternatives)의 평가·분석단계를 거쳐 최적해(optimal solution)를 결정하는 것으로, 최종 의사결정을 하는 단계이다. 즉 이 단계는 계획이 구체적으로 확정되는 단계라고 할 수 있다.

일반적으로 최적해는 하나를 선택하지만, 상황의 변동에 대비하는 차선책(plan B)을 항상 준비할 필요가 있다.

⑥ 모든 계획의 예산을 편성한다.

결정된 최적해의 목표 달성에 필요한 예산을 편성하는 단계이다. 예산은 전체적인 종합예산과 각 부문별 독립예산으로 편성한다.

모든 계획이 예산으로 계량화되었을 때 계획의 경제성·타당성을 분석할 수 있으며, 계획의 실행 가능성을 높일 수 있다.

⑦ 계획의 실행과 결과를 평가한다.

계획이 의도하는 대로 수행되고 있는지를 평가하는 단계이다. 만약 계획과 다르게 실행되는 경우에는 수정할 수 있는 유연성이 있어야 하며, 평가 결과는 다음 계획을 수립할 때 반영되어야 한다.

주가드 경영과 스캣 경영

계획의 수립과 실행에는 항상 돌발적이고 예측할 수 없는 변수들이 많이 발생한다. 특히 요즘과 같이 경영환경이 급변하고, 한치 앞도 예측할 수 없는 경영환경에서는 체계적인 절차로 계획수립을 하기가 쉽지 않다. 이러한 상황에서 많이 사용하는 방법이 주가드와 스캣 경영방식인데, 두 가지 방식 모두 과거의 경험이 중요하다.

- **주가드 경영**(jugaad management) : 빠른 의사결정이 필요할 때 사용하는 방식이다. 주변 환경이 복잡하고 불확실하여 예측하기 힘든 상황에서, 체계적인 과정을 거치기보다는 임기응변을 발휘하여 문제를 해결하는 방법이다.
- **스캣 경영**(scat management) : 계획의 수립과 실행이 동시에 이루어지는 창의적인 방식으로, 예측의 정확도를 높이는데 주력하기 보다는 순간 판단력, 순발력을 발휘하여 위기 상황을 극복하는 방법이다.

2. 경영계획 수립의 원칙

경영계획을 수립할 때 고려해야 하는 원칙은 다음과 같다.

① 경영계획은 달성하고자 하는 명확한 목표가 있어야 한다. 이를 목적성의 원칙이라고 하는데, 예를 들면 기업이 달성하고자 하는 목표나 나아갈 방향을 설정하는 것이다.

② 경영계획은 모든 경영활동과 관리의 전제조건이 되어야 하며, 동시에 선행되어야 한다. 이를 계획우선의 원칙이라고 한다.

③ 경영계획은 조직의 모든 계층에 공통적으로 적용되어야 한다. 이를 일반성의 원칙이라고 한다.

④ 경영계획은 최소의 비용으로 최대의 효익을 산출할 수 있도록 설계되어야 하며, 전체의 유효성을 극대화하여야 한다. 이를 효율성과 효과성의

원칙이라고 한다.

⑤ 경영계획은 급변하는 환경변화에 유연하게 대처할 수 있어야 한다. 이를 탄력성의 원칙이라고 한다.

제4절

SWOT분석과 목표관리

계획이란 미래 경영환경의 대처 방법을 의미하는데, 이 절에서 설명하는 SWOT분석과 목표관리도 계획의 영역으로 구분할 수 있다. SWOT분석은 기업의 대내・외 경영환경으로부터 기회와 위협요인 및 강점과 약점을 찾아 계획의 적응력을 높이는 방법으로 볼 수 있다. 또한 목표관리도 미래의 계획을 수립할 때 상사와 협의하여 목표를 설정하기 때문에 계획의 달성률을 높일 수 있다.

1. SWOT 분석

1) 개념과 용도

SWOT분석은 기업의 대내・외 환경요인을 모두 분석하는 모델로서, 계획을 수립할 때 우선적으로 고려해야 할 사항들이 무엇인지 파악하는 분석기법이다. 이 기법은 오래전에 개발되었지만 현재에도 가장 많이 사용하고 있는 기법이다.

SWOT는 강점(Strength), 약점(Weakness), 기회(Opportunity), 위협(Threat)의 첫 글자를 의미하는 것으로, 기업의 외부환경 분석을 통하여 기회와 위협 요소를 파악하고, 내부환경 분석으로 기업의 강점・약점을 분석한 후 이들 요소를 결합하여 효과적인 계획을 수립할 수 있는 기법이다.

다시 말해서 SWOT분석은 기업이 보유하고 있는 내부자원의 강점과 약점을 외부환경의 기회와 위협 요인에 대응하여 약점은 보완하고 강점을 최대한 발휘하는 방법을 제시해 주는 기법이다.

SWOT분석 결과 외부환경의 기회와 기업내부의 강점이 결합하는 계획을 수립하면 경쟁력있는 계획을 수립할 수 있지만 반대로 외부환경이 위협적으로 변해가는 상황과 기업내부의 약점이 결합되는 계획은 성공 가능성이 낮아진다.

2) SWOT분석을 통한 계획(전략)의 유형

SWOT분석을 이용한 전략의 유형은 다음과 같다([그림 9-2]).

① **SO전략(내부강점 · 외부기회)**

내부환경의 강점(S)과 외부환경의 기회(O)가 결합되어 경쟁력을 확보할 수 있는 적극적인 전략이다. 이 전략은 모든 기업이 추구하고자 하는 가장 바람직한 전략이다.

② **ST전략(내부강점 · 외부위협)**

내부환경의 강점(S)을 활용하여 외부환경의 위협(T)에 대응하는 전략으로서, 내부의 강점을 극대화하여 외부의 위협을 최소화시키는 전략이다. 예를 들면 내부의 강점을 활용하거나 차별화를 추구하여 외부의 위협을 극복하는 전략이다.

③ **WO전략(내부약점 · 외부기회)**

내부자원의 약점(W)을 최소화하면서 외부환경의 기회(O)를 극대화하려는 전략으로서, 내부의 약점을 기회로 활용해야 하는 전략이다. 이 전략은 시장에서 얻은 기회를 살리지 못하는 자사의 약점을 보완하는 것이 중요하다. 예를 들면 외부로부터 경쟁력 있는 기술이나 인적자원을 도입하여 보완한 후 강점으로 전환하는 우회전략이다.

④ **WT전략(내부약점 · 외부위협)**

내부자원의 약점(W)과 외부환경의 위협(T)이 동시에 결합되는 가장 최악의 상황으로서, 외부환경의 위협을 회피하면서 내부의 약점을 최소화해야 하는 전략이다. 만약 기업이 이러한 상황을 방치하면 경쟁우위를 상실하고, 시장에서 퇴출되거나 기업의 규모를 축소해야 하기 때문에 시장의 위협요소에 적극적으로 대처해야 한다.

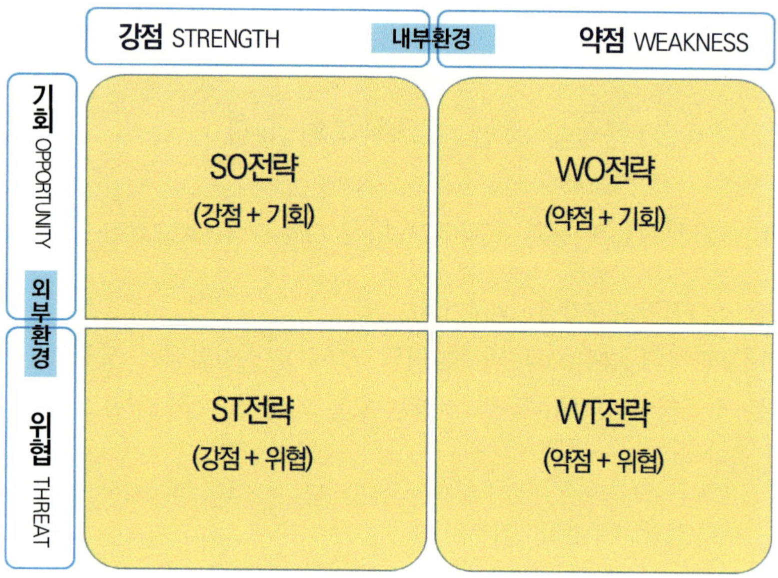

그림 9-2. SWOT분석에 의한 전략 유형

3) SWOT분석을 할 때 유의사항

SWOT분석은 간단하게 경영환경을 분석할 수 있기 때문에 많이 사용되지만 몇 가지 약점을 가지고 있다. 예를 들면 SWOT분석을 통해 얻어진 결과로 계획의 방향을 결정하는 과정이 매우 서술적이어서 우선순위를 정할 수 없다는 점과 사용하는 요소들이 정적(靜的)일 수 있다는 약점이 있다.

따라서 SWOT분석은 다음과 같은 점에 유의해야 한다.

첫째, SWOT분석을 위해 사용하는 변수와 분석 방법을 다양하게 활용하여 계획을 수립해야 한다. 동일한 변수와 상황이라도 분석 방법에 따라 기회가 될 수도 있고, 위협이 될 수가 있기 때문이다.

둘째, 급변하는 경영환경에서는 내부의 강점과 약점도 중요하지만 외부환경의 변화추세를 파악하는 것도 중요하다.

셋째, 내부자원의 강점 및 약점요인과 외부환경의 기회 및 위협요인의 인과관계(cause and effect relation)를 체계화시켜야 한다.

2. 목표관리

1) 목표관리의 의의

계획은 일반적으로 조직구성원에게 추상적으로 인식되는 경우가 많다. 왜냐하면 상사가 일방적으로 계획을 세워 부하에게 할당하는 경우가 많고, 대부분의 계획은 설정한대로 실행되는 경우가 많지 않기 때문이다. 즉 구성원의 의사가 반영되지 않았기 때문에 계획을 달성하고자 하는 의욕이 약할 수밖에 없다.

그러나 구성원이 계획을 수립하는 과정에 직접 참여하면, 의욕 · 관심 · 책임감이 높아지기 때문에 목표의 달성률이 높아질 수 있다.

이같이 구성원의 직접 참여를 통하여 계획이 추구하는 목표를 능률적으로 달성하고자 하는 대표적인 방법이 목표관리이다.

목표관리(MBO : Management By Objectives)란 조직구성원이 달성해야 하는 계획의 목표를 설정할 때, 부하와 상사가 협의하여 결정하거나 자기 스스로 결정하는 방법이다.

따라서 이 기법은 상사가 추구하고자 하는 상위의 목표와 하위의 목표를 연결시킬 수 있기 때문에 서로가 해야 할 역할과 임무를 공유할 수 있으며, 공통의 목표를 효율적으로 달성할 수 있는 유용한 기법이다.

목표관리

목표관리(MBO : Management by Objectives) : 1954년 드러커(P. F. Drucker : 1909~2005)에 의하여 개발된 관리기법으로서, 실적위주로 조직구성원을 평가하는 조직의 업적평가절차시스템을 개선하려는 관점에서 시작되었다.

이 기법은 조직의 구성원이 목표를 달성하기 위해 자기가 무엇을 해야 할 것인가를 스스로 결정하고, 결정된 목표와 실행의 결과를 자기통제(self control)하는 기법이다.

2) 목표관리의 요건과 절차

목표관리가 성공하기 위해서는 목표관리의 요건과 절차를 정확하게 이해하는 것이 중요하다.

(1) 목표관리의 요건

목표관리의 요건을 살펴보면 다음과 같다.

① 설정한 목표는 개인의 목표이며, 동시에 기업의 목표가 되도록 해야 한다.
② 개별적으로 할당된 목표가 전체 목표에 어떻게 영향을 미치는지가 분명하여야 하며, 업무 실행을 위한 절차가 명확해야 한다.
③ 달성 가능한 목표를 설정하는 것이 좋으며, 일의 우선순위가 분명하여야 한다.
④ 모든 구성원이 공동의 목표를 달성할 수 있도록 서로 노력하고, 격려해야 한다.

(2) 목표관리의 절차

목표관리의 기본절차로는 다음과 같은 네 단계[그림 9-3]를 거친다.

① 목표의 설정

조직이 추구하는 미래의 목표가 무엇인지를 설정한 후 구체적으로 추구해 나가야 하는 실천계획을 수립한다.

② **목표의 검증**

설정한 목표를 확인하는 과정으로서, 특히 조직 전체가 추구하는 목표와 일치하는지를 다시 검토한다.

③ **목표의 실행**

설정한 목표를 달성하기 위한 행동을 구체적으로 실행한다.

④ **목표의 평가**

목표가 계획대로 실행되었는지의 여부를 평가한 후 그 결과를 차기의 목표 수립에 반영한다.

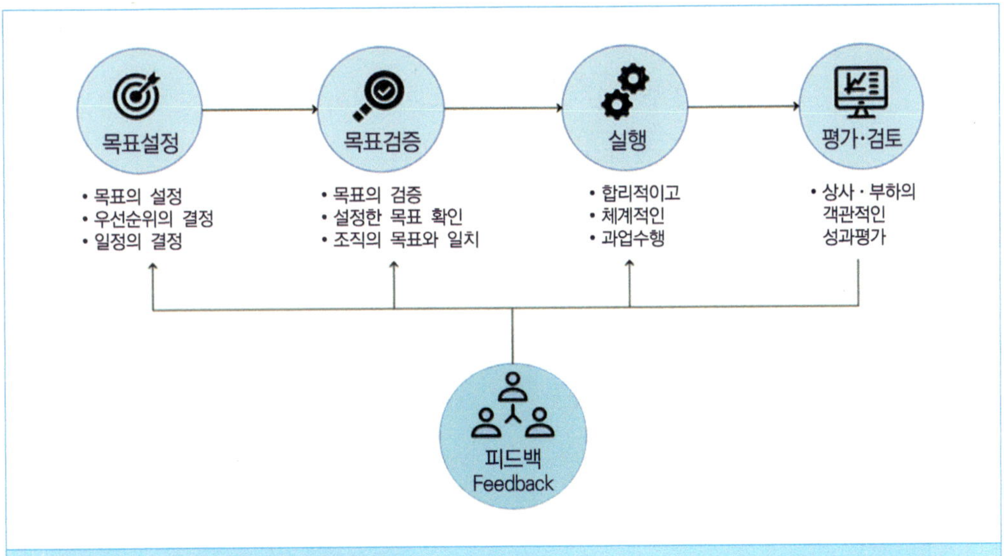

그림 9-3. 목표관리(MBO)의 과정

3) 목표관리의 효과와 한계

(1) 목표관리의 효과

목표관리의 기대효과는 다음과 같다.

첫째, 목표를 설정할 때부터 상사와 부하가 서로 긴밀하게 정보교환을 하기 때문에 상사와 부하 사이의 의사소통이 원활해진다.

둘째, 목표를 설정할 때 개인이 직접 참여하여 스스로 결정하였기 때문에 목표를 달성하고자 하는 의욕이 높아진다.

셋째, 기업의 목표와 개인이 추구하는 목표의 연관성을 파악할 수 있으며, 목표를 달성하기 위해 관련 부서의 협조와 팀웍이 중요하다는 것을 인식시켜줄 수 있다.

넷째, 목표의 내용, 추진 방법, 책임 영역이 사전에 분명하게 설정되었기 때문에 계획한 목표의 분석・평가가 용이하다.

(2) 목표관리의 한계

목표관리는 기대되는 효과도 많지만, 다음과 같은 몇 가지 내용을 유의해야 한다.

첫째, 목표설정 단계에서 상사의 강요나 압력이 개입된다면 자율성을 상실하여 오히려 사기가 떨어질 수 있다.

둘째, 목표를 설정할 때의 주변환경은 시간이 흐르면서 항상 변할 수 있다. 따라서 경영환경이나 상황이 계획의 초기 단계와 다르게 변하는 경우에 수정할 수 있는 유연성을 발휘할 수 있도록 설계되어야 한다.

셋째, 설정한 목표가 지나치게 많거나 우선순위가 불분명하면 목표의 달성률이 낮아질 수 있다.

컨틴전시플랜

컨틴전시플랜(contingency plan) : 미래에 발생할 수 있는 위기 상황이나 돌발적인 사태(전쟁, 원유가격의 급격한 변동, 천재지변, 무역전쟁, 자연재해 등)에 대처하기 위해 준비하는 비상계획을 말한다.

요즘과 같이 경영환경이 불확실하고, 급변하며, 예측하지 못한 사태가 빈번한 경우에는 정해진 매뉴얼에 의존하기 보다는 해당 상황에 최적화된 컨틴전시플랜을 통해 위기 상황에 대처하는 것이 대응력을 높이는 데 도움이 된다.

핵심성과지표(KPI)와 목표 및 핵심결과지표(OKR)

조직의 성과를 높이기 위한 계획의 수립방법 및 성과를 평가하는 대표적인 방법으로 목표관리(MBO)방식을 오랫동안 많이 사용해 왔다. 그러나 그 이후 **핵심성과지표**(KPI : Key Performance Indicator)를 사용하다가 최근에는 **목표 및 핵심결과지표**(OKR : Objectives and Key Results)가 많이 사용되고 있다.

KPI란 일정 단위 기준의 시간별 성과를 평가하는 방식인데, 이 방식이 효과를 높이기 위해서는 계획의 목표치를 측정 가능하도록 설정해야 하고, 자원의 사용 방법이 명확해야 하며, 조직 전체의 유효성을 극대화할 수 있도록 연결성이 강조되어야 한다. 특히 측정 가능한 목표치를 설정해야 한다는 의미는 드럭커(P. F. Drucker)의 유명한 '측정할 수 없다면 관리할 수 없다(If you can't measure it, you can't manage it)'는 말로 대변할 수 있다.

OKR이란 목표를 세우고 이를 수행해나가는 총체적인 시스템으로서, 목표를 의미하는 Objective(어떤 방향으로 갈 것인가)와 핵심 결과를 뜻하는 Key Result(목표를 향해 가고 있다는 것을 어떻게 알 수 있는가)로 구성된다.

OKR은 모든 구성원이 일에 대한 목적의식을 가지고, 공동의 목표 달성에 집중한다면 개인과 조직 모두의 성장이 가능하다는 것을 전제로 한다.

즉 뛰어난 몇 명의 소수가 아닌 조직 전체가 목표(계획)를 세우고 이를 달성하기 위해 몰입하고 집중할 수 있게 만들어주는 시스템이다.

따라서 OKR은 구성원에게 높은 유연성과 자율성을 부여하면서, 조직이 설정한 계획의 목표를 달성하기 위해 각 단계별로 성과지표를 정하여 체계적으로 달성하는 방법으로 추진하여야 한다. OKR이 성공적으로 운영되기 위해서는 모든 계획의 지표가 계량화되어야 하고, 성공과 실패 · 달성과 미달성 등을 계수로 서열화할 수 있어야 하며, 시간의 기준이 명확해야 한다.

코로나19 이후의 새로운 조류

- 코로나19 여파로 원격근무, 재택근무, 비대면 근무가 활성화되면서, 정보통신기술(ICT)을 통한 업무자동화로 효율성을 높이는 비중이 늘어났다. 이러한 변화는 계획의 성과나 생산성의 측정을 과거의 방식으로 측정하기 어렵게 만들었다. 성과를 측정하는 방법도 다양화되고 있지만, 가장 강조되는 것은 모든 것을 성과로 증명하려는 접근이다.

- 특히 포스트 코로나 이후에도 재택근무의 비중은 더 늘어날 것으로 예상된다. 재택근무는 여러 장점도 있지만 업무의 집중도가 낮아지고, 객관적인 인사고과가 어렵다는 약점이 있다. 따라서 기업은 업무의 집중도를 높이는 방법, 공정한 성과측정과 평가 방법을 계속 개발하고 있다.
- 재택근무와 원격근무 등이 늘어나면서 새로운 신조어 중 하나가 월급루팡(월급만 받고 일을 안 하는 직원을 일컫는 신조어)이다. 기업은 갈수록 늘어나는 월급루팡을 해소하기 위하여 더 철저한 평가 방법을 개발하고 있다. 그러나 새로운 방법을 위한 기업의 노력도 중요하지만 조직 구성원의 의식이 더욱 중요한 요소이다.

제10장 경영조직

제1절
경영조직의 본질

1. 경영조직의 정의

경영관리의 과정 중 첫 단계에서 경영계획이 수립되면 다음 단계는 계획을 수행하기 위한 경영조직을 구성하게 된다.

기업이 조직을 구성하는 이유는 무엇일까? 그 이유는 조직을 통하여 개인이 달성하지 못하는 성과나 목표를 능률적으로 달성할 수 있기 때문이다.

조직(organization)에 대한 정의는 학자에 따라 다음과 같이 다양하다.

- 조직이란 인간의 협동적 집단이 그 구성원에게 담당 직무를 배분하여, 그 상호관계를 확인하고, 또한 공동목표를 지향하여 집단의 여러 활동을 통합하는 과정이다(J. L. Massie).

- ▸ 조직이란 일정한 목적을 위해 의도적으로 구성된 두 사람 혹은 그 이상의 인간 활동 및 체계이다(C. I. Barnard).
- ▸ 조직이란 공통적인 목적 달성을 위해 직능을 분화하고, 이에 권한과 책임을 부여한 일정 계층을 통해서 여러 사람의 활동을 합리적으로 조정하는 것이다(E. H. Schein).
- ▸ 조직이란 각 구성원이 협동적 활동을 하고 경영 목적을 효과적으로 달성하기 위하여 각 구성원이 수행하여야 할 역할과 관계를 규정하는 것으로, 경영의 효과적인 관리를 위해서 조직은 그 구성원의 책임과 직무 간의 상호관계를 명확히 규정하여야 한다(Alvin Brown).

이러한 정의를 종합하여 조직의 정의를 다음과 같이 내릴 수 있다. 즉 '조직이란 경영자에 의해 기업의 구성원이 담당하는 역할을 결정하고, 나아가 기업목표를 달성하는데 필요한 모든 과업을 계획적으로 달성하기 위한 관리기능'이라고 할 수 있다.

2. 경영조직의 효과

기업의 목적을 달성하기 위해 수립한 계획을 실행하는 조직을 합리적으로 구성하고, 구성한 조직을 능률적으로 운영하는 것이 경영자의 능력이다. 이러한 능력은 조직의 목표를 순조롭게 달성할 수 있게 한다.

잘 편성된 경영조직으로 기대할 수 있는 효과는 다음과 같다.

① 업무의 흐름을 명확하게 해주기 때문에 능률을 높여준다.
② 개인별 직무에 대한 지침과 책임 영역을 분명하게 해 준다.
③ 업무의 중복을 피할 수 있으며, 비용 절감을 가능하게 해 준다.
④ 계획의 수립과 통제에 도움을 준다.
⑤ 목표 달성을 위해 구성원의 능력을 체계적으로 결합할 수 있다.

3. 조직화의 단계

관리과정 중 경영조직단계에서는, 경영자가 조직을 어떻게 편성하며 유지해야 하는가가 가장 중요한데, 이러한 경영조직을 형성하는 과정을 조직화라고 한다.

[그림 10-1]은 조직화의 단계를 나타낸 것이다.

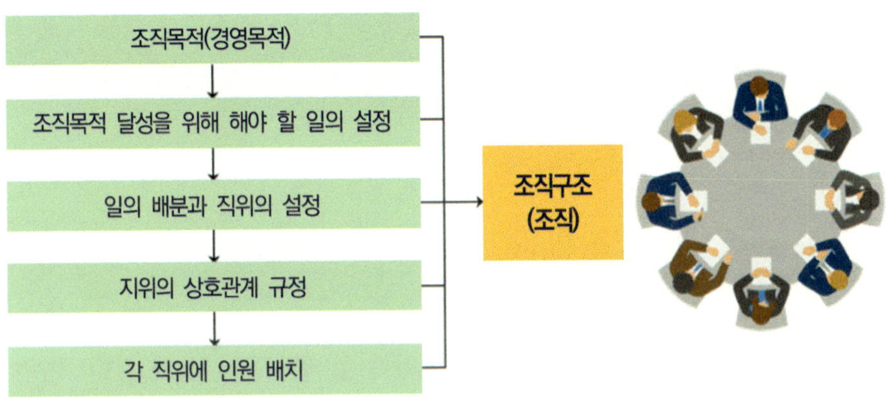

그림 10-1. 조직화의 단계

① 조직의 목표 달성을 위해 해야 할 일을 설정

조직화의 제1단계는 목적 달성을 위해 해야 할 일을 설정하는 것인데, 이는 직무분석에 의하여 정해진다.

직무분석이란 각 직무담당자에게 요구되는 능력 · 기술 · 지식 · 책임 등을 결정하는 것이다.

② 일의 배분과 직위의 결정

조직화의 제2단계는 직무분석을 통하여 정해진 여러 가지의 업무를 업무 담당자에게 배분하는 단계인데, 직위(position)를 결정한다.

직위란 조직구성원에게 분담되는 권한과 책임이 주어진 지위를 말한다.

③ **직위의 상호관계를 규정**

조직화의 제3단계는 각 직위 간에 체계적인 관계(권한, 책임, 의무)를 설정하는 것이다.

권한, 책임, 의무의 상호관계는 서로 균형과 조화를 이루면서 위계가 분명하여야 하는데, 상호관계가 체계적으로 설정되어야 조직의 목표를 효율적으로 달성할 수 있다.

④ **인원의 배치**

조직화의 제4단계는 각 직위별로 인원을 배치하는 단계이다.

이 단계는 직무에 따라 직무담당자에게 요구되는 자질과 능력을 갖춘 사람을 배치하여야 하는데, 자질과 능력의 평가는 객관적으로 평가되어야 한다.

4. 경영조직의 일반원칙

경영조직을 편성하여 운영할 때 지켜야 할 원칙은 다음과 같다. 이는 목표를 효과적으로 달성하기 위해 지켜져야 하는 원칙이다.

(1) 명령통일의 원칙

명령통일의 원칙(principle of unity of command)은 상부에서의 명령 내용이 하위구성원에까지 동일하게 전달되어야 한다는 원칙으로, 명령일원화의 원칙이라고도 한다.

명령통일의 원칙이 지켜지지 않으면 조직의 목표를 달성하는 과정이 혼란스러워질 뿐만 아니라 조직이 비능률적이며, 구성원의 사기도 낮아진다.

따라서 이 원칙은 명령계통의 단일화를 통해서 관리의 능률성과 목표의 통일성을 확보하는데 도움을 준다.

(2) 전문화의 원칙

전문화의 원칙(principle of specialization)은 조직의 구성원에게 가능한 한 특정 업무를 전문적으로 수행하도록 일을 분담시켜야 한다는 원칙으로, 분업화의 원칙이라고도 한다.

조직의 다양한 업무가 능률적으로 수행되기 위해서는 업무의 성격과 업무 담당자의 전문성 여부 등을 고려하여 일을 할당하여야 한다.

일반적으로 업무의 전문화는 업무별, 제품별, 지역별, 공정별, 거래처별, 직능별 등으로 구분한다.

(3) 권한과 책임의 원칙

권한과 책임의 원칙(principle of authority and responsibility)은 조직에서 각 구성원의 직무 분담에 관한 책임과 권한의 상호관계를 명확히 해야 한다는 원칙으로서, 책임을 완수하기 위해서는 반드시 권한도 함께 주어져야 한다는 것이다.

일반적으로 조직에서 권한은 위로 모이고, 책임은 아래로 전가되는 경우가 많은데 이는 구성원의 사기를 저하시키는 원인 중 하나이다.

(4) 감독한계의 원칙

감독한계의 원칙(principle of span of control)은 한 사람의 상사가 능률적으로 직접 지휘·감독할 수 있는 부하의 수에는 일정한 범위가 있어야 한다는 원칙이다. 감독의 범위가 넓고, 숫자가 너무 많으면 의사소통 및 감독 기능이 약해져 조직의 능률이 떨어진다. 반대로 감독의 범위가 너무 좁으면 감독의 강도가 높아지기 때문에 사기가 낮아진다.

적정한 감독의 범위에 대해서는 정해진 기준이 있는 것은 아니지만, 관리자의 개인적 능력, 직무내용, 하위자의 능력, 의사소통의 난이도 등에 따라 달라진다. 일반적으로 상위 관리계층에서는 4~8명, 하위관리층에서는 8~15명이 적당하다고 본다.

(5) 기능화의 원칙

기능화의 원칙(principle of functionalization)은 조직이나 부서에 인원을 배치할 때는 그 기능이나 업무에 적합한 사람을 배치해야 한다는 원칙으로, 직무의 성격이나 담당자의 능력을 객관적으로 고려하여 배치하는 것이 중요하다.

(6) 권한위임의 원칙

권한위임의 원칙(principle of delegation of authority)이란 권한을 가지고 있는 상위자가 하위자에게 직무를 위임할 때는 일정한 권한도 함께 위임해야 한다는 원칙이다.

직무는 위임하였으나 권한을 위임하지 않으면 효과적인 직무수행이 불가능하고, 직무를 수행하고자 하는 의욕이 낮아지게 된다. 따라서 직무에 수반되는 권한을 동시에 같은 비중으로 위임해야 한다.

이 밖에도 계층 단축의 원칙, 조정의 원칙, 탄력성의 원칙 등이 있다.

제2절 경영조직의 구조

기업의 목적을 효과적으로 달성하기 위한 경영조직은 업무 활동이나 형태에 따라 여러 가지가 있다. 경영조직의 구조는 가장 기본적으로 공식적 조직과 비공식적 조직, 라인 조직과 스탭 조직 등으로 구분할 수 있다.

1. 공식조직과 비공식조직

1) 공식조직

공식조직(formal organization)이란 조직이 일정한 목적 달성을 위해 합리적인 기준에 근거하여 인위적으로 만든 조직으로, 최소의 비용으로 최대의 효과를 발휘하기 위한 명령과 지시 등이 존재한다.

공식적 조직은 과업 수행을 위한 권한과 책임 영역이 분명하며, 효율성의 논리(logic of efficiency)가 강조된다.

2) 비공식조직

비공식조직(informal organization)은 조직에서 공통의 관심 · 취미 · 학연 · 지연 · 혈연 등에 의해 형성되는 조직으로서, 구성원의 개인적인 욕구를 충족시키기 위해 만들어지는 자생적인 조직이다. 예를 들면 취미 동호회, 향우회, 동창회 등 매우 다양하다.

비공식조직은 조직의 구성원이 서로 친밀감을 갖고, 의사소통을 촉진시켜 주는 장점이 있지만 지나치게 비대해지면 공식적 조직의 목표 달성을 방해하기도 한다. 비공식적 조직은 감정의 논리(logic of sentiment)가 강조되는 특징이 있다.

조직은 목표 달성을 위한 공식조직도 중요하며, 비공식적 조직의 존재를 인정하여 구성원의 높은 사기와 소속감을 높이는 것도 필요하다.

2. 라인 조직과 스탭 조직

라인 조직(line organization)과 스탭 조직(staff organization)은 경영조직을 구성하는데 가장 기본이 되는 개념이다.

1) 라인 조직

라인 조직은 경영활동을 수행하기 위해 하위자에게 직접 명령 · 통제하는 수직적인 조직이다.

(1) 라인 조직의 개념

라인 조직(line organization)이란 상위자로부터 하위자에 대한 지휘 · 명령의 계통이 직선적으로 이루어지는 조직이다. 명령일원화의 원칙이 철저하게 적용되는 조직으로, 일명 군대식 조직, 수직적 조직이라고도 한다.

라인 조직을 그림으로 나타내면 [그림 10-2]와 같다.

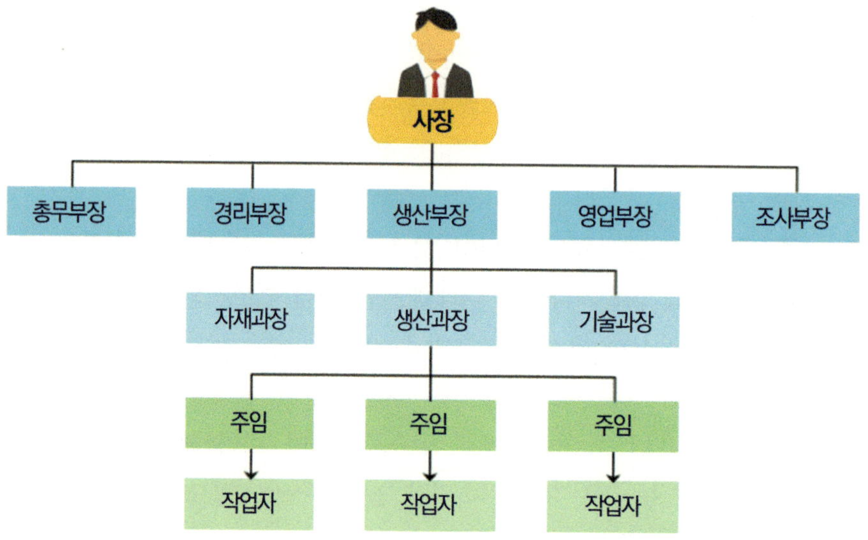

그림 10-2. 라인 조직

(2) 라인 조직의 장점

라인 조직의 일반적인 장점은 다음과 같다.

① 명령 · 지휘 계통이 분명하기 때문에 책임소재가 명확하다.
② 강력한 통솔력으로 부하의 통제가 용이하다.
③ 신속한 의사결정이 가능하다.

(3) 라인 조직의 단점

라인 조직은 다음과 같은 단점이 있다.

① 상사는 여러 업무를 통솔하기 때문에 전문성이 결여될 수 있으며, 경영자의 양성 기간이 길다.
② 각 부문 간의 독립성이 강하기 때문에 부서이기주의(silo effect)를 유발할 수 있으며, 부서 간 업무협조가 어려울 수 있다.
③ 상사의 일방적인 명령과 통제는 부하의 사기를 저하시키고, 자발적인 업무 활동을 저해한다.

2) 스탭 조직

스탭 조직(staff organization)은 라인 조직에 대하여 조언과 조력(助力)을 제공함으로써 라인 조직이 보다 더 효율적으로 업무를 수행할 수 있도록 돕는 역할을 한다. 스탭은 성격에 따라 다음과 같이 구분할 수 있다.

(1) 개인 스탭

개인 스탭(personal staff)은 특정한 관리자의 직무수행을 돕는 조언・서비스를 제공하거나 보좌하는데, 일체의 결정권・명령권을 가지지 않는다.

개인 스탭은 특정 관리자만을 보좌하는데, 전문적인 사항보다는 일반적이고 종합적인 사항에 대해서 조언하고 서비스한다.

개인 스탭은 라인보조자(line assistant)와 스탭보조자(staff assistant)로 구분하는데, 라인보조자란 부사장, 공장장, 부장 등의 직무수행 전반에 대하여 보좌하는 것이며, 스탭보조자는 사장보좌, 임원보좌 등의 명칭으로 불리는 개인 스탭을 말하는데, 일반적으로 비서(secretary)라는 명칭으로 사용되는 경우가 많다.

(2) 전문 스탭

전문 스탭(specialized staff)은 전문적인 능력으로 라인이나 다른 스탭에게 조언과 서비스를 제공하는 권한과 책임을 가지고 있는 스탭이다. 이는 개인스탭과는 달리 특정 직위뿐만 아니라 조직 전체에 대해서 조언과 서비스를 할 수 있다.

전문 스탭이 가지는 일반적 권한에는 ① 타 부문에게 서비스를 제공하는 권한, ② 전문적 지식으로 타 부문에 조언・상담하는 권한, ③ 전문사항에 대한 지시와 통제 등이다.

(3) 관리 스탭

관리 스탭(management staff)이란 라인부문의 전반적 관리기능에 대하여 조언하는 스탭이다. 특히 최고경영층의 전반관리직능에 대해서 조언하는 관리 스탭(management staff)을 전반 스탭(general staff)이라 한다.

관리 스탭은 기업의 규모가 커지고 업무 내용이 복잡화됨에 따라 전체적인 관점에서 관리적 조언과 자문이 필요해지면서 등장한 스탭인데, 보통 기획조정실, 관리본부라는 명칭으로 사용된다.

3) 라인과 스탭 조직

(1) 라인과 스탭 조직의 개념

라인과 스탭 조직(line and staff organization)은 라인 조직과 스탭 조직을 결합한 조직형태를 말한다. [그림 10-3]은 라인과 스탭 조직을 나타내는데, 라인 조직을 유지하면서 스탭의 조언기능이 추가된 조직이다.

이 조직은 지휘 · 명령의 권한은 라인에게 있으며, 스탭은 기획 · 조사 · 연구 부문에서 라인 활동에 대해 전문적 사항을 조언하는 형태이다.

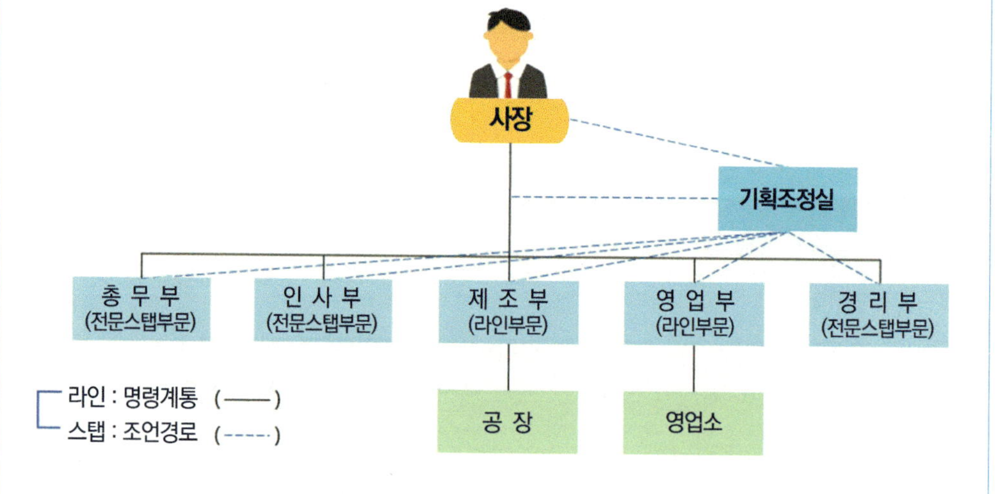

그림 10-3. 라인과 스탭 조직

(2) 라인과 스탭 조직의 장점

라인과 스탭 조직의 장점을 살펴보면 다음과 같다.

① 라인은 스탭의 전문성을 활용할 수 있다.
② 관리의 일관성이 있으며, 관리통제가 안정적이다.
③ 라인 조직의 장점을 충분히 활용할 수 있다.

(3) 라인과 스탭 조직의 단점

라인과 스탭 조직은 다음과 같은 단점도 있다.

① 라인의 명령계통과 스탭의 조언계통에 혼동이 발생할 수 있으며, 라인과 스탭 간에 불화도 생길 수 있다.
② 스탭 조직의 운영으로 간접비가 증가한다.
③ 조직이 비대해질 수도 있다.
④ 스탭의 권한이 너무 커지면 라인의 업무수행에 지장이 있을 수 있다.
⑤ 스탭에게 지나치게 의존하면 라인부문의 창의성이 약해질 수 있다.

제3절 경영조직의 유형

경영조직의 유형은 위원회 조직, 프로젝트 조직, 매트릭스 조직, 사업부제 조직 등으로 구분할 수 있으며, 권한 배분의 정도에 따라 집권적 조직과 분권적 조직으로 나눌 수 있다.

1. 위원회 조직

(1) 위원회 조직의 개념

위원회 조직(committe organization)은 전체 조직의 각 부문에서 선발된 위원으로 위원회를 구성하여 회사의 전반적인 사항을 결정하는 조직이다.

위원회의 유형은 여러 가지로 분류할 수 있으나 일반적으로 위원회에 할당된 업무 성격에 따라 정책위원회, 기획위원회, 조정위원회, 통제위원회, 인사위원회, 집행위원회, 자문위원회, 정보위원회 등 매우 다양하다.

(2) 위원회 조직의 장점

위원회 조직으로 기대할 수 있는 장점은 다음과 같다.

① 다양한 부문의 위원이 참여하기 때문에 다양한 정보를 바탕으로 합리적인 의사결정을 할 수 있다.
② 상호보완적인 의견과 협의 과정을 거치기 때문에 비교적 정확한 의사결정을 할 수 있다.
③ 위원 상호 간에 다양한 지식과 경험을 활용할 수 있기 때문에 업무의 중복이나 시행착오를 줄일 수 있다.

(3) 위원회 조직의 단점

위원회 조직의 단점은 다음과 같다.

① 위원회의 특성상 잦은 회의가 이루어지게 되는 경우 시간낭비와 기동력이 떨어질 수 있다.
② 위원회는 다수의 공동책임제이기 때문에 책임 부재나 책임회피를 할 수 있으며, 불성실하게 회의에 임할 수 있다.
③ 위원회 조직의 특성상 위원 개개인의 창의성을 저해할 수 있다.
④ 위원들 각자가 자기주장만 내세울 경우, 결과를 도출하기 어렵다.

2. 프로젝트 조직

(1) 프로젝트 조직의 개념

프로젝트 조직(project organization)은 태스크 포스조직(task force system)이라고도 한다. 프로젝트 조직은 특정한 목표를 달성하기 위하여 일시적으로 기업이나 조직의 자원(인적, 물적)을 동원하여 형성되는 조직이다.

이는 조직에 기동력을 부여하여 경영활동의 기민성을 발휘하기 위한 조직 형태로서, 신제품의 개발이나 신시장의 개척 등 비반복적으로 일어나는 특정한 과업수행을 위해 많이 활용된다.

프로젝트 조직에 참여하는 위원은 일정 기간 동안 프로젝트팀에 참여했다가 그 프로젝트가 완료되면 다시 자기의 소속팀으로 돌아가는 동태적 조직이다.

프로젝트 조직의 예는 특정 제품의 생산이나 판매 문제를 해결하기 위한 프로젝트, 연구개발을 위한 프로젝트 등 매우 다양하다.

프로젝트 조직의 구조는 [그림 10-4]와 같다.

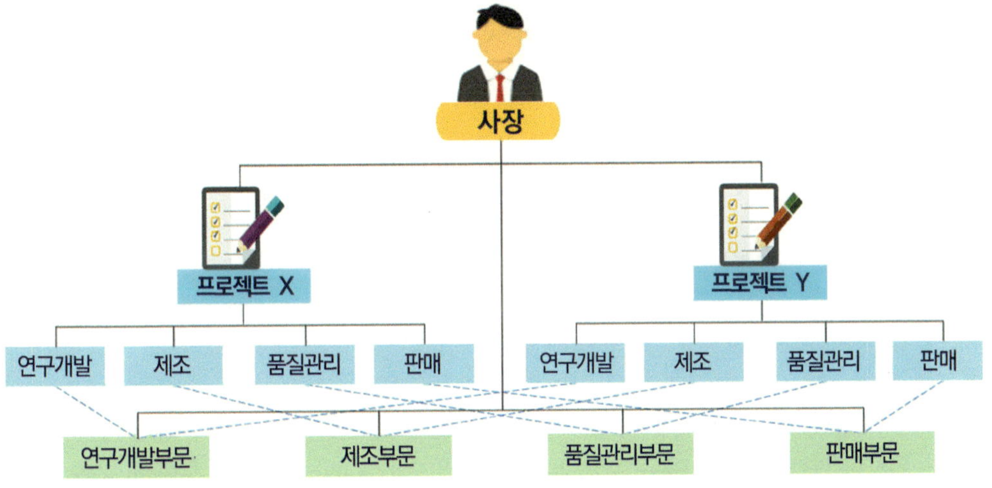

그림 10-4. 프로젝트 조직의 형태

(2) 프로젝트 조직의 장점

프로젝트 조직의 장점을 살펴보면 다음과 같다.

① 프로젝트의 성격에 따라 필요한 인원을 동원할 수 있다.
② 여러 분야의 전문적인 지식을 가지고 있는 유능한 인재를 활용할 수 있다.
③ 프로젝트팀의 목표가 명확하기 때문에 능률적으로 운영된다.
④ 환경변화에 기동력있게 대응할 수 있다.

(3) 프로젝트 조직의 단점

프로젝트 조직의 단점은 다음과 같다.

① 프로젝트 조직은 전문가로 구성된 일시적인 혼성조직이므로, 그 성과는 프로젝트 관리자의 지휘 능력에 크게 의존하게 된다. 따라서 프로젝트 관리자의 지휘 능력과 자질이 부족할 때는 효율적인 팀의 운영이 어렵게 된다.

② 시한부 조직이기 때문에 의사소통이 잘 되지 않을 수 있으며, 단기지향적인 성격이 강하다.

③ 기존 소속 부서와 프로젝트 조직 간의 관계 조정이 필요하다.

④ 프로젝트 조직에 파견된 사람은 '선택된 사람'이라는 우월감을 갖게 되어 원래 소속 부서와 이해관계가 생길 수 있으며, 기존 조직구성원의 사기가 저하될 수 있다.

3. 매트릭스 조직

(1) 매트릭스 조직의 개념

매트릭스 조직(matrix organization)은 직능조직의 형태를 전문화시키면서 동시에 전문화된 영역을 프로젝트나 프로그램 또는 제품별로 통합한 조직으로, 수직적 및 수평적 권한의 결합을 특징으로 한다.

이는 기능식 조직과 프로젝트 조직의 결합으로 매트릭스 조직의 구성원은 종적(세로)으로는 기능식 조직의 일원이지만 횡적(가로)으로는 프로젝트 조직의 일원이 되는 것이기 때문에 두 조직에 모두 소속된다([그림 10-5] 참조).

두 가지 조직에 소속되기 때문에 이원적인 권한(dual authority)의 조화와 균형이 필요한 동태적 조직으로, 예를 들면 프로젝트 매트릭스, 제품 매트릭스 등 여러 형태가 있다.

그림 10-5. 매트릭스 조직

(2) 매트릭스 조직의 장점

매트릭스 조직의 장점은 다음과 같다.

① 최종결과에 초점을 맞출 수 있다.
② 기능별 관리자의 활용을 극대화할 수 있다.
③ 전문분야별 동일성을 유지할 수 있다.
④ 생산과 이익 책임을 결합할 수 있다.

(3) 매트릭스 조직의 단점

매트릭스 조직의 단점은 다음과 같다.

① 명령의 일원화와 위계가 모호해질 수 있다.
② 조직 간의 갈등이 초래될 수 있다.
③ 관리층의 증가로 간접비가 증가된다.
④ 프로젝트팀 간의 노력이 중복되는 경우, 비능률적이기 때문에 효율적인 관리를 고려해야 한다.

4. 사업부제 조직

(1) 사업부제 조직의 개념

사업부제 조직(divisional organization)은 권한위양의 원칙과 독립채산제를 기초로 한 분권적 조직의 대표적인 조직구조이다. 이 조직은 기업의 대규모화, 다각화, 빠른 기술혁신 등으로 급변하는 경영환경에 능동적으로 대처할 수 있기 때문에 많이 활용되고 있다.

사업부제 조직은 경영활동을 단위적 분화에 의해 제품별, 고객별, 지역별 사업 단위로 조직을 분화한 후 이를 하나의 독립적인 사업처럼 운영하도록 권한과 책임을 위임하며, 자주적인 이익중심점(profit center)으로 책임경영을 하는데 유리한 조직이다([그림 10-6] 참조). 또한 분권화된 조직형태로서 각 사업부는 라인부문이 되며, 본사는 각 사업부를 전반적으로 관리하는 형태이다.

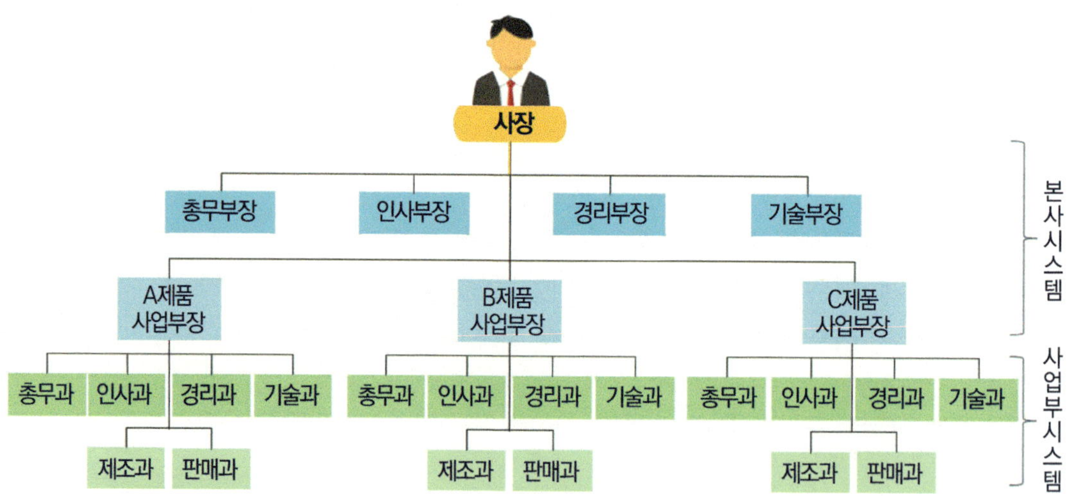

그림 10-6. 제품별 사업부제 조직

(2) 사업부제 조직의 장점

사업부제 조직의 장점은 다음과 같다.

① 의사결정의 합리화를 꾀할 수 있다.
② 생산성 향상에 대한 의욕을 강화시킨다.
③ 제품의 제조와 판매에 대한 전문화와 분업을 촉진한다.
④ 최고경영자의 경영 부담을 줄일 수 있다.
⑤ 관리책임자의 책임과 업적을 명확하게 측정할 수 있다.

(3) 사업부제 조직의 단점

사업부제 조직의 단점은 다음과 같다.

① 공통적인 직능을 각각 독자적으로 수행하여야 하므로 전체적으로 공통관리비와 공통 업무(인원, 투자, 설비 등)가 증가한다.
② 각 사업부가 동일한 고객을 대상으로 하는 경우 상호 간의 협조가 어려우며, 과당경쟁으로 효율이 떨어질 수 있다.
③ 최고경영자의 통제력이 약화됨과 동시에 각 사업부를 관리할 유능한 경영자가 더 많이 필요하다.
④ 본사가 결정한 방침과 각 사업부에서 수립한 계획의 조정이 어려울 수 있다.
⑤ 각 사업부가 이익을 지나치게 강조하는 경우 기업 전체의 이익이 희생될 수 있다.

5. 권한 위임에 의한 조직 형태

권한의 집중 여부를 기준으로 조직을 나눌 수도 있는데, 권한이 상위의 한 곳으로 모이는 집권적 조직과 하위의 여러 계층으로 분산되어 있는 분권적 조직으로 구분한다. 즉 권한위임(delegation of authority)의 여부를 기준으로 구분한다.

1) 집권적 조직

집권적 조직(centralized organization)은 권한이 상부에 집중되어 있는 조직으로, 최고경영자가 모든 결정권과 권한을 가진다.

이 조직은 경영자가 조직을 직접 통제하고자 할 때 채택하는데, 자기의 개인적인 경험과 지식을 토대로 사업을 성공시키고자 하는 경영자의 의지가 강한 경우에 많이 볼 수 있다.

일반적으로 과거의 전통적인 조직으로 분류하지만, 경영자가 경영업무의 전반에 걸쳐 탁월한 지식 · 경험 · 능력이 있는 경우에 효과적이며, 경영활동의 집중화 · 통합화를 기동력 있게 실행해야 하는 경우에 유리하다.

(1) 집권적 조직의 장점

경영자의 개인적인 경험이나 지식으로 경영을 기동력 있게 해야 하는 창업 초기 단계의 조직과 빠른 의사결정이 필요한 조직에 적합하다.

(2) 집권적 조직의 단점

최고경영자에게 모든 권한이 집중되어 있기 때문에 조직이 관료화되기 쉽고, 조직 구성원의 창의력을 기대할 수 없으며, 자율적인 부서 운영이 어렵다.

2) 분권적 조직

분권적 조직(decentralized organization)은 상부에서 수행해야 할 권한을 제외한 모든 권한을 하위계층으로 위임한 조직으로, 구성원들의 참여의식을 높일 수 있으며, 하위자의 창의적인 아이디어를 촉진 · 유발시키는데 유리한 조직이다.

분권적 조직은 연방적 분권제와 직능적 분권제로 나눌 수 있다.

① 연방적 분권제

연방적 분권제(federal decentralization)는 조직구조를 여러 가지 단위로 나누어 분권화한 조직이다. 예를 들면 기업의 여러 활동을 각각 독자적인 제품과 지역별로 관리하는 독립채산 단위로 조직화하고, 독립적인 관리 단위로 운영하는 조직이다. 이를 사업부제 조직이라고도 한다.

② **직능적 분권화**

직능적 분권화(functional decentralization)란 조직구조를 직능적으로 나누어 분권화한 조직으로, 직능별로 모든 권한과 책임을 부여하는 것이다.

예를 들어 최고경영자가 생산, 마케팅, 인사, 경리 등 각 직능의 책임자에게 해당 직능의 모든 권한을 위임하는 경우이다.

제4절 최근의 조직 형태

1) 팀제 조직

갈수록 기동력이 중요한 경쟁력으로 자리잡아 가면서 빠른 의사결정이 강조되고 있다. 그러나 과거의 전통적인 조직으로는 기동력을 발휘하는데 한계가 있다. 따라서 이를 보완하기 위해 개발된 조직 형태가 팀제이다.

팀(team)제는 조직의 단계를 줄여 빠른 의사결정을 가능하게 하며, 경영활동을 기동력 있게 수행할 수 있는 조직 형태이다([그림 10-7] 참조).

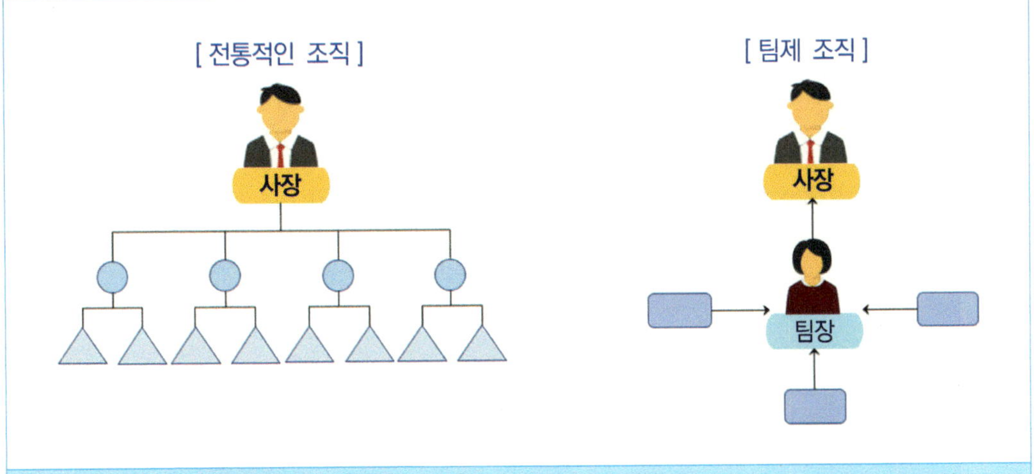

그림 10-7. 팀제 조직

팀제가 효과적으로 운용되기 위해서는 업무의 전문성과 특성을 고려한 팀을 구성해야 하며, 아이디어가 자유롭게 교류될 수 있는 조직문화의 구축이 중요하고, 목표를 달성하였을 때는 그에 상응하는 보상시스템을 갖추어야 한다.

팀제를 도입하였을 때의 장・단점은 다음과 같다.

장점 : ① 단계가 축소되기 때문에 신속한 의사결정이 가능하며,
② 부서이기주의(silo-effect)를 타파할 수 있으며,
③ 소수 정예의 인력관리가 가능하다.

단점 : ① 사회적인 신분 하향으로 사기가 낮아질 수 있으며,
② 상하 간의 위계질서가 모호해질 수 있다.

2) 애자일 조직

과거의 전통적인 조직에서는 리더가 전략을 수립하면 구성원은 결정된 내용을 순차적으로 수행하는 일종의 워터폴(waterfall) 방식이었다. 그러나 과거의 이 같은 방식은 시간이 많이 걸리고, 유연성과 기동력이 부족하다는 약점을 가지고 있었다. 애자일 조직은 이러한 약점을 보완할 수 있는 조직이다.

애자일(agile) 조직은 스쿼드(squad)라는 하나의 팀에 제품생산에 관련된 기획, 생산, 유통 담당자 등을 모두 포함시켜 제품을 개발하는 조직으로, 고객과 시장의 변화에 기동력 있게 대응할 수 있다는 장점이 있다.

따라서 이 조직은 최근의 급변하는 시장환경에서 특히 신속한 제품개발과 출시를 위해 매우 유용하게 활용되는 조직이다([그림 10-8] 참조).

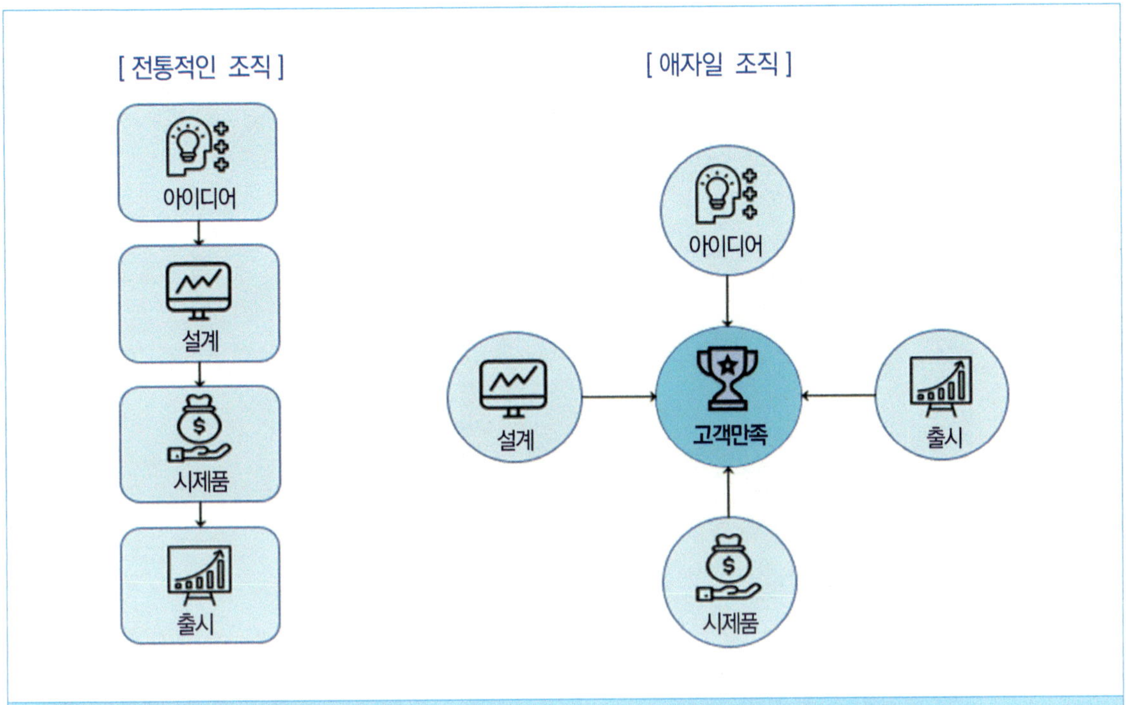

그림 10-8. 애자일 조직

3) 양손잡이 조직

양손잡이 조직(ambidextrous organization)이란 전통적인 조직에서 기대할 수 있는 장점을 유지하면서 동시에 기동력을 발휘할 수 있는 혁신적인 조직이다. 이 조직은 전통적인 조직을 유지하면서 과감하고 모험적인 사업을 기동력 있게 수행할 수 있다는 장점이 있다([그림10-9] 참조).

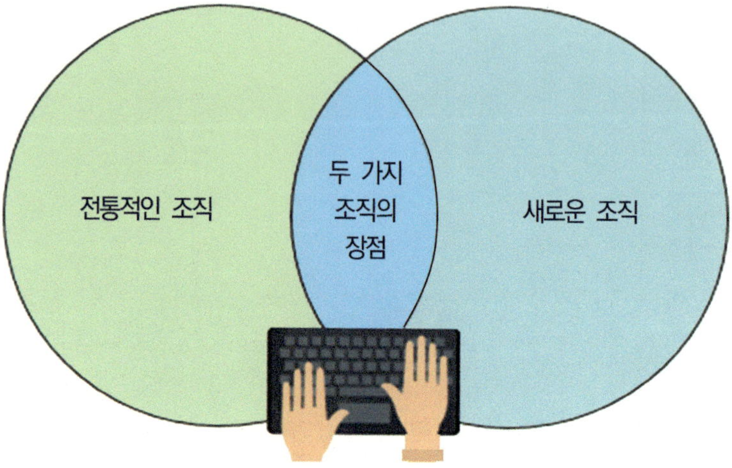

그림 10-9. 양손잡이 조직

과거의 전통적인 조직은 수직적이고, 대규모 형태를 갖추고 있기 때문에 기동력을 발휘할 수 없으며, 잘 바뀌려고 하지 않는 조직의 관성 때문에 조직을 재편하기가 쉽지 않았다.

이 같은 단점을 보완하기 위해 혁신적이고 기동력을 발휘할 수 있는 스타트업의 장점을 접목시킨 조직이 양손잡이 조직이다.

4) 애드호크라시 조직

애드호크라시(adhocracy) 조직은 행정학에서 많이 사용되었던 개념이지만 최근에는 경영학에서도 자주 사용하는 조직용어가 되었는데, 태스크 포스(task force) 조직과 동의어로 사용되기도 한다.

이 조직은 전통적인 관료제(burocracy) 조직의 약점을 보완하여 급변하는 환경변화에 적응력을 높일 수 있도록 하는 조직을 말하는 것으로, 다양한 분야별 전문가들이 프로젝트를 중심으로 팀을 구성하여 신속성과 융통성을 높이고자 하는 임시적인 조직이다. 또한 형식보다는 결과를 중시하는 것이 특징이다([그림 10-10] 참조).

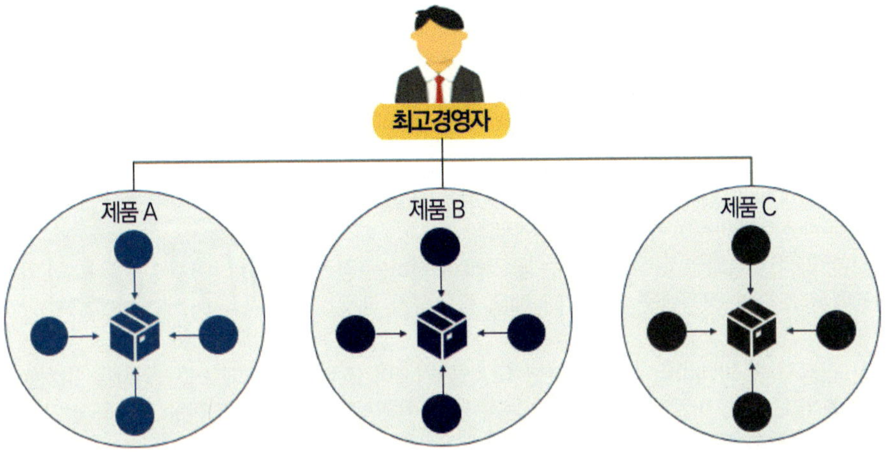

그림 10-10. 애드호크라시 조직

혼합형 근무 조직 · 공간

코로나19 사태 이후 사무실 근무(office-based work)와 재택근무(working from home)를 동시에 운용하는 기업들이 늘어나고 있다. 기업도 재택근무를 수용하는 추세이며, 구성원도 재택근무나 원격근무(teleworking)를 선호하는 가치관으로 바뀌어 가고 있기 때문이다. 앞으로의 기업조직은 기존의 조직에서 벗어난 새로운 조직 형태로 전환되고 있다.

이러한 조직 중 하나가 업무의 성격에 맞게 근무 장소를 유연하게 운용하는 하이브리드형(hybrid)조직의 근무방식인데, 이러한 조직이 도입되면 커뮤니케이션, 리더십, 인사고과 등의 방식도 바뀌어야 한다.

- 협업이 필요한 업무는 대면으로 운영하는 것이 유리하며, 협업이 필요 없는 업무는 재택이나 원격근무를 과감하게 도입할 필요가 있다.
- 사무실 출근 인원이 줄어들었기 때문에 큰 사무실이 필요 없게 되었으며, 또한 재택근무에 익숙해진 구성원을 사무실로 유인할 수 있는 많은 시도가 이루어지고 있다. 출근자 수가 줄어들면서 생겨난 공간을 휴식 공간, 카페테리아, 온라인 회의 시설, 소규모 회의실 등으로 조성하고 있다.

건전한 조직을 유지하려면!

4차산업혁명기술의 급속한 발전이 기업이나 경영의 패러다임을 바꾸고 있는 경영환경에서 조직이 경쟁력을 높이려면, 적시에 이루어지는 구성원의 리스킬링(reskilling : 재교육)과 업스킬링(upskilling : 직무향상) 프로그램이나 교육을 통한 디지털 트랜스포메이션이 뒷받침되어야 한다.

이러한 과정을 통하여 육성된 인재는 급격하게 변하는 경영환경에서 조직의 경쟁력을 높이는데 매우 중요하기 때문이다.

특히 인공지능, 빅데이터 등을 비롯한 디지털 기술이 조직과 직무에 어떤 영향을 미치는지, 협업이 왜 필요한지, 어떻게 협업해야 하는지 등을 이해시키는 교육은 조직을 건전하게 만들 수 있는 매우 중요한 요소이다.

다양성을 강조하는 조직

기업에서 강조되는 창의성을 발휘하기 위해서는 먼저 다양성(diversity)을 수용하는 기업문화가 정착되어야 한다. 창의성은 다양한 의견과 생각이 결합되어 탄생되는 경우가 많기 때문이다.

다양성은 서로 다른 피부, 세대, 문화, 가치관, 신체적 조건 등을 이해하고 포용하는 것을 말하는데, 최근에는 이러한 요소의 결합으로 얻어지는 창의성이 더욱 경쟁력을 발휘하는 시대이다. 따라서 창의성을 발휘할 수 있도록 조직을 운영하는 노력이 중요하다. 아무리 좋은 조직이라도 상대방의 다양한 생각이나 아이디어를 인정하지 않으면 좋은 조직이 될 수 없다.

혁신적인 기업일수록 다양한 인적 자원의 결합으로 얻어지는 창의적인 아이디어로 더 높은 가치를 발휘하고 있다.

파킨슨 법칙

파킨슨 법칙(Parkinsons law) : 영국의 역사학자이며 경영연구가인 파킨슨(Cyril Northcote Parkinson : 1909~1993)이 1950년대 후반부터 1960년대 초에 발표한 조직관리이론이다. 파킨슨은 통념화되어 있는 규모의 경제이론(생산량이 커짐에 따라 비용이 줄어든다는 경제이론)과는 달리 조직의 팽창은 비효율과 비용이 높아지기 때문에 지양되어야 한다는 것으로, 주로 정부의 관료조직을 대상으로 하였으나 기업에서도 많이 고려하는 이론이다. 그는 효율적인 조직관리를 위해서는 조직의 비대화를 막고 적정규모를 유지해야 하며, 조직의 발전을 가로막는 내부적 요소를 제거해야 한다고 주장하였다.

〈파킨슨 제1의 법칙 : 인원 배증의 법칙〉

1955년에 발표한 법칙으로, 조직은 업무량에 관계없이 자체적으로 팽창해나가려는 속성을 가지고 있다는 것이다. 관리자는 더 많은 부하를 두고 싶어하기 때문에 업무량에 관계없이 인원을 늘리려고 하고, 그 결과 인원이 남고, 회의를 자주 하거나 감독업무를 새로이 부과한다는 것이다.

〈파킨슨 제2의 법칙 : 예산 배증의 법칙〉

1960년에 발표한 법칙으로, 조직의 예산도 점차 증가하는 속성을 가지고 있기 때문에 획기적인 예산 감축의 노력 없이는 예산의 축소는 기대할 수 없다고 하였다.

〈파킨슨 제3의 법칙 : 기구 배증의 법칙〉

1962년에 발표한 법칙으로, 기구가 커지면 비효율만 늘어나기 때문에 조직은 규모가 작을수록 좋다고 주장하였다.

파킨슨은 조직이 효율적으로 움직이려면 적정 인원이 유지되는 것이 중요하다고 강조하면서, 특히 인젤리턴스[(injelitence : incompetence(무능) + jealousy(시기심)라는 신조어를 만들어 내기도 하였는데, 인젤리턴스란 조직에서 무능한 사람이 능력 있는 다른 사람을 시기하는 '조직의 암적 존재'를 말한다.

피자 2판의 원칙

피자 2판의 원칙(The Two-Pizza Rule)은 아마존(Amazon)의 조직운영 방식이다.
그 원칙은 다음과 같다.

1. 참석자 수를 적게 하라(피자 2판으로 점심가능 8명 이내로 한다)
2. 최종 결과물을 염두에 두어라(회의 전에, 의사결정을 하러 왔는가? 토론하기 위해 왔는가?를 분명하게 결정한다)
3. 모든 것을 단순하게 만들어라(파워포인 사용을 금지한다)
4. 자신의 의견을 회의자료로 가져오도록 한다(1 페이지 이내로 요약하여)
5. 업무를 부과한다(개개인에게 분명한 업무를 할당한다)
6. 회의 방식을 다양화한다(standing, coffee, 식사 등)

※ 아마존이 이같이 개인 역량을 극대화하고 태만을 최소화할 수 있는 10명 이내로 제한하는 이유는 집단 내 구성원이 증가할수록 성과에 대한 공헌도는 감소한다고 판단하기 때문이다.

※ 미국의 고어(Gore)사는 창립 때부터 소규모 팀원의 네트워크 조직을 운영하고 있는데, 공장의 인원이 150명을 넘으면 추가 공장을 설립하고 있다.
공장의 증설로 비용은 발생하지만, 소규모 조직의 강점이 공장의 건설비용을 상쇄한다고 판단하고 있기 때문이다.

제11장 경영지휘

제1절
경영지휘의 개념

1. 경영지휘의 정의

경영지휘(directing, leading)란 조직구성원이 조직의 목표를 효과적으로 달성하도록 사기를 높이고, 동기를 부여하는 모든 과정을 말한다. 계획이나 조직이 아무리 잘 편성되었다 하더라도 경영지휘가 제대로 작동하지 않으면 기대했던 목표를 능률적으로 달성할 수 없다.

경영지휘 활동은 동기부여, 리더십, 의사소통의 3가지가 유기적으로 조화를 이루어야 원만하게 이루어질 수 있으며, 동시에 적정한 보상제도를 병행하는 것이 중요하다.

지휘와 감독 · 명령

지휘와 감독 · 명령의 개념을 혼동하는 경우가 있는데, 두 개념은 다음과 같은 근본적인 차이가 있다.

지휘는 구성원이 설정한 목표를 달성하도록 사기와 동기부여를 하는 것에 중점을 두지만, **감독 · 명령**은 단순히 업무수행을 강요하고, 명령하며, 행동의 결과를 사후에 점검하는 것을 의미한다.

리더(leader)와 보스(boss)의 차이

리더의 역할은 조직의 운명을 좌우하는 데 결정적으로 영향을 미친다.

* 리더가 갖추어야 할 자질은 매우 많지만 가장 핵심적인 몇 가지는 ① 변화에 적응하기 위한 미래 예측력, ② 구성원의 사기를 높일 수 있는 리더십과 인재관리능력, ③ 인격적으로 존경 · 신뢰받을 수 있는 도덕성과 윤리성, ④ 조직의 미래를 디자인하는 전략적 사고, ⑤ 수평적 사고와 개방성, ⑥ 자기 분야의 전문성, ⑦ 자유로운 의견이 오갈 수 있도록 경청하는 자세 등이다. 이러한 자질을 바탕으로 조직의 목표를 달성하는 자리가 리더의 역할이다.
* 보스는 복종을 강요하고, 자기의 능력을 과신하며, 자기 말에 순응하는 사람을 옆에 두고, 충성도에 따라 부하를 평가하며, 도덕 · 윤리성을 중시하지 않는 등의 특징이 있다.
* 리더는 '가자'라고 하고, 보스는 '가라'라고 말한다.

2. 경영지휘의 특성과 원칙

1) 경영지휘의 특성

경영자가 경영지휘 활동을 원활하게 수행하기 위해서는 여러 가지 요소의 균형과 조화를 이루어야 하며, 특히 부하의 심리적인 부분까지 고려해야 한다. 또한 구성원에게 부여된 업무의 속성, 구성원 개개인이 해야 할 역할, 개인의 인격과 가치관 등을 종합적으로 고려해야 하며, 결과나 성과에 따라 적절한 보상이 이루어져야 높은 성과를 기대할 수 있다.

2) 경영지휘의 원칙

경영자가 행하는 경영지휘 활동이 효과적으로 진행되기 위해서는 다음과 같은 원칙이 적용되어야 한다.

- **목적조화의 원칙** : 기업의 목표와 구성원의 목표가 조화를 이루었을 때 경영지휘활동의 효과가 더 높아진다는 원칙이다. 기업과 구성원이 추구하는 목표가 일치하지 않으면 갈등과 불만이 생기기 때문에 좋은 결과를 기대할 수 없다.
- **명령통일의 원칙** : 부하는 단 한 사람의 상위자로부터 명령을 받고, 그에 대한 책임을 져야 한다는 원칙이다.
- **직접 감독의 원칙** : 부하를 효율적으로 지휘하기 위해서 경영자는 개별적으로 부하와 접촉하면서 직접 감독해야 한다는 원칙이다.
- **감독기술의 유연성 원칙** : 업무나 경영환경이 변함에 따라 감독기술도 시대에 맞게 변하는 유연성을 가져야 한다는 원칙이다.

제2절

경영지휘의 구성요소

조직이 설정한 목표를 능률적으로 달성하기 위한 경영지휘활동이 효과를 극대화하려면 동기부여, 리더십, 의사소통 등이 조화를 이루어야 한다([그림 11-1] 참조).

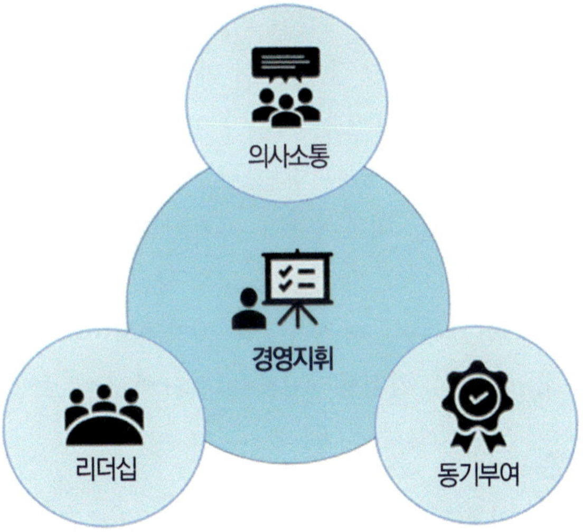

그림 11-1. 경영지휘의 구성요소

1. 동기부여

1) 동기부여의 정의

동기부여(motivation)란 개인이나 집단이 자발적으로 일할 수 있는 의욕이 생기도록 영향력을 발휘하는 것으로, 조직의 목표를 달성하기 위한 행동을 유발시키는 과정이다.

2) 동기부여에 관한 이론

동기부여를 이해하기 위해서는 업무를 담당하는 구성원의 욕구에 대하여 이해하여야 하는데, 욕구를 이해하기 위해서는 내용이론, 과정이론을 이해하면 접근이 쉬워진다.

(1) 내용이론

내용이론(content theory)은 개인의 욕구 중에서 어떤 요인들이 동기를 부여하는데 크게 작용하는지에 초점을 맞춰 개인의 욕구를 규명하려는 이론이다.

이 이론은 업무를 담당하고 있는 사람이 어떤 단계에 속해 있는지를 파악한 후 그들의 욕구를 충족시킬 수 있는 방법으로 동기부여를 해야 한다는 이론으로, 매슬로우의 욕구5단계설, 허즈버그의 동기위생이론, 앨더퍼(C. P. Alderfer)의 ERG이론, 맥클리랜드(D. C. McClelland)의 성취동기이론이 대표적이다.

매슬로우의 욕구5단계설, 허즈버그의 동기위생이론은 2장에서 설명하였으며, 여기서는 ERG이론, 성취동기이론을 간단히 살펴보고자 한다.

① ERG이론

앨더퍼의 ERG이론(Existence, Relatedness and Growth theory)은 매슬로우의 이론을 실증적 연구에 의해 수정・발전시킨 것으로, 이 이론은 매슬로우의 욕구 5단계를 3단계(생존욕구, 관계욕구, 성장욕구)로 압축・구분하고, 각 욕구의 첫 글자를 따서 ERG라는 명칭을 붙였다.

그가 구분한 생존욕구, 관계욕구, 성장욕구의 내용은 다음과 같다.

- **생존(존재)욕구**(E : Existence needs) : 배고픔, 갈증, 안식처 등과 같이 인간의 기본적이고 다양한 생리적 욕망을 충족시키는 물질적 욕구
- **관계욕구**(R : Relatedness needs) : 가족 구성원, 조직 구성원 및 동료 등과 같은 직무의 대내・외적인 대인관계와 관련된 욕구
- **성장욕구**(G : Growth needs) : 개인의 창의적인 능력을 바탕으로 개인의 성장과 조직의 성장에 공헌하고자 하는 욕구

ERG이론은 [그림 11-2]와 같이 욕구충족행동을 만족-진행, 좌절-퇴행 행동으로 나누어 설명한다.

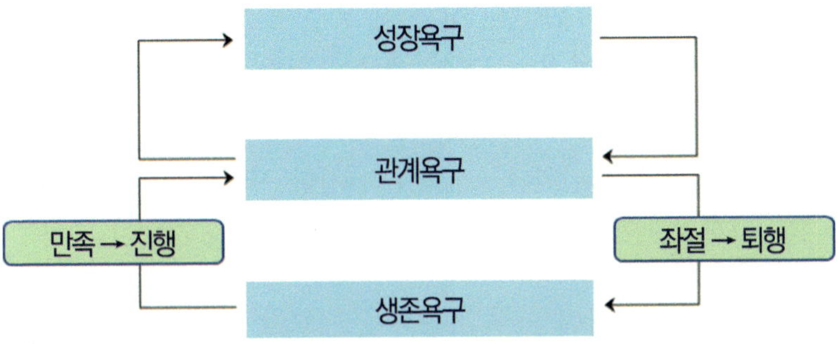

그림 11-2. ERG이론

만족-진행, 좌절-퇴행

- **만족-진행** : 하위수준의 욕구가 만족되면 상위수준의 욕구가 강하게 나타난다는 것으로, 매슬로우(A. H. Maslow)의 욕구이론과 같은 의미로 설명할 수 있다.
- **좌절-퇴행** : 상위수준의 욕구를 추구하다가 이것이 좌절되면 하위수준의 욕구로 내려가는 것을 말한다. 예를 들어 성장욕구 차원에서 자기 능력에 맞는 보람 있는 일을 하려다가 좌절되면 동료와의 관계를 더욱 긴밀하게 유지하는 것과 같이 성장욕구 대신 관계욕구를 강화한다는 것이다.

② 성취동기이론

맥클리랜드(D. C. McClelland)의 성취동기이론(achievement -motivation theory)이란 성취욕구, 권력욕구, 친화욕구 사이에는 상호관련성이 있다고 가정하면서 인간의 욕구를 정립시킨 이론이다. 그는 높은 성취욕구를 가진 구성원으로 구성된 조직은 빠르게 성장할 수 있다고 보았다.

그의 이론은 기본적인 욕구를 다음과 같은 세 가지 형태로 파악하는 방법으로 동기부여를 이해하는데 공헌하였다.

▸ **성취욕구**(need for achivement) : 직무수행의 능률 제고나 문제해결 및 복잡한 직무의 성공적 수행 등을 달성하려는 욕구를 말한다. 이 욕구가 높은 사람은 성공에 대한 강한 의지를 갖고 도전한다.

▸ **권력욕구**(need for power) : 다른 구성원을 통제하거나 영향력을 행사하는데 관심을 갖는 욕구를 말한다. 이 욕구가 강한 사람들은 스스로 일을 찾고, 독선적이며, 자기중심적인 경향이 있다.

▸ **친화욕구**(need for affiliation) : 다른 사람과 우호적인 관계를 유지하려는 온정적인 욕구를 말한다. 이 욕구가 강한 사람은 친밀함과 이해를 강조하며, 사회집단으로부터 소외되는 것을 피하려는 경향이 있다.

[그림 11-3]은 학자별 욕구의 내용을 비교한 것이다.

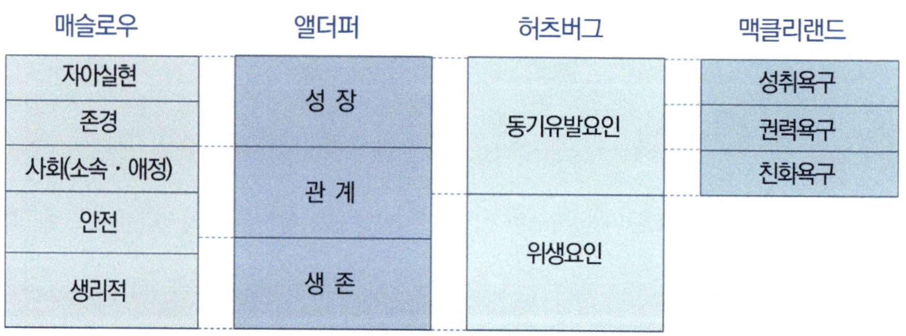

그림 11-3. 내용이론의 비교

(2) 과정이론

과정이론(process theory)은 동기유발이 어떻게 이루어지는가에 초점을 맞춘 이론이다. 이 이론은 조직원들이 목표를 어떻게 선택하고, 목표를 성취한 후 만족을 어떻게 평가하느냐에 초점을 맞추는 것인데, 기대이론, 공정성 이론, 강화이론이 대표적이다.

① 기대이론

기대이론(expectancy theory)이란 조직의 구성원은 과업을 완수하고, 그에 걸맞는 보상을 받고자 한다는 이론으로, 브룸(V. H. Vroom : 1932~)에 의하여 제시된 이론이다.

기대이론에 대한 기본적인 연구는 톨만(Edward Tolman)과 레윈(Kurt Lewin)에 의해 이루어졌으나, 동기부여에 기대이론을 적용한 학자는 브룸이다. [그림 11-4]는 기대이론의 기본적 모형이다.

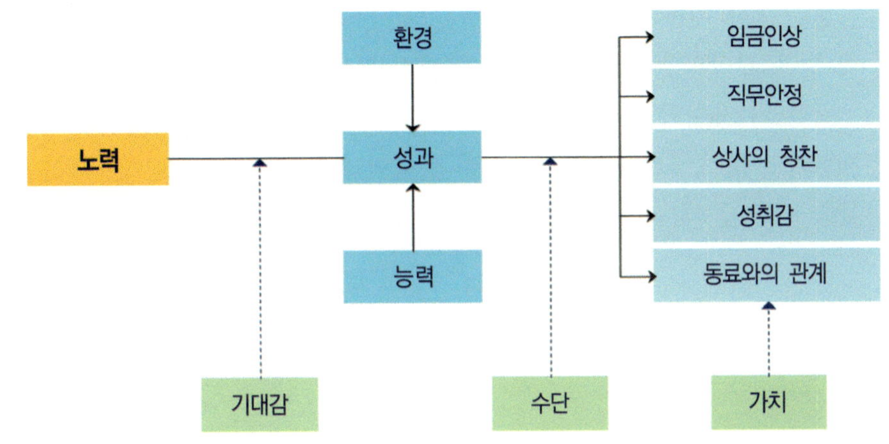

그림 11-4. 브룸의 기대모형

기대이론은 경영자가 조직구성원에게 기대감, 수단성, 유의성을 줌으로써, 목표달성을 위한 노력을 유인하는 것이다.

- **기대감**(expectancy) : 어떤 특정한 행동을 열심히 하면 높은 수준의 성과를 달성할 수 있을 것이라는 가능성을 의미한다.
- **수단**(instrumentality) : 직무수행의 결과로 어떤 보상이 있을 것이라고 믿는 정도를 반영하는 것이다.
- **가치**(value) : 직무의 결과에 대해 개인이 가지는 가치를 말한다.

이들 변수를 이용하여 동기부여를 하나의 승수효과로 나타냈는데, 다음의 식을 가정한다.

$$\text{동기부여} = f(\text{기대감} \times \text{수단} \times \text{가치})$$

이 공식에 의하면 동기부여는 기대감, 수단, 가치의 결합으로 이루어진다. 따라서 경영자가 구성원으로부터 높은 수준의 동기부여를 기대하려면 위의 세 가지 요소를 극대화시켜야 한다.

② **공정성 이론**

존 애담스(J. S. Adams)의 공정성 이론(equity theory)은 '각 개인은 자신이 공헌(투입)한 것과 공헌으로부터 받은 보상을 비교한 후 이 비율을 다른 사람이 받은 보상과 비교하여 공정하게 대우받았는지를 판단한다'는 이론이다.

즉 자기 자신의 보상비율이 다른 사람과 동일하다고 인식할 때 공정성이 존재한다고 보며, 그 비율이 동등하지 못하면 불공정하다고 보는 것이다. 보상비율의 산출 공식은 다음과 같다.

$$\frac{\text{산출(자신의 보상)}}{\text{투입(자신의 노력)}} : \frac{\text{산출(타인의 보상)}}{\text{투입(타인의 노력)}}$$

만약 두 비율이 동등하다고 인식하면 현재와 같은 자신의 노력을 계속하지만 만약 불공정하다고 느낄 때는 다음과 같은 방법으로 공정성을 이루려고 한다.

① 자신의 투입을 변화시킨다. 만약 자신이 타인에 비해 보상을 적게 받는다고 느끼면, 자신의 노력을 줄인다. 반대로 과다한 보상의 긍정적인 불공정을 느끼면 더 노력하여 직무를 더 열심히 수행한다.
② 급여나 보상의 인상을 요구한다.
③ 다른 부서로 배치되기를 바라거나 퇴직을 택한다.
④ 좋은 평가를 받는 사람은 특별한 선택을 받는 사람이고, 나는 그 집단에 포함될 수 없다고 자포자기하기 때문에 사기가 더 낮아진다.

따라서 조직에서는 모든 구성원이 수용할 수 있는 공정성으로 사기를 높이고, 동기를 부여할 수 있도록 관리하여야 한다. 그렇지 않으면 조직에 대한 불만이 커질 뿐만 아니라 동기부여를 할 수 없기 때문에 높은 성과를 기대할 수 없다.

공정성 이론에 의하면, 많은 보상을 해 준다고 만족의 크기가 커지는 것이 아니라 보상이 공정하게 배분되었을 때 만족과 동기부여의 효과가 커진다.

공정성과 불공정성의 반응을 그림으로 나타낸 것이 [그림 11-5]이다.

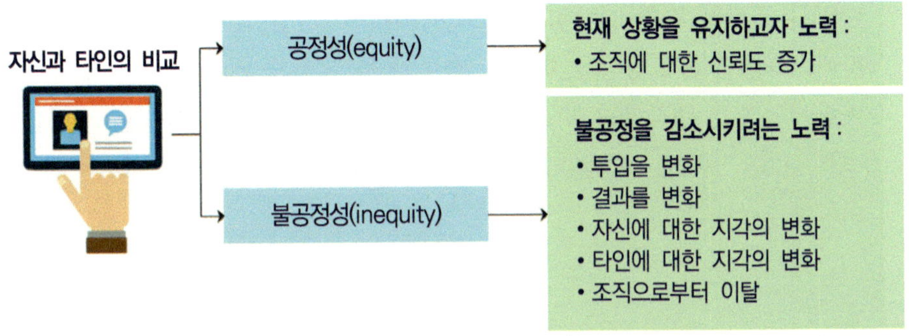

그림 11-5. 공정성 · 불공정성에 대한 반응

조직의 공정성

조직이 건전하게 유지되기 위해서는 공정성을 바탕으로 운영되어야 한다. 공정성이란 성과의 측정, 인사고과, 의사결정의 모든 기준이 객관적 · 합리적이고, 구성원이 서로 존중과 예의를 갖추는 조직문화를 말한다.

조직이 공정하다고 믿는 구성원은 조직에서 가치 있는 존재이고, 사회와 기업을 위해 중요한 역할을 하고 있다는 자부심을 갖고, 조직에 대한 애착이 강해지기 때문에 자신의 능력을 최대한 발휘한다. 반대로 서로 존중하지 않으며, 공정성이 무너진 예의 없는 조직은 서로 불신, 대립, 공격 등으로 조직의 효율성을 떨어뜨린다.

따라서 공정성을 갖춘 조직문화를 구축하는 것이 건전한 조직의 시작이다.

③ 강화이론

강화이론(reinforcement theory)은 사기나 동기부여 같은 인간의 행동은 환경적인 요인에 의해서 결정된다고 보는 이론인데, 보상이 행동을 변화 내지 유지시키는 역할을 한다는 가정에 토대를 두고 있다.

[그림 11-6]은 강화이론을 통한 동기유발 과정을 설명한 것이다. 먼저 출발점은 자극 요인인데, 자극은 행동을 유발하는 욕구나 동기로서, 자극에 대해 반응하는 경로 ①을 거치게 되는데, 이는 기대이론으로 설명할 수 있다. 반응은 다양한 결과를 경험하는 경로 ②로 이어지며, 자신이 경험하는 결과의 가치에 따라 미래 반응에 영향을 미치는 경로 ③을 거치게 된다. 만일 경험한 결과가 바람직하다고 생각하면 다음의 동일한 자극에 대해서도 동일한 반응을 하는 경로 ④를 거치게 되지만 그렇지 않은 경우에는 다른 반응을 하는 경로 ⑤를 거치게 된다.

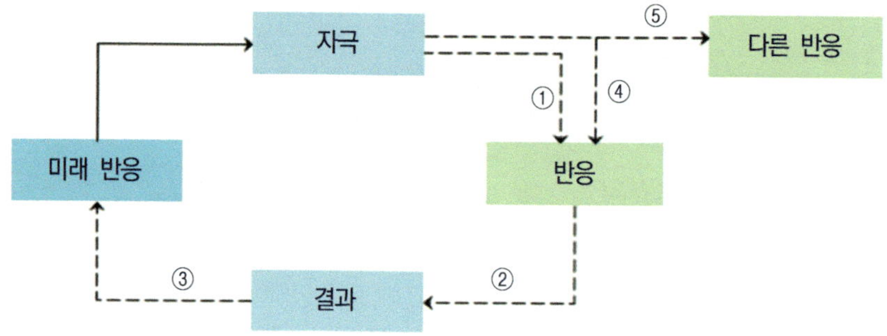

그림 11-6. 동기유발의 강화이론 모델

예를 들면, 임금인상을 원하는 조직원이 있을 때, 만일 일을 열심히 한 결과 임금이 인상되었다면 그 종업원은 일단 강화가 된 것이다. 그 조직원은 다음에도 임금인상을 원하기 때문에 더 열심히 일한다.

그러나 열심히 일했으나 임금이 인상되지 않았다면 사기가 떨어지고, 퇴사와 같은 다른 반응을 보인다.

따라서 경영자는 강화이론의 요소를 활용하여 구성원의 사기를 올리도록 해야 한다.

사기를 높이는 신뢰의 공정성

조직을 효율적으로 관리하고, 구성원의 능력 발휘와 사기를 높이기 위해 신뢰를 바탕으로 하는 신뢰경영은 매우 중요하다. 그러나 균형을 잃은 신뢰는 오히려 사기를 떨어트릴 수 있다.

지나치게 높고 무조건적인 신뢰나 부족한 신뢰는 두 가지 모두 조직을 위험에 빠트릴 수 있기 때문에 신뢰 수준은 부하가 받고 싶어 하는 수준에 맞추어야 한다. 즉 상사로부터 인정받고 싶어하는 신뢰 수준과 상사로부터 받은 신뢰 수준이 일치되었을 때 부하의 심리적인 안정감과 사기가 올라가게 된다.

다시 말하면 신뢰를 받고 싶지 않은 사람에게 일방적으로 과도하게 신뢰를 주는 것은 오히려 부담을 주게 되며, 반대로 신뢰받기를 원하는 사람에게 신뢰를 주지 않으면 실망하거나 사기가 떨어진다.

따라서 상사는 신뢰의 공정성을 유지하여 구성원의 사기를 극대화시켜야 한다.

2. 리더십

1) 리더십의 정의

리더십(leadership)이란 조직의 목표나 과업을 달성하는 행동을 유도하는 과정으로서, 리더십의 핵심은 구성원의 자발적인 능력 발휘를 통하여 목표를 달성하고자 하는 것이다.

2) 리더십의 여러 가지 이론

리더십에 따라 리더가 이끄는 조직의 성과가 달라지는데, 조직의 성과를 높이기 위한 여러 가지 리더십 이론은 시대에 따라 다양한 형태로 발전되었다.

과거에는 과업지향적이고 재무적인 성과를 중시하는 리더십을 높이 평가하였다. 그러나 경영환경과 가치관이 변함에 따라 최근에는 조직을 이끄는 능력과 인간 중심적이고, 비재무적인 요소를 강조하는 리더십이 강조되고 있다.

리더십 이론은 시대에 따라 크게 특성이론, 행위이론, 상황이론, 변혁적 및 거래적 리더십으로 구분하며, 그 밖에도 최근에는 섬김 리더십, 윤리적 리더십, 공유 리더십, 양방향 리더십 등이 강조되고 있다.

(1) 특성이론

① 특성이론의 의의

유능한 리더에게는 남다른 개인적인 특성과 자질이 있다고 생각하는 리더십의 초기 이론으로서, 리더가 지니고 있는 공통적인 특성에 연구의 초점을 맞추었다. 이러한 접근은 리더의 자질론 또는 특성이론(trait theory)으로 설명된다.

이 이론은 1940년대에 등장하였는데, "지도자의 개인적 특성이 리더십의 성공을 결정한다"는 가정 아래 리더의 특성을 독립적으로 파악할 수 있다고 판단하고, 리더의 특성을 추출하고 측정하는데 연구의 초점을 두었다.

버나드(C. I. Barnard)는 리더의 특성을 크게 두 가지로 나누고 있는데, 첫째, 기술적인 면으로 체력·기술·지각·지식·기억력·상상력 측면에서의 우월성, 둘째, 정신면에서는 결단력·지구력·인내력·용기와 같은 측면에서의 탁월성을 강조하였다.

② 특성이론의 한계

특성이론은 리더가 갖추어야 할 특성을 포괄적으로 다루었지만 몇 가지 한계를 갖고 있다.

- 리더의 특성과 리더십 효과의 관계를 밝히기 어렵다.
- 리더의 특성은 리더가 되고 나서 개발되어지는 경우도 있다.
- 기업이 처한 상황이나 경영환경에 따라 서로 다른 특성이 요구된다는 사실을 간과하고 있다.
- 리더의 특성에 대한 연구가 진행될수록 특성이 추가됨으로써 리더십 특성 상호 간에 서로 모순된 결과를 초래한다.

(2) 행위이론

리더십의 특성과 자질보다는 실제 행동에 초점을 맞추는 접근이 1950년대에 시작되었는데, 리더십의 효과는 리더가 부하에게 보여주는 행동에 따라 결정된다고 보는 것이 연구의 초점이다.

따라서 리더의 행동을 관찰하여 성과와 효과적인 행위 유형의 관계를 규명하고자 하는 행위이론(behavioral theory)이 출현하였다. 대표적인 이론은 다음과 같다.

① 리피트의 리더십 유형

리피트(R. Lippitt : 1914~1986)는 의사결정과정에서 나타나는 리더의 행동을 바탕으로, 리더십 유형을 전제적(authoritarian), 민주적(democratic), 자유방임적(laisser-faire) 리더십으로 구분하였다.

- **전제적 리더십** : 리더 중심으로 조직을 운영하는 것으로, 조직목표와 운영방침 등 모든 것을 리더가 독단으로 결정하는 리더십이다. 전제적 리더십에서는 부하들의 적극적이고 자발적인 참여와 협력을 기대할 수 없으며, 생산성도 낮은 경우가 많다.
- **민주적 리더십** : 조직의 계획과 운영방침을 결정할 때 구성원의 의견을 포함시키며, 부하의 자율성을 존중하는 참여제도를 활용한다. 민주적 리더십에서의 모든 결정과 평가는 객관적 자료에 의하여 결정된다.
- **자유방임적 리더십** : 리더가 조직의 계획이나 운영방침의 결정에 관여하지 않고, 수동적으로 행동하며, 부하의 자유행동을 방임하는 리더십 유형을 말한다.

이상의 세 가지 리더십 유형별 특성과 효과를 비교해 보면 〈표 11-1〉과 같이 요약된다.

〈표 11-1〉 리더십 유형별 특성과 효과

구분 \ 리더십유형	전 제 형	민 주 형	자유방임형
방침 결정	리더가 결정	리더의 조언에 따라 집단 토론에 의해 결정	리더는 결정에 불참, 집단 구성원에 의해 결정
권한과 책임 관계	권한이 리더에게 있음	권한과 책임을 부하와 함께 나눔	책임은 부하에게 있음
리더-구성원 관계	수동적	호의적	무관심
집단행위의 특성	응집력이 낮고, 공격적임	응집력이 크고, 안정적임	냉담 및 초조
리더 부재 시 구성원의 태도	좌절감 및 혼란	특별한 차이가 없음	불변
성과	높다(위기 시)	높다(평상 시)	최저의 상태

② 리커트의 관리시스템 이론

리커트(R. Likert : 1903~1981)는 많은 조직을 대상으로 한 행동과학적 연구의 결과인 관리시스템 이론을 『경영관리의 새로운 형태(행동과학)』(1961)라는 저서를 통해 제시하였다.

리커트는 그의 연구에서 일반적으로 통용되고 있는 조직의 관리 형태를 시스템 I 에서 시스템Ⅳ까지 하나의 연속선상으로 나타냈으며, 각 형태의 특성은 다음과 같이 설명하였다.

- **시스템 I (권위형)** : 상사는 부하를 신뢰하지 않는다. 모든 의사결정이 상부에서 이루어지고, 결정된 내용은 명령계통을 통하여 하부에 전달되기 때문에 부하는 수동적으로 업무를 수행할 뿐이다. 이 형태에서 부하는 명령 · 통제의 대상이 되며, 창의성이나 자율성은 기대할 수 없고, 저차원의 욕구만 실현될 뿐이다.
- **시스템Ⅱ(온정적 전제형)** : 상사는 부하에게 약간의 신뢰감을 갖는다. 의사결정의 대부분은 최고경영층에서 이루어지며, 부하에게는 약간의 권한만 위임된다.
- **시스템Ⅲ(협의형)** : 상사는 상당한 신뢰감을 바탕으로 부하를 대하고, 결정 사항의 위임도 약간 이루어진다. 완전한 권한의 위임은 이루어지지 않은 상태이며, 동기부여의 수단으로 보수 · 처벌 · 참가 등을 동시에 활용한다.
- **시스템Ⅳ(집단참가형)** : 상사는 부하를 신뢰한다. 의사결정은 조직의 각 부서에서 이루어지며, 의사소통도 계층에 따라 상 · 하, 좌 · 우로 잘 이루어지는 형태이다. 모든 구성원이 목표의 설정, 업무처리 방법의 개선 및 목표 달성의 평가 등에 참여하며, 상사와 부하의 관계는 광범위하고 친밀한 상호작용이 신뢰를 바탕으로 이루어지고 있다.

이러한 네 가지의 관리시스템 중 시스템 I 이 가장 전통적인 형태이고, 시스템Ⅳ는 가장 이상적인 형태를 의미한다. 리커트는 시스템 I 부터 Ⅲ까지를 권위주의형 형태로 보았으며, 시스템Ⅳ를 이상적인 참가적 형태의 리더로 분류하였다.

③ 블레이크와 모우튼의 매니지리얼 그리드(관리 격자)이론

블레이크(R. R. Blake)와 모우튼(J. S. Mouton)은 그들의 저서인 『그리드 조직개발을 통한 기업의 우수성』(*Corporate Excellence through Grid Organizational Development*, 1968)에서 [그림 11-7]과 같은 관리격자로 리더십의 유형을 분류하였다.

그들은 리더가 가지고 있는 '생산에 대한 관심(X축) 및 인간에 대한 관심(Y축)'의 정도를 기준으로 리더십 유형을 5가지로 분류하였다.

관심의 정도는 1에서 9까지 표시하였고, 숫자가 커짐에 따라 관심도가 큰 것을 의미한다. 즉 양쪽 모두 1은 관심도가 최저, 9는 관심도가 최고인 상태를 나타낸다.

X축과 Y축의 관심도가 대응하는 그리드의 위치가 리더십의 유형을 나타내는 것인데, 이에 의하면 81개(9×9)의 리더십 스타일이 성립되지만 일반적으로 5가지의 리더 유형으로 구분한다.

- **1 · 1형(소극형)** : 생산(업적) 및 인간 모두에 대하여 전혀 관심이 없는 리더로서, 무책임한 방임형 리더이다. 이를 '소극형'이라고 한다.
- **1 · 9형(인간중심형)** : 생산(업적)에 대한 관심은 없으나 인간에 대한 관심이 매우 높은 리더로서, 업무보다는 인간관계를 중요시하는 리더이다. 이를 '인간 중심형'이라고도 한다.
- **9 · 1형(업무중심형)** : 오로지 생산(업적)에만 관심이 있으며, 인간에게는 관심이 없는 리더로서, '일 중심형' 혹은 '일 중독형'이라고 한다.
- **5 · 5형(중용형)** : 생산(업적)과 인간에 대한 관심이 중간 정도인 리더를 말한다. 이를 '중용형'이라고도 한다.
- **9 · 9형(이상형)** : 생산(업적)과 인간, 양쪽 모두에 관심이 매우 높은 리더로서, 이를 '이상형'이라고 한다.

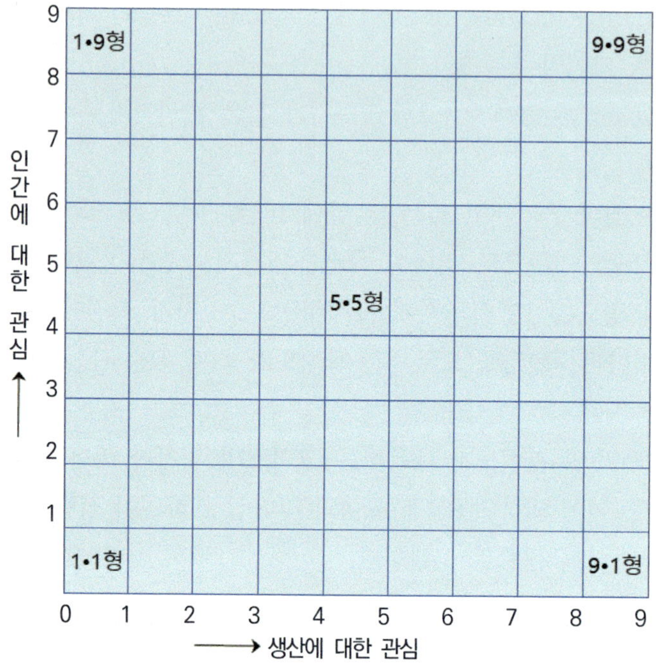

그림 11-7. 매니지리얼 그리드(managerial grid)

(3) 상황이론

앞에서 설명한 리더십의 특성이론과 행위이론이 강조하는 것은 가장 이상적인 리더의 특성이나 행동유형이다. 그러나 그 이후 리더가 처한 상황적 변수로 리더십을 이해하는 상황이론(contingency theory)이 출현하였다.

상황이론의 가정은 '어떤 상황에서나 유효한 최적의 리더십 유형은 없으며 효과적인 리더십은 상황에 따라 결정되어야 한다'는 것이다.

상황적 요소들을 중시하는 이 접근방법은 경영환경이 급변하는 오늘날 리더십 연구에서 많이 활용되고 있다. 상황이론에서 고려할 수 있는 상황 요소는 [그림 11-8]과 같다.

상황이론은 이러한 상황 요소를 중심으로 리더십을 유형화하고, 이들 요소의 역할과 리더십의 유효성을 분석한다.

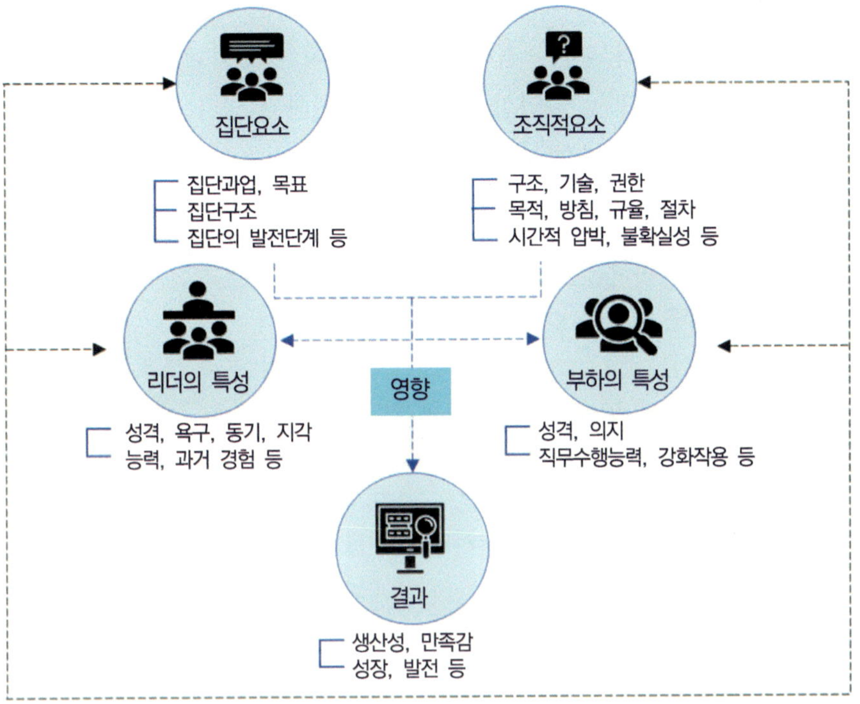

그림 11-8. 리더십에 영향을 미치는 여러 상황 요소

상황에 맞는 리더십

조직을 이끄는 리더십은 매우 다양한 형태를 취해야 하는데, 조직의 특성과 조직의 상황을 먼저 고려해야 한다. 왜냐하면 아무리 좋은 리더십이라도 모든 조직에 동일하게 적용될 수 없기 때문이다.

예를 들면 체계가 잡힌 대기업과 신생 스타트업은 서로 다른 리더십이 요구된다.

대기업은 체계적인 조직구조로 능률과 유효성을 극대화시키며, 재무적인 성과를 극대화시킬 수 있는 리더의 능력을 중시하지만, 스타트업은 조직이 체계도 갖추지 않은 상태이며, 인원이 적고 경력이나 경험이 짧으며, 사업의 성공을 위해 구성원이 전념을 다하는 상황이기 때문에 비전 제시, 수평적 사고, 정보공유, 투명성 등으로 동기부여와 사기를 북돋을 수 있는 리더의 능력이 더 중요하다.

※ 아무리 이상적인 리더십이라도 성과를 내지 못하면 의미를 상실한다. 왜냐하면 리더의 성과는 조직의 생존과 직결되어 있기 때문이다. 따라서 리더십을 발휘해야 할 대상이나 목표에 따라 다른 형태의 리더십을 유연하게 발휘해야 한다.

3) 다양한 리더십 유형

조직의 성과를 좌우하는 리더십의 중요성이 강조되고, 구성원의 가치관과 경영패러다임의 변화로 다양한 리더십이 출현하고 있다. 리더십의 유형을 몇 가지 살펴보면 다음과 같다.

- **변혁적 리더십(transformational leadership)** : 부하의 참여동기 유발을 중요하게 고려하는 리더십으로, 부하를 존중하며, 자긍심을 심어줌으로써 자발적으로 조직을 위해 능력을 발휘하도록 하는 리더십이다.
- **거래적 리더십(transactional leadership)** : 리더와 부하 간에 이루어진 보상의 댓가를 토대로, 행동을 유발시키는 리더십이다.
- **섬김 리더십(servant leadership)** : 부하와의 관계를 중시하는 리더십을 말한다. 이 리더십은 부하를 가장 중요한 기업의 자산으로 보고, 부하에게 리더의 모든 지식과 경험을 제공하면서 부하를 극진히 모시는 리더십이다.
- **윤리적 리더십(ethical leadership)** : 리더가 먼저 규범적인 행동을 보임으로써, 기업의 모든 구성원에게도 윤리적인 행동을 강조하는 리더십을 말한다. 이 리더십은 리더 · 구성원의 윤리 수준을 높이고, 사회 발전에 기여할 수 있는 새로운 유형으로 자리잡고 있다.
- **공유 리더십(Shared leadership)** : 특정한 한 명의 리더에게 의존하는 것이 아니라 팀의 전체 구성원이 리더가 되어 서로 책임과 목적을 공유하는 리더십으로, 팀원끼리 서로 격려하고 비판하는 자유로운 기업문화가 전제되어야 한다. 이를 WE-리더십(WE-Leadership)이라고도 한다.
- **양방향 리더십(Interactive leadership)** : 구성원에게 업무의 내용과 목표를 이해시키기 위해 모든 과정에 구성원을 참여시키는 리더십이다. 이 형태의 리더십은 구성원들과의 소통(communication)을 중요하게 강조한다.

여러 가지 리더십 유형

조직을 이끄는 리더십은 매우 다양하다. 과거에는 과업지향적이며, 조직의 성과를 극대화하는 리더십이 강조되었다면 최근에는 사회, 세대 간의 가치관 차이 등으로 새로운 형태의 리더십이 출현하고 있다.

예를 들면 정보기술에 익숙하며, 이를 활용할 줄 알면서, 존중과 배려를 강조하는 인간 중시형의 리더십이다. 지원적 리더십, 참여형 리더십, 영감적 리더십, 셀프 리더십, 코칭 리더십 등이다.

리더의 유머

조직은 항상 보다 높은 업무의 몰입도를 통하여 성과를 극대화하는데, 이러한 경우 리더의 유머는 성과에 지대한 영향을 미치게 된다.

유머를 적절히 사용하는 리더십을 발휘하였을 때 리더와 부하 간의 거리가 좁아지고, 나아가 사기와 능력을 높일 수 있기 때문에 성과에 긍정적인 영향을 미치게 된다. 즉 유머가 구성원의 업무 몰입도를 높이고, 일체감을 높일 수 있으며, 피로(burnout)를 감소시켜 준다.

소통 리더십

소통 리더십 : 조직에서 리더가 조직의 구성원들과 자유롭고 원활하게 소통함으로써, 서로를 이해하고 신뢰를 쌓아 가는 리더십을 말한다. 갈수록 자기중심적이고 이기적으로 변하는 가치관으로 서로 소통하는 방법이 익숙하지 않은 상황에서 세대 간의 갈등을 줄여줄 수 있는 리더십이 소통 리더십이다.

휴탈리티 리더십

세계적으로 많은 고통을 가져왔던 코로나19 이후 사고(思考)와 행동의 변화, 가치관의 변화 등을 가져왔다. 특히 정보통신기술과 4차산업혁명기술의 발전이 많은 경영패러다임을 바꿔 놓았는데, 이에 따라 기업에서도 거점 사무실 근무와 재택근무가 확산되었으며, 조직의 구성원이나 임원도 MZ세대로 빠르게 교체되었다.

따라서 조직에서도 과거와 다른 새로운 리더십이 강조되고 있다. 예를 들면 휴탈리티 리더십이다.

먼저 휴탈리티(Hutality : Humanity+Talent)란 기술역량(기술을 수용하고, 활용할 수 있는 능력)과 해석역량(경험, 기술지식으로부터 얻은 역량으로 복잡한 환경 변화에 대응하는 능력)을 말한다.

휴탈리티 리더십(Hutality leadership)이란 기업의 모든 구성원(특히 젊은 구성원)이 휴탈리티를 가지고 일할 수 있도록 독려하고 포용하는 리더십을 말한다.

진정성, 공감, 깨어있는, 공명 리더십

미국 캘리포니아의 우드버리(woodbury)대학 조안 마르케스(Joan Marques)교수는 최근에 강조되는 리더십을 다음과 같이 4 가지로 분류하였다.

* **진정성 리더십**(Authentic leadership) : 조직 구성원에게 도덕·윤리적으로 모든 분야에서 모범을 보이는 리더십
* **공감 리더십**(Empathetic leadership) : 부하의 업무나 역할을 이해하고, 그들과 소통하려는 리더십
* **깨어있는 리더십**(Awakened leadership) : 시시각각 변하는 경영환경에 적합한 리더십을 습득하여 활용하고자 하는 리더십
* **공명 리더십**(Resonant leadership) : 리더가 보유하고 있는 모든 능력을 활용하여 부하의 자발적인 협조를 이끌어내는 리더십

조직의 파괴자 나르시시스트 리더

나르시시스트 리더(narcissist leader) : 자아도취적인 리더를 말하는 것으로, 내면에 나르시시즘((narcissisism)을 가지고 있는 리더이다. 나르시시스트 리더는 다음과 같은 속성을 가지고 있다.

① 팀웍보다는 개인의 성과를 더 강조한다.
② 능력이나 전문성보다는 충성도에 따라 승진을 시킨다.
③ 협력이나 도덕·윤리성을 중요하게 생각하지 않는다.
④ 심지어 구성원이 자기의 나쁜 방식에 동참하기를 강요한다.

리더의 행동은 회사의 문화와 규범을 이루는 토대가 되는 중요한 자리이기 때문에, 이 같은 리더는 자기 자신은 물론 기업을 나쁜 조직으로 만들고, 조직 구성원의 사기를 낮추는 조직의 파괴자이기 때문에 리더로 선발되어서는 안 된다.

※ 나르시시즘((narcissisism) : 자아도취, 자기애가 강한 성향을 말하는데, 나르시시즘의 성향이 강한 사람은 이를 감추기 위해 외모·외부에 지나치게 신경을 쓰며, 자신이 우수하지 않다는 불안감 때문에 다른 사람으로부터 인정을 받는 것에 집착한다. 이러한 부류의 사람은 다른 사람과 가까워지면 자기의 능력 부족이 드러나기 때문에 다른 사람과 진정한 교류를 하지 못한다.

토크니즘

토크니즘(tokenism) : 사회적으로 소수 세력에 대한 차별을 은폐하기 위한 수단으로 소수의 구성원을 구색 맞추기용으로 이용하는 것이다. 예를 들면 성(性), 인종, 종교, 민족 등에 따라 소수의 인원을 상징적으로 뽑아 구색을 맞추는 것을 말한다. 몇 가지 예는 다음과 같다.

* 성평등이 갈수록 강조되고 있는 최근의 추세에서 여성이 리더가 되는 비중이 늘어나고 있지만 아직도 여성의 비중은 상대적으로 미미한 실정이다. 기업이 이러한 상황에서 구색 맞추기용으로 극소수의 여성을 어쩔 수 없이 임명하는 경우이다.
* 남성 중심의 조직에서 평등하게 균형을 맞추려는 노력 중에는 먼저 명칭부터 바꿔야 한다고 주장하는 여론이 높아지고 있다. 예를 들면 그동안 회장이나 의장을 지칭하는 용어는 Chairman을 많이 사용하였지만 Chair로 사용하는 기업이 늘고 있다.
* 미국의 타임지는 1999년부터 '올해의 남성(Man of the Year)' 대신 '올해의 인물(Person of the Year)'이라는 명칭을 사용하고 있다.

※ 명칭부터 바꾸는 노력 중 하나가 여사장, 여배우, 여류 작가 등의 용어를 사용하지 않는 것이며, 조직에서는 성을 구분하지 않는 기업문화를 구축하는 추세이다.

팔로워십

팔로워십(Followership) : 리더십과 반대되는 개념이다. 상사와 부하의 관계에서 과거에는 리더의 능력, 덕목, 자질 등을 강조하였지만 최근에는 부하의 역할을 강조하는 의미의 팔로워십이 강조되고 있다.

팔로워십이란 부하에게 요구되는 바람직한 특성과 행동을 의미하는 것으로, 예를 들면 상사의 리더십을 적극적으로 지원하고, 잘못된 부분은 건전하게 비판하는 부하의 역량을 말한다.

3. 의사소통

1) 의사소통의 기초

(1) 의사소통의 개념

의사소통(communication)이란 조직 구성원들이 상호 간에 업무 정보를 교환하고, 업무 기능을 서로 연결시켜 나가는 과정과 행위를 말한다.

조직에서 의사소통은 갈수록 중요성이 강조되고 있는데, 그 이유는 조직의 모든 관계는 의사소통으로부터 시작되기 때문이며, 의사소통이 원활한 조직의 구성원은 사기가 높아 업무의 능률도 높기 때문이다.

따라서 의사소통은 동기부여 및 리더십과 함께 조직의 목표를 달성하기 위한 경영자의 지휘활동 중에서 중요한 위치를 차지하고 있다.

(2) 의사소통의 목적

의사소통은 조직에서 업무의 효율을 높이고, 인간의 일상에서는 삶의 질을 높이는 중요한 수단이다.

조직에서 의사소통을 원활하게 유지하기 위해서는 업무에 필요한 정보를 정확하게 공유하고, 업무수행을 위해 협조와 참여를 독려하여, 궁극적으로는 동기부여를 극대화하는 것이 목적이다.

(3) 의사소통의 유형

조직의 의사소통은 많은 사람들이 참여하고 있으며, 조직이 갖추고 있는 명령과 역할체계 등으로 복잡한 특성을 갖는다. 특히 기업에서는 구성원들을 서로 연결시켜 줄 뿐만 아니라 외부환경의 모든 이해관계자와도 원활한 관계를 유지시켜 준다.

조직의 의사소통 네트워크는 공식적 의사소통과 비공식적 의사소통으로 나누어진다.

① 공식적 의사소통

조직이 미리 확정해 놓은 경로, 방식, 절차에 따라 이루어지는 의사소통을 말하는 것으로, 업무를 달성하기 위한 계획적인 의사소통을 말한다.

공식적 의사소통은 의사소통이 이루어지는 방향에 따라 다음과 같이 구분한다.

- **하향적 의사소통** : 상위자로부터 하위자에게 직무와 관련된 정보를 전달하는 의사소통으로, 명령 · 지시 등이 이에 속한다.
  하향식 의사소통은 일방적이고 강압적인 의사소통을 의미하며, 과거의 중앙집권적인 조직에서는 효과적이었다. 그러나 조직이 갈수록 분권화되어 가고 권한을 아래로 위임하는 조직이 일반화되면서 오늘날에는 그다지 선호하지 않는다.
- **상향적 의사소통** : 하급자의 의견이나 아이디어를 상급자에게 전달하는 의사소통 방식으로서, 보고 · 제안 등이 이에 속한다. 갈수록 중요시되는 창의성과 잠재적 능력을 구성원들로부터 얻기 위해서는 자유로운 의견 교환이 가능한 상향식 의사소통이 유리하다.
- **수평적 의사소통** : 조직 안에서 동료 간이나 부서 간에 수평적으로 이루어지는 의사소통으로서, 위계 수준이 같은 구성원이나 부서들이 행하는 의사소통이다. 최근의 의사소통은 각 구성원이나 부서 간에 자유롭고 수평적인 의사소통을 중시한다.
- **대각적 의사소통** : 여러 가지 기능과 조직의 계층이 서로 교차하여 이루어지는 의사소통으로서, 라인부문과 스탭부문, 상하, 좌우가 서로 의사소통하는 경우이다.

② 비공식적 의사소통

비공식적 의사소통은 공식적인 조직의 권한 계층과는 별도로 자연발생적으로 형성되는 의사소통으로서, 구성원의 감정적 · 자발적인 이유로 형성되는 경우가 많으며, 학연, 지연, 혈연 등으로 형성되기도 하고, 전달경로가 불확실하다는 속성을 가지고 있다.

비공식적 의사소통은 경로가 포도넝쿨처럼 복잡하게 이루어지는 경우가 대부분이기 때문에 일명 그레이프바인(grapevine)이라고도 한다.

조직이 목표를 효과적으로 달성하기 위해서는 공식적인 의사소통 경로를 확립하는 것이 중요하지만, 비공식적인 의사소통을 보완적인 수단으로 활용하는 것이 구성원의 사기를 올리는데 긍정적일 수 있다.

2) 의사소통의 과정

의사소통은 조직을 유지하는데 필요한 경영지휘 활동의 중요한 수단이기 때문에 오래전부터 의사소통의 방법, 수단을 개선하려는 노력을 해 오고 있다. 최근에는 정보통신기기의 발전으로 의사소통 방법이 획기적으로 개선되어가고 있으며, 특히 비대면 의사소통 방법의 비중이 더욱 높아지고 있다.

의사소통이 이루어지기 위해서는 먼저 의사소통의 목적을 분명히 정하는 것이 중요하다. 목적이 정해지면 일반적으로 다음과 같은 과정을 거쳐 의사소통이 이루어진다([그림 11-9] 참조).

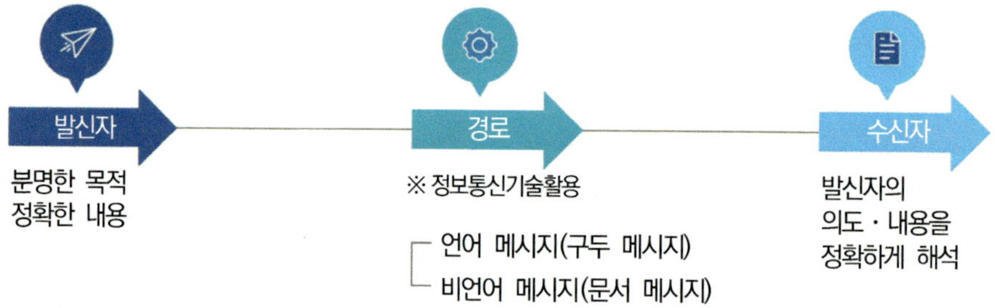

그림 11-9. 의사소통 과정

(1) 발신자

전달할 아이디어나 정보를 갖고 있는 발신자는 의사소통의 출발점인데, 역량(발신자의 기술, 태도, 신뢰감, 지식수준 등)에 따라 의사소통의 결과가 달라진다. 이 과정에서는 메시지의 내용을 명확하게 하는 것이 중요하다.

(2) 경로

경로란 전달하고자 하는 아이디어나 정보를 어떤 언어·방법 등을 사용하여 의사소통의 효율을 높일 것인가를 말한다.

메시지를 전달하는 수단으로 직접 대면, 정보 기기를 이용하는 비대면, 서류, 도표, 메모 등을 이용할 수 있으며, 언어적 메시지와 비언어적 메시지를 활용할 수 있다.

언어적 메시지는 다시 구두 메시지와 문서 메시지로 나눌 수 있으며, 비언어적 메시지는 표정, 자세, 음성, 몸짓, 눈짓 등의 방법을 말한다.

최근에는 정보통신기술의 발달로 이메일(E-mail), 소셜네트워크(SNS), 페이스북(facebook), 트위터(twitter), 인스타그램(instagram), 카카오톡(kakao talk) 등 매우 다양한 메시지 전달 방법이 실시간으로 이루어지고 있으며, 이는 시간과 공간을 초월하며 기동력을 발휘할 수 있는 방법이다.

(3) 수신자

발신자의 정보를 전달받는 사람이 수신자인데, 발신자가 전달하고자 하는 내용을 누락이나 왜곡 없이 정확하게 해석하는 것이 중요하다.

조직에서는 수신자(receiver)가 한 사람일 수도 있고 다수일 수도 있는데, 어떤 경우든 발신자의 의도를 정확하게 파악·이해하는 것이 중요하다. 특히 수신자와 발신자의 관계, 수신자의 능력이나 특성에 따라 메시지의 해석 방향이 달라질 수 있는데, 메시지의 해석은 수신자의 과거의 경험이나 가치관에 따라 다르게 해석될 수 있다.

3) 의사소통의 네트워크

기업경영에서 의사소통이 중요시되는 이유는 경영규모의 확대에 따른 복잡성의 증대를 해소할 수 있으며, 팀웍 조성, 사기 향상 등을 기대할 수 있기 때문이다.

기업에서 의사소통은 공식적인 조직구조를 통해서 이루어지기 때문에 의사전달자와 수신자 사이에 여러 개의 연결점을 갖는 의사소통 네트워크(communication network)를 형성하게 된다. 물론 비공식적인 경로를 통하여 이루어지는 의사소통도 있지만, 이는 혼란을 야기시킬 가능성이 있고 사실과 다르게 전달될 가능성이 높다.

의사소통의 네트워크는 조직의 구조나 문화 등에 의해 영향을 받는데, 일반적으로 다음과 같은 4가지 형태의 네트워크가 있다([그림 11-10] 참조).

- **상의하달형**(top-down type) : 의사소통의 통로가 위에서 아래로만 이루어지며, 일반적으로 전통적인 조직의 공식적인 명령계통이 이에 해당한다. 의사소통의 정확도가 높고, 시간은 단축되지만 구성원의 만족도는 낮다는 특징이 있다.
- **하의상달형**(bottom-up type) : 의사소통이 밑에서 위로 자연스럽게 전달되는 형태의 조직이다. 상의하달형보다 시간은 더 걸릴 수 있지만 구성원의 사기나 만족도가 높다는 특징이 있다.

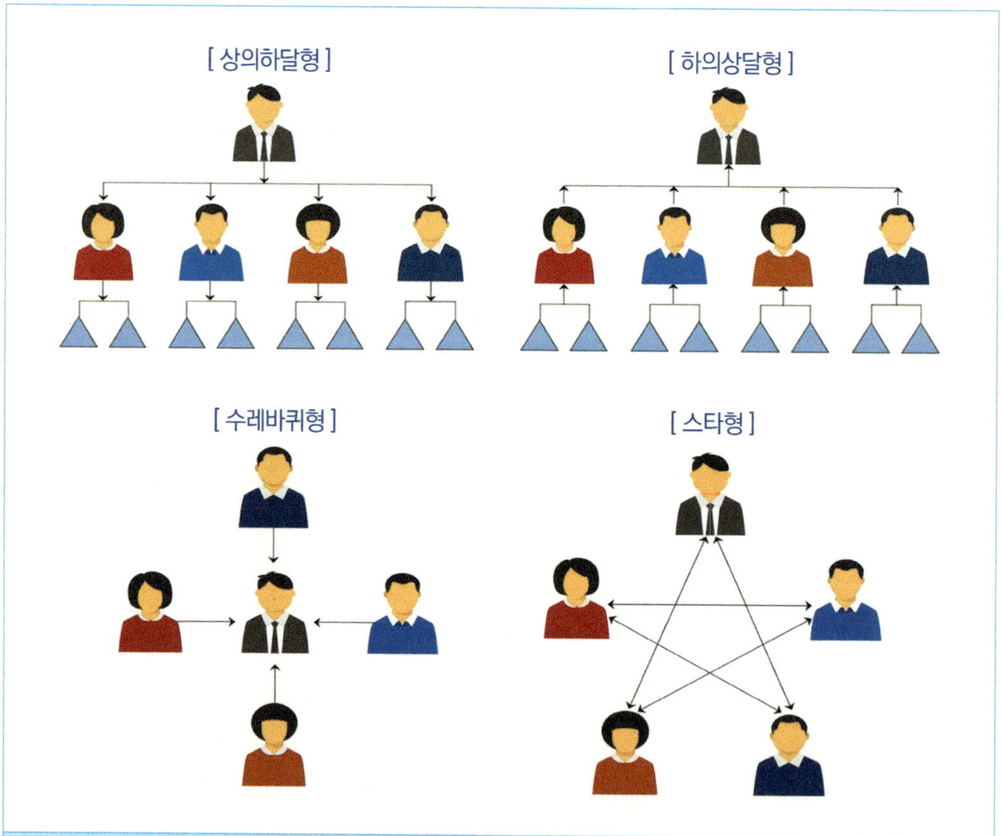

그림 11-10. 의사소통 네트워크의 종류

▸ **수레바퀴형**(wheel type) : 한 사람의 상사에게만 보고하는 의사소통 유형이다. 일종의 중앙집권형 조직 형태에서 볼 수 있는 것으로, 시간은 단축되지만 만족도는 낮다.

▸ **스타형**(star type) : 리더가 없이 구성원 누구나 자유롭고 수평적으로 의사소통을 할 수 있는 유형으로, 만족도가 높으며, 창의성을 자유롭게 발휘할 수 있다. 최근의 정보통신기술을 활용하면 다양한 아이디어를 짧은 시간에 집약할 수 있는 효과를 기대할 수 있다.

4) 전통적인 방법의 의사소통과 최근의 의사소통

과거에는 전통적인 의사소통 방법을 활용하여 가급적 정확한 정보교환을 할 수 있는 여러 가지 방법을 강조하였다. 또한 상의하달(top-down)의 의사소통 방식이 주로 이용되었다.

그러나 최근에는 정보통신 기술의 발전과 각종 전자기기를 활용하는 기술이 융·복합되어 과거에 상상할 수 없는 새로운 의사소통 방법이 활용되고 있다.

전통적인 의사소통 방법과 최근의 의사소통 방법의 몇 가지 특징을 살펴보면 다음과 같다.

(1) 전통적인 의사소통

요즘과 같은 정보기술이 발달하지 않은 과거의 의사소통 방법은 조직의 구성원 대 구성원이 서로 정보를 전달하거나 받는 방법, 감정 표현의 방법, 정보의 공유가치를 높이는 방법 등을 강조하면서 정확한 정보전달에 초점을 맞추었다. 또한 조직에서 의사소통 문제로 야기되는 갈등 줄이기, 구성원의 사기·팀워크(teamwork)·협동심을 높이는 방법 등을 주요 과제로 삼았다.

따라서 의사소통에서 강조하는 내용도 의사결정의 정확성, 네트워크, 왜곡 방지, 정확한 해석 등에 초점을 맞추었다. 과거의 의사소통에서 주로 강조하였던 내용은 다음과 같다.

① 의사전달의 채널과 통로를 명확하게 설정해야 한다.

② 의사소통의 채널은 직선적이어야 하고, 짧아야 한다.

③ 정확한 의사소통을 위해 의사소통과 관련된 시스템의 유능한 운영자가 있어야 한다.

아울러 의사소통을 성공적으로 진행하기 위해 의사소통의 저해 요인을 제거하는 방법을 강조하였으며, 의사소통의 담당자는 이러한 저해 요인의 원인을 제거하는데 초점을 맞추었다.

예를 들면 의사소통의 장애물 제거, 전달 내용의 왜곡과 누락의 방지, 지리적인 약점의 보완 등을 주로 다루었다.

(2) 최근의 의사소통

불확실성이 높고, 급변하는 경영환경에서 의사소통의 중요성은 더욱 강조되고 있는데, 특히 의사소통의 기동력과 정확성을 위해서 각종 정보통신기술(ICT)을 활용하는 새로운 방법을 도입하고 있다.

예를 들면 의사소통의 내용을 모든 구성원 및 이해관계자들에게 실시간으로 제공할 수 있을 뿐만 아니라 상대방의 의견도 실시간으로 공유할 수 있게 되었으며, 가상현실(VR), 증강현실(AR)의 단계를 넘어 최근에는 메타버스(Metaverse)를 활용하는 방법 등으로 의사소통의 능률과 효과를 극대화하고 있다.

따라서 앞으로는 첨단 디지털기술의 활용 여부가 의사소통의 성공을 결정하는 중요한 수단이 되었으며, 모든 정보가 실시간으로 누구에게나 공개되어 활용할 수 있도록 해야 한다.

또한 창의성과 혁신을 강조하는 최근의 경영환경에서는 명령과 복종을 강조하는 과거의 상의하달(上意下達 : top-down) 방식의 의사소통보다 하의상달(下意上達 : bottom-up) 및 수평적인 의사소통이 갈수록 더욱 중요해지고 있다.

디지털 리터러시

최근 기업에서 자주 사용하는 용어 중 하나가 **디지털 리터러시(Digital Literacy : 디지털 문해력)**이다. 이는 '디지털 기술을 언제, 어떻게 사용할지를 아는 능력'으로서, 디지털 시대에 다양한 미디어를 접하면서 수많은 정보 중에서 자기가 원하는 정보를 찾아내고, 분석 · 평가 · 조합하는 개인의 능력을 말한다.

기업에서 모든 구성원의 디지털 리터러시 수준이 높아지면 시간 단축은 물론 생산성, 능률 등이 높아지게 된다. 또한 정보를 주고받을 때도 디지털 리터러시 수준의 차이가 심하게 나면 계획했던 결과를 기대할 수 없다.

아울러 의사소통 능력은 경영자는 물론 모든 구성원이 갖추어야 할 기본적인 덕목이 되었으며, 각종 정보통신기기를 활용하여 의사소통의 기동력을 높여야 하기 때문에 정보통신기술을 높이기 위해 적극적인 투자를 해야 한다.

5) 의사소통의 개선방안

조직에서 의사소통이 잘 되고 있다는 의미는 조직 구성원 모두가 투명한 정보를 공유하고 있다는 것이며, 명령이나 통제보다는 하위층의 의사가 상위층으로 정확하게 전달될 수 있는 하의상달(下意上達) 시스템이 구축되어 있고, 상대방의 인격을 존중하면서 자유롭게 자기의 의사를 표현하고 있다는 것이다.

이러한 조직에서는 하의상달의 시스템이 정착되어 있기 때문에 평등하고 수평적인 조직문화, 제안제도(suggestion system)나 상담제도(counselling system) 등이 잘 정착되어 있으며, 의사소통의 중요성을 모든 구성원이 공유하고 있다는 특징이 있다.

아울러 하위층으로부터 상위층에 이르는 의사소통 경로는 항상 개방되어 있으며, 상위자도 하위자에게 명령보다는 협조와 동의를 구하는 방법을 적극적으로 활용하고 있다. 따라서 구성원의 사기가 높고, 생산성이나 능률이 높을 수밖에 없다.

조직의 의사소통을 개선하고 능률적으로 운영하기 위해서는 의사소통을 수행하는 발신자나 수신자가 모두 노력해야 하며, 동시에 의사소통과 관련된 첨단 하드웨어를 활용하여 정보흐름을 명확히 규정하고 관리할 수 있도록 해야 한다.

멘토와 리버스 멘토제의 활용

의사소통을 원활하게 하는 방법 중 하나가 세대 간의 이해와 협력이다. 이를 위해 서로 이해를 높이고, 협력을 꾀할 수 있는 방법이 멘토와 리버스 멘토제이다.

멘토제를 통하여 상사로부터 경험과 기업이나 자신의 미래상을 그려볼 수 있고, 리버스 멘토제를 통하여 상사는 젊은 사람의 가치관을 이해할 수 있게 된다. 이러한 방법은 모두 의사소통의 효과를 극대화시킬 수 있는 방법이다.

멘토(mentor)제란 선임자(mentor)와 신입사원(mentee)의 맨투맨 교육 및 조언방식을 말한다. 이는 경험이 많은 선임자가 신입사원에게 업무에 대한 조언·상담·전수하는 방법으로, 업무능력을 높이는 것은 물론 사기를 높이고 이직률을 낮출 수 있으며 신입사원이 소속감과 애정을 느낄 수 있도록 하는 방법이다.

이러한 애정을 통하여 신입사원의 잠재력을 개발하고, 미래의 성장 가능성, 승진 가능성, 가치관, 꿈과 비전을 이룰 수 있도록 조언해 주는 것이다. 또한 멘토제의 가장 큰 장점은 신구(新舊)세대 간의 갈등을 줄일 수 있으며, 팀워크를 유발하는데도 효과가 매우 크다는 점이다.

최근에는 **리버스 멘토**(reverse mentor)제를 많이 활용하고 있는데, 이는 멘토제와는 반대로 CEO나 상사가 젊은 세대(특히 MZ세대)에게 그들의 가치관이나 생각을 이해하기 위하여 소통하고, 경청하는 것을 말한다. 또한 조직의 발전을 위하여 미래의 주역인 젊은 세대의 의견을 이해하는 조직문화를 형성하는데 매우 효과가 있다.

침묵과 발언

침묵 : 침묵(silence)이란 조직이나 팀을 위험에 빠트리거나 큰 영향을 끼칠 수 있는 정보, 제안, 생각, 질문, 우려 사항 등을 책임자에게 의도적으로 말하지 않는 행위를 일컫는다.

발언 : 발언(voice)이란 조직이나 팀의 성과를 향상시키려는 의도를 가지고 아이디어, 제안, 의견, 우려 사항 등을 적극적으로 표현해 문제 해결이나 혁신에 도움이 되고자 하는 행위를 말한다.

과거에는 조직에서 침묵이 줄어드는 것과 발언이 증가하는 것을 동일한 것으로 간주하였으나 최근에는 독립적이라는 이론이 더 많은 지지를 받는다. 또한 조직의 구성원이 조직에서 영향력을 발휘할 수 있다고 생각하는 경우는 발언의 비중이 늘고, 반대의 경우는 침묵의 비중이 늘어난다고 본다.

조직에서 더 경계해야 할 것은 의도적이고 반복적인 침묵이다. 왜냐하면 이는 조직을 더 위험하게 만들기 때문이다.

리더나 상사는 침묵이 줄어들고, 발언이 늘어난다고 하더라도 커뮤니케이션이 원활하게 이루어지고 있다고 믿어서는 안 된다. 왜냐하면 자유롭게 발언하는 조직문화가 정착되지 않으면 발언을 꺼리며, 발언은 오히려 불이익을 당할 수 있다고 믿기 때문이다.

따라서 원활한 커뮤니케이션을 위해서는 먼저 자유롭게 의사소통할 수 있는 조직문화를 구축하는 것이 선행되어야 한다.

링겔만 효과(Ringelmann effect)

* 말(馬)의 능력을 연구하였던 프랑스의 심리학자인 막시밀리앙 링겔만(Maximilien Ringelman : 1861~1931)이 주장한 이론으로, 집단에 참여하는 사람의 숫자가 늘어날수록 조직에 대한 개인의 공헌도나 생산성이 떨어진다는 이론이다.
  그는 두 마리의 말이 끄는 마차의 경우, 한 마리가 끌 때보다 두 배의 힘이 되지 않는다는 것을 발견하였다. 이러한 현상을 사람의 줄다리기로 실험하였는데, 사람이 늘어난다고 그에 비례해서 힘이 커지지 않는다는 것을 발견하였다.
* 실험 내용을 줄다리기에 적용하였는데, 만약 한 사람의 힘을 10로 가정하였을 때, 두 사람이 줄을 당기면 9.3, 세 사람이 줄을 당기면 8.5의 힘을 쓴다는 것이다. 즉 인원이 많아질수록 개인의 공헌도는 작아진다는 것이다.
  그 이유는 집단속에서는 개인이 하는 역할이나 일이 잘 드러나지 않기 때문에 최선을 다하지 않으며, '나 하나 쯤이야' 하는 생각으로 무임승차(Free Ride)하려는 심리적 경향이 있기 때문이다.
* 조직에서도 인원이 많아지면 조직의 목표를 달성하기 위해 필요한 충분한 의사소통이 어렵고 팀웍(teamwork)을 발휘할 수 없다는 것을 링겔만 효과로 설명할 수도 있다.
* 따라서 기업은 목표를 달성하기 위한 적정 인원이 몇 명인가를 항상 고민해야 한다.

제12장 경영통제

제1절

경영통제의 일반적인 개념

1. 경영통제의 의의 · 필요성 · 원칙

(1) 경영통제의 의의

경영통제(controlling)란 수립한 계획의 내용과 경영활동의 결과인 성과를 계획과 일치하도록 조정 혹은 감독하는 기능으로서, 원활한 경영활동을 위해 매우 중요한 과정이다.

경영통제는 경영사이클(계획 → 조직 → 지휘 → 통제)의 마지막 단계인데, 설정한 계획의 내용과 목표에 대한 결과를 측정하고, 만약 측정 결과가 계획과 차이가 있다면 그 원인을 찾아 수정하는 일련의 행동을 말한다.

(2) 경영통제의 필요성

경영통제활동이 갈수록 강조되는 이유는 ① 급변하는 경영환경의 변화와 높아져 가는 불확실성에 대처할 수 있으며, ② 조직의 복잡성과 다양성을 지속적으로 보완할 수 있고, ③ 조직 구성원들의 가치관 변화에 대한 직무환경 변화에 대처능력이 생기며, ④ 바뀌고 있는 경영 패러다임을 적용할 수 있는 기회 등을 꼽을 수 있다

(3) 경영통제의 원칙

바람직한 경영통제가 이루어지기 위해서는 ① 목적 확실성의 원칙, ② 능률의 원칙, ③ 책임의 원칙, ④ 직접 통제의 원칙, ⑤ 계획 반영의 원칙, ⑥ 조직 적합성의 원칙, ⑦ 개별성의 원칙, ⑧ 객관적인 표준 원칙, ⑨ 탄력성의 원칙, ⑩ 수정의 원칙 등의 내용을 고려해야 한다.

2. 경영계획과 경영통제의 관련성 및 통제 방법

(1) 경영계획과 경영통제의 관계

경영통제는 계획한 업무와 일들이 계획대로 정확하게 진행되는지를 확인·감독하는 것이기 때문에 경영계획과 경영통제는 분리될 수 없다. 또한 경영통제는 경영계획이 전제되어야 하며, 경영계획의 실행은 경영자가 통제기능을 수행했을 때 계획의 달성 여부를 확인할 수 있다.

따라서 경영통제를 위해서는 먼저 명확한 경영계획이 선행되어야 하고, 특정 목표를 달성하기 위해 자원의 사용방법을 명확하게 제시해야 하며, 경영계획이 의도한 대로 정확하게 진행되고 있는지에 대한 여부가 객관적으로 평가되어야 한다.

(2) 경영통제의 방법

경영통제의 방법은 관리적, 전략적, 단계별 통제로 구분한다.

① **관리적 통제**

조직의 목표 달성을 위한 업무적 활동으로 인적 · 물적 · 재무 · 정보자원을 통제하는 방법으로, 일반적으로 다음과 같은 내용이 있다.

- ▶ **인적자원의 통제** : 구성원의 선발, 훈련, 평가, 보상 등의 객관적이고, 합리적인 운용을 위한 통제
- ▶ **물적자원의 통제** : 구매, 재고관리, 설비통제, 품질통제 등이 가장 효율적으로 운영되기 위한 통제
- ▶ **정보자원의 통제** : 모든 조직 활동을 지원하기 위하여 적기 · 적소에 정확한 정보의 이용가능성을 보장하는 통제
- ▶ **재무자원의 통제** : 기업에서 이용 가능한 자본의 효과적인 사용을 가능하게 하는 통제

② **전략적 통제**

전략이란 기업이 나아갈 미래의 계획이기 때문에 전략을 수립하는 경영자는 기업활동에 영향을 미치는 고객, 정부, 기술, 경쟁회사 및 기업의 모든 이해관계자들에 대한 정보를 수집하고 분석하여 전략을 수립해야 한다.

수립한 전략은 지속적으로 수정할 수 있는 유연성을 가지고 있어야 하는데, 그 이유는 경영환경이 계속 변하고 있기 때문이다.

따라서 전략통제를 효율적으로 운영하기 위해서는 통제의 기준도 경영환경에 맞게 유연하게 수정할 수 있어야 하며, 이를 위해서 경영자는 지속적으로 경영환경을 분석하여야 한다.

③ **단계별 통제**

제조기업에서 기업활동이 진행되는 시점에 따라 이루어지는 통제는 다음과 같다.

- ▶ **예방 통제(preventive control)** : 투입단계에서 예상되는 문제점을 사전에 예방하기 위한 통제
- ▶ **동시 통제(concurrent control)** : 작업이 진행되면서 발생하는 문제점을 실시간으로 통제
- ▶ **수정 통제(corrective control)** : 산출단계에서 계획대로 이루어지지 않은 결과의 원인을 찾아 수정하는 통제

제2절
경영통제의 절차

일반적으로 경영통제의 절차는 다음의 [그림 12-1]과 같이 4단계로 형성된다.

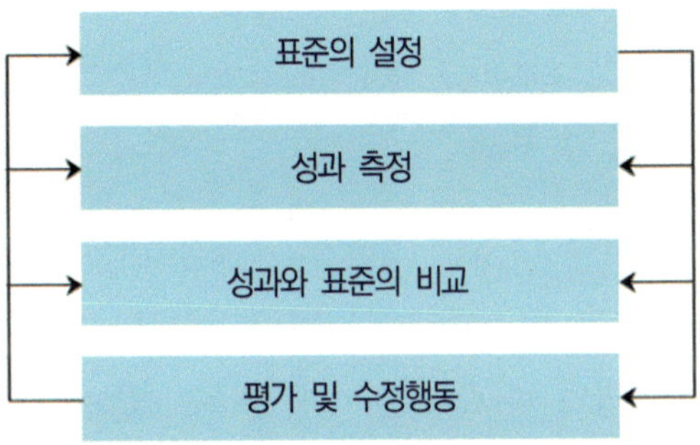

그림 12-1. 경영통제 절차

1) 표준의 설정

표준(standard)이란 계획한·목표의 성과를 측정하는 기준(criteria)으로 조직이 추구하는 목표를 근거로 설정되어야 하며, 표준이 명확할수록 통제과정이 수월해지며, 불명확하면 성과의 해석이 어려워진다.

경영통제 활동이 효과적으로 이루어지기 위해서는 표준이 계수로 표시되는 것이 유리하다.

일반적으로 표준의 유형에는 ① 시간 표준, ② 생산성 표준, ③ 원가 표준, ④ 질적 표준, ⑤ 물리적 표준, ⑥ 자본적 표준, ⑦ 수익 표준, ⑧ 프로그램 표준, ⑨ 무형적 표준 등 여러 가지가 있으며, 기준은 제품의 양, 서비스 단위, 작업시간, 속도, 불합격 수량 등 양적으로 표현되는 경우와 비용, 수입, 투자액 등 화폐단위로 표현되는 경우가 있다.

2) 성과의 측정

경영통제 활동이 효과적으로 수행되기 위해서는 성과측정 활동이 각 단계별로 객관적으로 정확하게 이루어져야 한다. 아무리 표준이 잘 설정되었다 하더라도 측정 과정이 객관적이지 않으면 경영통제 활동은 의미를 상실하게 된다.

성과 측정이 정확히 이루어지기 위해서는 경영통제 활동의 내용이 사전에 명확하게 설정되어야 하며, 측정 방법과 과정을 모든 구성원이 수용할 수 있어야 한다.

3) 성과와 표준의 비교

통제과정의 세 번째 단계는 성과를 표준과 비교하는 것으로, 비교 결과는 표준과 일치하거나, 높거나, 낮을 수 있다. 성과와 표준이 일치하는 것이 가장 좋은 경우이지만 만약 다르다면 수용할 수 있는 허용오차의 범위(limited tolerance) 내인지를 확인해야 한다.

그러나 허용오차를 벗어난 경우에는 근본적인 원인을 찾아내야 한다.

4) 편차의 수정

경영통제 과정의 마지막 단계는 계획단계에서 설정한 표준과 성과의 차이를 수정하는 단계로서, 앞의 성과와 표준의 비교단계에서 발생한 편차를 바로잡아 수정조치를 취하는 단계이다.

최근과 같이 기동력이 강조되고 급변하는 경영환경에서는 편차의 수정활동이 실시간으로 이루어지는 통제 활동이 중요하다. 또한 이탈의 원인을 근본적으로 해결해야 하고, 목표를 초과 달성하였을 때도 원인을 분석하여야 하며, 목표를 달성하지 못한 경우는 정확하고 객관적으로 원인을 분석하여 다음 계획 수립에 반영하여 재발하지 않도록 조치해야 한다.

제3절

경영통제의 기법

1. 경영통제기법의 의의

경영통제 활동을 효과적으로 수행할 수 있는 기법(도구)이 실무적으로 많지만 모든 경영활동을 정확하게 통제하는 기법은 존재하지 않는다.

왜냐하면 어떤 하나의 기법으로 모든 경영활동을 통제하기에는 변수가 너무나 많고 다양하기 때문이다. 따라서 기업의 상황에 가장 적절한 통제방법과 시스템을 활용하는 것이 중요하다.

통제시스템의 주요 영역은 [그림 12-2]와 같다.

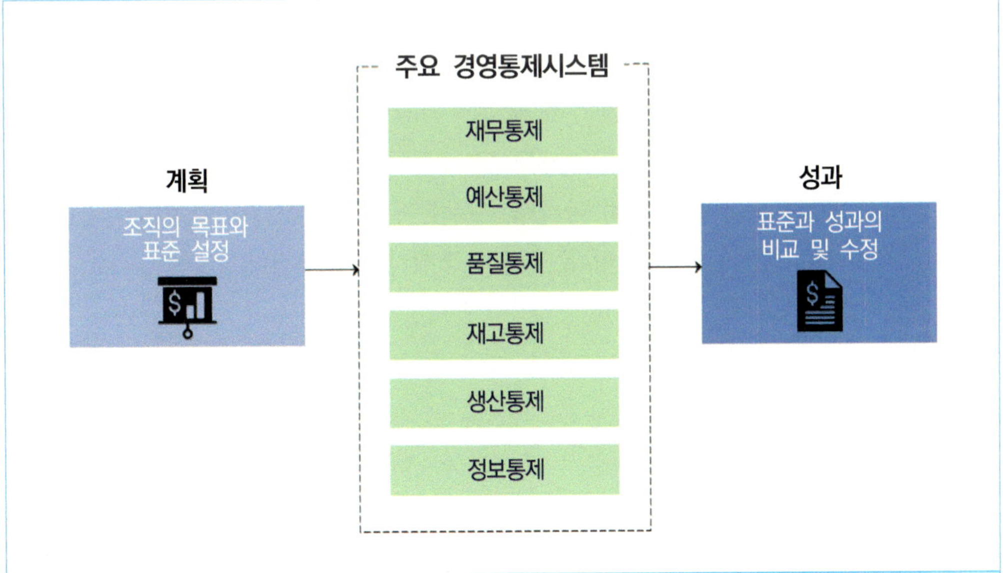

그림 12-2. 주요 경영통제시스템

- **재무통제시스템** : 자금에 관련된 문제를 다루는 것으로, 이익이 발생하였는지 혹은 부채가 적정한지 등을 통제한다.
- **예산통제시스템** : 수익과 비용이 계획과 일치하는지를 통제한다.
- **품질통제시스템** : 제품과 서비스의 품질이 계획했던 대로 유지되는지 등의 여부를 통제한다.
- **재고통제시스템** : 경제적인 재고관리를 위한 수·발주 시스템을 통제한다.
- **생산통제시스템** : 모든 생산활동이 최적의 상태로 유지되도록 통제한다.
- **정보통제시스템** : 기업활동과 관련된 모든 정보를 효율적으로 관리할 수 있도록 통제한다.

ABC, BSC 기법

제조활동과 관련된 통제기법으로 최근에 많이 사용되고 있는 대표적인 기법 중에는 **활동원가계산**(ABC : Activity-Based Costing), **균형평가표**(BSC : Balanced-Score Card) 등이 있으며, 이들 기법 이외에도 여러 가지 요소들의 인과관계를 고려하는 통제기법들을 많이 사용한다.

조직의 계층에 따라 통제가 행해지는 시점도 다른데, 예를 들면 재무통제는 최고경영층에서 주로 행하며, 재고 및 생산통제는 하위관리층에서 행한다. 통제가 행해지는 시점도 각각 다른데, 재무통제는 사후적 통제가 이루어지며, 생산 및 재고통제는 실시간이나 사전적 통제가 이루어진다.

2. 재무통제

재무통제는 생산과 원가를 통제하기 위한 표준원가제도로부터 현재의 정교한 예산편성기법으로 발전하였다. 경영자가 사용하는 통제기법은 다양하지만 주로 사용되고 있는 통제기법으로 재무제표, 비율분석, 재무감사 등이 있다.

1) 재무제표

재무제표(financial statement)란 일정 회계기간 동안 기업의 회계자료를 측정 · 기록 · 분류 · 요약한 회계보고서로서, 일정 시점의 재무 상태와 일정 기간의 경영 성과를 요약한 표이며, 조직의 재무통제를 위한 기본적인 정보를 제공한다.

재무제표는 기업이 불특정 다수의 이해관계자(투자자 · 채권자 · 국가 · 경영자 · 소비자 · 종업원)에게 기업의 재무 정보를 제공하는데, 대차대조표와 손익계산서가 대표적이다.

재무제표는 다음의 3가지 상태를 통제하기 위한 수단을 제공한다.

① **유동성**(liquidity)

단기부채를 갚을 능력을 의미하는데, 기업이 현재의 재무적 요구와 부채를 해결하기 위해 자산을 현금화할 수 있는 능력(현금화 소요 시간과 확실성의 정도)을 말한다.

② **일반적인 재무상태**(general financial condition)

부채와 자산 간의 장기적인 균형 상태를 말한다.

③ **수익성**(profitability)

이윤을 얻을 수 있는 능력을 말한다.

(1) 대차대조표

대차대조표(Balance Sheet : B/S)란 일정 시점의 재무 상태를 표시하기 위한 회계보고서로서, 기업의 자산, 부채, 자본의 상호관계를 표시한 계산서를 말한다.

대차대조표가 일정 시점에서 자산, 부채, 자본의 상태를 표시한 것이라 하더라도 이것은 특정 시점의 자산, 부채의 현재가치를 측정하여 표시한 것이 아니라는 점을 유의해야 한다.

(2) 손익계산서

손익계산서(Profit & Loss statement : P/L)란 일정기간 동안의 경영성과를 파악하기 위한 회계보고서인데, 경영성과가 의미하는 것은 경영성적을 뜻하는 것으로, ① 일정 기간의 수익 산정, ② 일정 기간의 비용(원가) 산정, ③ 지출, ④ 순손익의 결정이라는 네 가지가 포괄된다.

손익계산서는 정보이용자가 가장 관심을 갖는 순이익, 매출액, 매출원가 등의 정보와 수익력을 표시하기 때문에 대차대조표보다도 중시되고 있는 것이 최근의 추세이다.

2) 비율분석

비율분석(ratio analysis)은 재무제표에 나타난 자료를 사용하여 재무 상태를 파악하기 위한 분석이다. 즉 재무제표상의 여러 가지 비율을 분석하고 평가하는 과정으로, 재무통제를 하기 위해 활용된다.

비율분석에서 사용되는 지표는 다양하지만 주로 사용되는 것으로는 유동성 비율, 활동성 비율, 레버리지 비율, 수익성 비율 등이 있다.

(1) 유동성 비율

유동성 비율(liquidity ratio)은 기업의 단기부채 상환 능력을 측정하는 것이며, 유동비율과 당좌비율의 두 가지로 구분된다.

① 유동비율(유동자산 ÷ 유동부채)

대차대조표 상의 유동자산을 유동부채로 나눈 것으로, 기업의 유동성을 측정하는데 사용되는 비율이다.

② 당좌비율[(유동자산 - 재고자산) ÷ 유동부채]

유동자산 중에는 재고자산이 가장 유동성이 낮고, 매각 및 처분 시에도 손실 위험이 높다. 그러므로 기업의 단기부채 지급능력은 재고자산의 처분 없이 그 채무를 이행할 수 있느냐가 중요하다. 따라서 당좌비율은 유동비율보다 더 엄격한 유동성 측정비율이다.

(2) 활동성 비율

활동성 비율(activity ratio)은 기업의 자산이 효율적으로 관리되고 있는가를 나타내는 지표이다. 이 같은 활동성은 주로 기업의 자산과 자본의 회전율에 의하여 측정되는데, 총자산 회전율, 고정자산 회전율, 재고자산 회전율이 있다.

① 총자산 회전율(매출액 ÷ 총자산)

총자산(또는 총자본)이 1년에 몇 번이나 회전하였는가를 나타내는 비율로서, 총자본 회전율이라고도 한다. 회전율이 높으면 유동자산이나 고정자산이 효과적으로 이용되고 있는 것이며, 비율이 낮으면 과대 투자나 비효율적인 투자가 이루어진 것을 의미한다.

② 고정자산 회전율(매출액 ÷ 고정자산)

고정자산이 어느 정도 능률적으로 이용되고 있는가를 측정하는 비율이다. 이 비율이 높을수록 고정자산의 이용도가 양호하다고 할 수 있으나 업종과 기업규모에 따라 편차가 크다.

③ 재고자산 회전율(매출액 ÷ 재고자산)

재고자산이 일정 기간 동안 몇 번이나 당좌자산으로 전환하였는가를 측정하는 것이다. 재고자산 회전율이 높다는 것은 적은 재고자산으로 생산 및 판매활동을 능률적으로 수행하고 있다는 뜻이다.

(3) 레버리지 비율

레버리지 비율(leverage ratio)은 기업의 자본구조인 부채의존도를 나타내는 지표이다. 이 지표는 세 가지의 경제적인 의미를 가지고 있다.

첫째, 부채상환의 안정도를 나타내는 것으로, 기업의 채무불이행 위험을 평가할 수 있다.

둘째, 재무레버리지 효과를 가져오게 된다. 즉 자산의 수익률이 부채에 대한 이자율보다 높을 때, 자기자본에 대한 기대수익률을 확대하는 것이다. 이러한 효과를 보통 재무레버리지 효과라고 한다.

셋째, 재무위험을 나타내는 지표로서의 의미가 있는데, 레버리지 비율로 흔히 사용되는 지표는 부채비율과 이자보상비율이 있다.

① 부채비율

총자본을 구성하고 있는 자기자본과 타인자본의 비율을 말한다. 타인자본은 유동부채, 장기차입금, 사채 등을 포함하며, 자기자본에는 보통주, 유보이익,

자본준비금이 포함된다.

② **이자보상비율**

이자보상비율은 타인자본의 사용으로 발생하는 이자 부담이 기업에 어느 정도의 압박을 가져오는가를 측정하기 위한 비율로서, 기업의 영업이익(이자 및 납세전 이익)이 매년 지불해야 할 이자의 몇 배에 해당하는가를 나타내는 비율을 말한다.

(4) 수익성 비율

기업의 수익성은 모든 경영활동의 종합적인 결과로써 나타나는 것인데, 수익성 비율(profitability ratio)은 기업의 경영활동이 복합적으로 어떤 결과를 나타내는가를 측정하는 것이다. 수익성 비율에는 투자수익률, 매출액이익률, 자기자본이익률 등이 있다.

① **투자수익률**(Return On Investment : ROI)

순이익과 총자본과의 관계를 나타내는 비율로서, 기업의 수익성을 총칭하는 비율이다. 총자본이익률이라고도 한다.

② **매출액이익률**

순이익을 매출액으로 나눈 것으로, 매출액의 순이익이 얼마인가를 나타낸다.

③ **자기자본이익률**

순이익을 자기자본으로 나누어 자기자본에 대한 영업실적을 평가하는 비율이다.

3) 재무감사

재무감사(financial audit)란 조직 내의 재무 기록이 정확하고 기준에 맞게 적용되었는가를 내부나 외부전문가에 의해 평가하는 재무통제방식이다. 최고경영층에서는 주로 재무감사로 통제하는데, 재무감사는 내부감사와 외부감사로 구분된다.

(1) 내부감사

내부감사(internal audit)는 조직 내의 감사실이나 재무부서의 전문 스탭 등에 의해서 경영을 자체적으로 평가할 때 사용하는 통제방법이다. 내부감사의 성격은 다음과 같다.

- 재무구조의 정확성뿐만 아니라 감사의 범위를 확대하여 조직의 전반적 경영활동에 대한 감사이기 때문에 계획과 실적을 비교하는 방법으로, 수시로 업무 활동을 점검한다.
- 조직 내부의 운영 상태를 잘 알고 있는 감사요원에 의해 이루어지기 때문에 내부감사를 통하여 보다 많은 정보를 얻을 수 있다.

(2) 외부감사

외부감사(external audit)는 외부의 전문적인 기관에 의해서 이루어지며, 재무 회계와 재무제표의 독립적인 평가(감정)를 포함한다. 외부감사의 성격은 다음과 같다.

- 재무제표의 준비는 물론 조직의 실제적인 운영에 정직성을 확인하는 역할을 한다.
- 투자자를 비롯한 모든 이해관계자에게 재무제표가 정확하다는 사실을 공증하는 기능을 한다.

기업의 재무성과를 살펴볼 수 있는 대표적인 비율

- **안전성** : 조달한 자본이 어느 정도 타인자본에 의존하고 있는가를 나타내는 비율로서, 원리금 상환능력을 측정할 수 있는데, 대표적인 비율은 부채비율, 이자보상비율 등이다.
- **유동성** : 보유하고 있는 총자산 가운데 단기간에 현금으로 전환할 수 있는 자산의 비중으로서, 기업의 단기적인 채무지급능력을 살펴볼 수 있는데, 대표적인 비율은 유동비율, 당좌비율 등이다.
- **성장성** : 기업활동의 성과를 과거의 성과와 비교하는 것으로, 매출액 증가나 이익 및 자본 등이 어떤 변화를 보이고 있는지를 파악하는 것이다. 성장성을 살펴볼 수 있는 대표적인 비율은 매출액증가율, 순이익증가율, 총자산증가율, 자기자본증가율 등이다.

- **수익성** : 기업이 투자한 자본으로 얼마만큼의 이익을 창출했는지를 측정하는 비율로서, 총자본순이익률, 매출액순이익률, 자기자본순이익률 등이다.
- **활동성** : 기업이 자산을 얼마나 효율적으로 활용하고 있는가를 나타내는 비율로서, 매출액에 대한 자산의 회전율을 의미하는데, 재고자산회전율, 매출채권회전율, 고정자산회전율, 총자산회전율 등이다.
- **생산성** : 기업이 투입한 생산요소에 대한 산출량을 나타내는 비율로서, 경영활동의 효율성이나 합리성을 살펴볼 수 있는데, 노동생산성, 자본생산성 등이다.

3. 예산통제

1) 예산통제의 의의

재무적 통제기법은 주로 최고경영층이 사용하는 통제기법이지만 예산통제는 중간관리층이 주로 사용하는 통제기법이다.

예산은 경영성과를 측정하기 위해 미리 설정한 표준이라고 할 수 있는데, 계획과 통제 기능의 실행을 촉진시켜 준다. 또한 이용 가능한 자원이 계획대로 효과적인 경영활동을 수행하였는가를 검토할 수 있으며, 자원 의 생산성이나 능률향상을 위한 용도나 목표달성 과정에 대한 사후 통제수단으로도 이용된다.

예산통제(budget control)란 미래의 일정 기간에 대한 예산을 편성하고, 이에 따라 경영활동을 수행하고, 편성된 예산과 집행 결과의 차이를 분석함으로써 경영활동을 효율적으로 관리하기 위한 방법이다.

온타임, 온버짓

온타임(on time), **온버짓**(on budget) : 예산에 맞게 적시에 작업을 완료하는 능력으로서, 시간과 예산을 철저히 관리하여 계획단계에서 설정한 약속을 지킨다는 의미이다. 이 용어는 주로 건설 분야에서 많이 사용하지만 최근에는 기업에서도 자주 사용되는 용어이다.

2) 예산통제의 단계

예산통제를 유효하게 실시하기 위한 단계는 ① 예산편성, ② 예산집행, ③ 예산집행의 결과인 성과와 예산을 비교하는 예산 차이의 분석이 필요하다.

(1) 예산의 편성

예산통제의 첫 번째 단계는 예산의 편성단계인데, 예산에 의해 경영활동이 수행되기 때문에 예산편성은 가장 중요한 경영활동의 시작점이 된다. 기업의 예산은 기업 전체가 합리적인 균형이 유지되도록 편성되어야 하며, 부분 예산을 통합하는 종합적인 체계로 편성되어야 한다.

예산편성 방법은 기업의 규모나 업종 및 상황에 따라 다르지만 최근에는 제로베이스(0-base) 예산편성방법을 많이 채택한다.

제로베이스(0-base) 예산 편성

제로베이스 예산편성 : 모든 활동과 프로그램에 대한 계획과 예산을 편성할 때 일체의 과거 기록이나 기득권을 인정하지 않고, 정책의 우선순위를 엄격하게 적용함으로써 효율적으로 계획과 예산을 편성하는 방법이다.

이러한 예산의 특징은 과거의 경험이나 비용에 기초하는 예산과는 다르며 예산을 가장 효율적으로 사용할 수 있다는 장점이 있다. 제로베이스 예산편성의 효과를 극대화시키기 위해서는 정책의 우선순위, 업무의 상호관련성을 명확하게 규정하여야 한다.

(2) 예산의 집행

예산집행과 관련된 관리자는 업무활동이 계획과 예산대로 집행되는지를 확인하면서 업무를 수행해야 한다. 또한 집행상황을 회계적인 방법으로 명확히 기록・보관해야 하고, 경영자에게 정기적으로 보고할 필요가 있다.

(3) 예산 차이의 분석

예산 차이의 분석은 예산과 집행 결과를 비교・분석하여 차이가 발생한 부서, 발생원인, 책임소재를 명확히 하는 단계이다. 예산이 경영활동에 대한 미래의 계획을 수치화한 것이지만, 경영활동의 결과가 반드시 예산과 일치될 수는 없다는 점도 고려해야 한다.

예산의 계획과 집행의 결과를 분석하는 업무를 효율적으로 운영하기 위해서는 다음과 같은 사항이 요구된다.

첫째, 최고경영층의 전폭적인 지지가 중요하다.
둘째, 예산을 통제하는 담당자를 신뢰할 수 있어야 한다.
셋째, 예산편성의 기준은 반드시 객관적이어야 한다.

4. 품질통제

소비자를 만족시키는 품질을 제공하는 것은 기업이 반드시 지켜야 할 첫번째 덕목이다. 좋은 품질은 고객 만족은 물론 기업의 무형 이미지와 가치를 높이기 때문에 기업의 생존에 결정적으로 영향을 미친다. 따라서 철저한 품질통제로 소비자를 만족시킬 수 있도록 해야 한다.

일반적으로 품질(quality)은 제품의 사용 목적을 달성하기 위해 갖추어야 할 특성, 요건, 제품의 유용성을 결정하는 요소를 의미하는데, 제품의 설계, 생산, 사용의 모든 단계에서 평가된다.

최근에는 폐기 과정에서 자연을 보호하고, 오염을 극소화시킬 수 있는 품질 영역도 중요하게 평가되고 있는데, 이렇게 갈수록 품질 영역이 넓어지는 이유는 최근 강조되는 ESG경영의 영향이기도 하다.

품질통제는 제품을 가장 경제적으로 생산할 수 있도록 생산의 모든 단계에 통계적 원리와 기법을 적용시키는 통계적 품질관리(SQC : Statistical Quality Control), 전사적 품질관리(TQC : Total Quality Control), ZD프로그램, QC서클, 6시그마 경영(six-sigma program), 전사적 품질경영(TQM : Total Quality Management) 등의 기법을 많이 사용한다.

4차산업혁명기술이 모든 영역에 영향을 미치고 있는 최근에는 소비자가 만족할 수 있는 품질을 과거보다 더 효율적으로 생산·제공할 수 있다. 또한 모든 구성원과 부문들이 첨단기술을 활용하여 품질을 향상시키는 기법들을 활용하고 있으며, 품질통제의 기준도 강화되고 있다.

5. 재고통제

재고(inventory)는 경제적 가치가 있는 유휴자원(idle resource)으로서, 생산활동에 투입되기 위한 원료 및 반제품, 재공품이나 반제품 그리고 아직 팔리지 않은 완제품 등을 말한다.

재고관리(inventory management)는 기업이 보유하고 있는 재고의 양과 질이 가장 경제적으로 유지되도록 계획 · 통제하는 관리활동이다.

재고통제의 목적은 재고자산에 대한 최적 수준을 결정 · 유지하는 것이며, 재고통제 기법은 자재소요계획, 경제적주문량모형, JIT기법 등을 꼽을 수 있다.

(1) 자재소요계획

자재소요계획(MRP : Material Requirement Planning)은 기본생산계획을 통하여 제품을 생산하는데 필요한 부품의 종류, 수량, 납기, 발주 일자 등의 계획을 수립하는 것이다.

자재소요계획의 목적은 생산에 필요한 부품, 원자재 등의 재고를 최적으로 관리함으로써 생산의 효율성을 증가시키고, 고객서비스의 질을 향상시키며, 재고비용을 줄이고자 하는 것이다. 따라서 자재소요계획의 철저한 통제가 필요하다.

(2) 경제적주문량모형

경제적주문량모형(EOQ : Economic Order Quantity)은 재고유지비용과 발주비용의 합을 최소화하는 주문량을 결정하는 모형으로, 경제적주문량은 주문비용과 단위당 재고유지비의 합계가 가장 낮은 주문량을 말한다.

경제적주문량은 재고비용을 최소화할 수 있는 통제의 기준이 된다.

(3) JIT 시스템

JIT시스템(Just-In-Time system)은 필요한 부품과 수량을 필요한 시기에 제공함으로써, 불필요한 낭비 요소를 제거하고자 하는 재고관리 방식으로, 일본의 토요타(Toyota Motor Corporation)에 의해 개발된 기법이다. 일명 '0재고 시스템(0-inventory system)'이라고 한다.

JIT의 궁극적인 목적은 재고를 최소화하여, 원가를 절감하고, 품질향상을 꾀하는 것이 핵심이기 때문에 재고관리자는 생산에 필요한 투입 요소가 작업 현장에 정확하게 도달되도록 모든 요인에 의해 발생할 수 있는 변동을 최소화 시켜야 한다.

JIT시스템을 적용하였을 때 기대되는 장점은 부품이나 설비가 항상 완벽하게 작동되도록 유지하기 때문에 높은 생산성을 기대할 수 있으며, 높은 품질로 시장의 변화에 신속하게 반응할 수 있다는 점이다.

JIT시스템은 재고수준을 극소화시킬 수 있는 통제의 기준이 된다.

6. 생산통제

수요예측에 의해 제품에 대한 예상 수요가 결정되면 이에 따라 전체적인 생산계획을 수립해야 한다. 생산계획은 총괄생산계획과 일정계획으로 나눌 수 있다.

(1) 총괄생산계획

생산통제는 총괄생산계획(aggregate planning)에 따라 모든 제품에 대한 생산계획을 통제하는 것으로, 연간계획이나 3개월에서 1년 정도의 생산계획을 의미한다. 총괄생산계획을 수립할 때는 조업도, 작업인력, 재고수준 등에 대한 검토를 동시에 해야 한다.

최근에는 4차산업혁명의 기술을 동원하여 생산과 관련된 모든 계획을 더욱 치밀하게 수립한다.

총괄생산계획에 사용되는 기법은 선형결정모형(Linear Decision Rule: LDR), 휴리스틱기법(Heuristic Technique), 탐색결정기법(Search Decision Rule) 등이 있다.

- **선형결정모형** : 생산계획기간 내에 최적생산율 및 작업자의 수를 결정하는데 사용되는 결정규칙이나 선형방정식을 도출하는 기법
- **휴리스틱 기법** : 점차적으로 해결방안을 모색해 가면서 해결책에 접근하는 방법

▸ **탐색결정기법** : 컴퓨터를 이용하여 총괄적인 생산계획문제를 해결하는 방법으로, 상황이 복잡하여 수학적 기법을 적용할 수 없을 때 사용

(2) 일정계획

일정계획(scheduling)은 원재료의 투입부터 제품을 완성하기까지 수행되는 모든 작업을 기계 · 작업자에게 할당하고, 각 작업이 수행되는 시기를 결정하는 것을 말한다.

일정계획이 작성되려면 제품생산에 필요한 모든 작업의 내용과 작업순서 및 작업을 수행하는데 소요되는 시간 등이 사전에 결정되어야 한다.

7. 정보통제

정보통신기술(ICT) 및 4차산업혁명기술을 이용한 정보시스템을 이용하여 기업활동에 필요한 여러 가지 정보를 수집 · 가공 · 처리하여 경영자의 의사결정이나 문제해결에 도움이 되는 정보를 제공함으로써, 통제활동을 과거보다 더 정확하게 실시간으로 확보할 수 있다.

오늘날 기업에서는 정보를 가장 중요한 자원 중에 하나로 인식하고, 모든 경영관리 활동을 통제하기 위해 노력하고 있다.

특히 빅데이터, 인공지능, 5G 등을 통합한 정보시스템으로 모든 경영 활동을 통제하고 있다.

정보시스템은 경영계층에 따라 여러 가지로 분류할 수 있는데, 최고경영층의 전략과 각종 장기의사결정과 같은 경영활동에 필요한 정보를 제공하는 중역정보시스템(EIS : Executive Information System), 중간관리층의 경영관리업무를 지원하는 경영정보시스템(MIS : Management Information System), 일선업무를 수행하는 하위관리층이 이용하는 거래처리시스템(TPS : Transaction Processing System) 등이 있다.

제 5 부
경영전략

5부에서는 기업의 경영전략을 설명하였다.

13장에서는 갈수록 불확실성과 위험성이 커져가고 있는 경영환경에서 기업이 미래에 대비하기 위해 수립하는 경영전략의 내용을 살펴보았다.

특히 최근과 같이 경쟁이 치열해지고 있는 경영환경에서 기업이 지속적으로 성장하기 위해서는 경영전략의 중요성이 갈수록 강조되고 있다.

그러나 경영전략이 아무리 잘 수립되었다 하더라도 이는 미래의 성공 가능성을 의미하는 것이지 성공을 보장하는 것은 아니다.

본 장에서는 경영전략의 정의, 속성, 전략의 유형을 여러 가지 기준으로 구분하여 설명하였다.

제13장 경영전략

제1절

경영전략의 개념

오늘날 기업을 둘러싸고 있는 국내 · 외 경영환경은 갈수록 위험성이 높고, 변화가 빠르며, 미래를 예측할 수 없는 불확실성을 가지고 있다. 특히 첨단화되어 가는 정보통신기술(ICT)과 4차산업혁명기술의 발전, 치열해지는 경쟁, 소비자의 다양한 요구와 가치관, ESG경영의 요구 등으로 과거 어느 때보다 기업활동이 어려워지고 있기 때문에 기업이 나갈 미래의 계획을 수립하는 경영전략이 더욱 더 중요해지고 있다.

특히 기업이 성장 · 발전하기 위해서는 경영전략이 시대에 맞게 변하는 유연성을 가져야 한다는 점도 중요하다. 왜냐하면 조직의 구성원, 고객, 모든 이해관계자들이 시시각각 변하고 있기 때문이다.

기업이 이같이 급변하는 경영환경에 능동적으로 대응하기 위해서는 더 철저하고, 체계적으로 경영전략을 수립하여, 높은 경쟁력을 발휘해야 함은 물론 궁극적으로 기업의 지속적인 성장을 가능하게 하는 이윤의 극대화를 꾀하여야 한다.

1. 경영전략의 정의

경영전략(business strategy)이란 자원을 최적으로 안배하는 기업의 미래계획이다. 또한 기업이 나아갈 방향이며, 기업의 성공과 실패를 결정하는 중요한 요소 중 하나이기 때문에 그 중요성이 더욱 강조되고 있다.

앤소프(H. I. Ansoff : 1918~2002)는 "경영전략이란 경영목적을 달성하기 위한 의사결정 룰(decision rule)"이라고 정의를 내렸으며, 챈들러(A. D. Chandler : 1918~2007)는 "기업의 기본적인 장기목표 및 목적을 결정하고, 목표를 달성하는데 필요한 활동 방향과 여러 자원을 배분하는 것"이라고 하였다.

따라서 경영전략이란 미래의 계획이며 경영환경에 적응하는 방식과 지침, 경영목표 달성을 위한 의사결정의 지침으로서, 기업이 지속적으로 유지 · 발전할 수 있도록 미래의 방향을 결정해 준다.

2. 경영전략의 속성

기업의 나아갈 방향과 장기적인 목표를 결정하는 경영전략은 최근과 같이 급변하는 경영환경에서 중요성이 커지고 있는데, 이를 잘 활용하려면 전략이 가지고 있는 다음과 같은 속성을 이해할 필요가 있다.

① 기업이 보유하고 있는 모든 자원을 최적으로 안배하여 가장 높은 경쟁력을 발휘할 수 있는 지침이다.
② 기업의 전체적인 유효성(effectiveness)을 극대화시킬 수 있다.
③ 전술이 추진해야 할 방향을 제시하기 때문에 효율을 극대화시켜 준다.
④ 급변하는 경영환경에 유연하게 적응할 수 있는 방향을 제시해 준다.
⑤ 기업이 나갈 방향을 공유할 수 있기 때문에 모든 구성원의 적극적인 참여와 협력을 유도할 수 있다.

제2절

경영전략의 수준과 유형

경영전략은 기업의 규모, 업종에 따라 다양한 유형으로 구분할 수 있으나 일반적으로 기업전략 · 사업전략 · 기능별 전략으로 구분할 수 있으며, 각각의 유형은 [그림 13-1]과 같다.

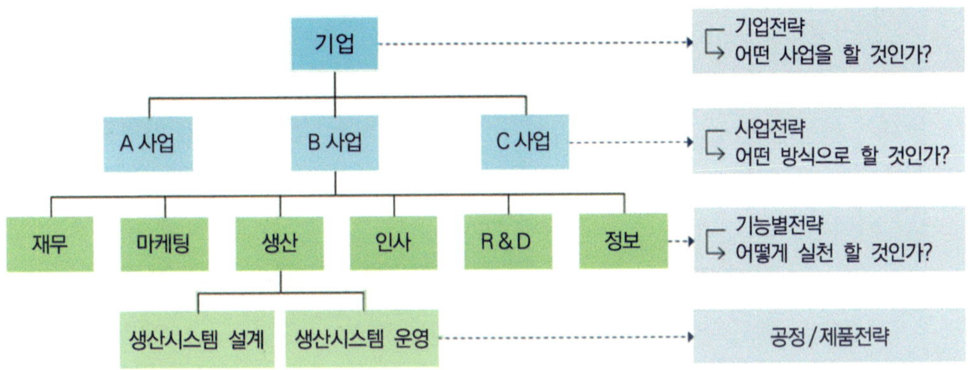

그림 13-1. 경영전략의 유형

1. 기업전략

기업전략(corporate strategy)은 기업이 나갈 방향을 설정하는 가장 상위의 경영전략이다.

기업전략의 일반적인 예는 다음과 같다.

- 어떤 사업에 참여하고, 어떤 사업을 철수시켜야 하는가?
- 우리 기업은 어떤 고객을 목표로 삼아야 하는가?

- 어떤 새로운 기술을 사용해야 할 것인가?
- 경영활동의 범위를 어떻게 설정할 것인가?
- 경영활동에 소요되는 인적・물적・재화적 자원을 어떻게 조달하고 배분할 것인가? 등이다.

글뤽(W. F. Glueck : 1934~)은 기업전략을 성장전략, 안정전략, 축소전략, 혼합전략의 네 가지 유형으로 분류하였다.

1) 성장전략

성장전략(growth strategy)은 기업의 규모, 생산량의 크기를 증대시키고 현재의 영업 범위를 확대하는 공격적 전략(aggressive strategy)을 의미하는데, 기업의 지속 가능한 성장과 발전을 위해서 기업이 보유한 경영자원을 최적 결합하여 강점을 발휘할 수 있어야 한다.

기업이 성장전략을 추구하여 매출과 시장점유율을 극대화하기 위해서는 공격적인 기업활동의 전개, 새로운 제품이나 서비스의 개발을 통한 다각화, 합병과 인수(M&A : Mergers and Acquisition), 조인트 벤처(joint venture), 해외시장 확장 등의 방법을 활용할 수 있다.

2) 안정전략

안정전략(stability strategy)은 큰 변화를 추구하지 않고 현상을 유지하는 전략이다. 즉 기업이 현재와 동일한 제품이나 서비스를 공급하고 기존의 시장을 유지하는 전략으로, 다른 사업으로 확장하는 위험부담을 회피하는 전략이다.

안정전략은 기업이 현재의 사업에 만족하고 있으며, 환경의 변화가 예상되지 않는 경우에 선호되며, 성장이나 축소가 진행된 이후 일정 기간 기존의 경쟁력을 유지하고자 할 때 많이 사용한다.

3) 축소전략

축소전략(retrenchment strategy)은 일명 방어적 전략(defensive strategy)이라고도 하며, 성장전략과 반대되는 전략으로서, 경영환경이 불확실한 경우에 많이 활용한다.

이 전략은 경영 규모나 다양성을 축소하거나 비용을 절감하는 방법으로 능률과 성과를 높이고자 한다.

축소전략은 다음과 같은 몇 가지 유형이 있다. ① 비용 절감을 위해 다운사이징(downsizing)을 하는 유형, ② 효율을 높이기 위해 구조조정(restructuring)을 하는 유형, ③ 핵심역량(core competence)에 전념하기 위해 사업의 일부분을 매각하는 유형, ③ 사업의 전부를 매각하거나 파산선고를 통해 사업에서 완전히 손을 떼는 유형 등이다.

4) 복합전략

복합전략(combination strategy)이란 두 개 이상의 전략을 동시에 추구하는 것으로, 예를 들면 성장전략과 축소전략을 동시에 추구하거나 원가우위 전략과 차별화 전략을 동시에 추구하는 경우를 말한다.

최근과 같이 경쟁이 치열하고, 불확실성이 크며, 급변하는 경영환경에서는 대부분의 기업이 복합전략을 활용한다.

하이랜드 커피의 복합전략

베트남을 대표하는 커피 브랜드 중 하나인 하이랜드 커피(Highlands Coffee)는 2002년 하노이에 2개의 매장으로 시작한 후 약 300개 이상의 매장(2020년 기준)으로 성장하였다.
하이랜드 커피의 성장 비결은 다음과 같이 요약된다.

① 젊은 층과 학생을 목표시장으로 설정하였다.
② 매장의 인테리어나 메뉴를 통일시켰다.
③ 고객이 오랫동안 편하게 머무를 수 있도록 매장을 크고 편안하게 만들었다.

④ 커피뿐만 아니라 베트남 대표 음식인 반미(bánh mì)를 메뉴에 포함시켜 음료와 음식을 동시에 즐길 수 있게 하였으며, 카페인을 기피하는 고객을 위해서 다양한 과일맛 차를 개발하였다.

⑤ ①~④와 같은 차별화를 꾀하면서, 가격은 낮게 설정하였다.

일반적으로 차별화 전략은 가격을 높게 설정하지만, 하이랜드는 차별화 전략을 꾀하면서 가격을 낮추는 원가우위전략을 동시에 추구하는 복합전략으로 성공한 예이다.

2. 사업전략

사업전략(business strategy)은 기업전략의 하위전략으로, 특정 사업영역에서 어떤 방법으로 경쟁할 것인가? 를 결정하는 전략이다.

사업전략의 예는 다음과 같다.

- 경쟁사보다 낮은 가격으로 경쟁할 것인지?
- 독특하고 차별적인 요소를 이용하여 경쟁할 것인지?
- 전체시장이 아닌 특정 지역에서 경쟁할 것인지? 등이다.

사업전략은 마이클 포터(M. E. Porter : 1947~)교수가 주장한 본원적 경쟁전략(generic strategy)이 대표적인데, 원가우위전략, 차별화 전략, 집중화 전략이 있다.

1) 원가우위전략

원가우위전략(cost leadership strategy)이란 경쟁사보다 낮은 가격으로 시장에 진출하는 전략이다. 낮은 가격을 충족시키기 위해서는 낮은 원가를 실현해야 하는데, 규모의 경제 개념 활용, 부품의 규격화·표준화를 통한 높은 생산효율과 생산성, 원자재의 대량구매, 대량생산, 모든 직·간접비의 절감, 모든 기업활동을 저비용구조로 전환하는 방법 등을 활용하여 경쟁기업보다 낮은 원가를 실현시켜야 한다.

하지만 원가우위전략은 다음과 같은 위험요인에 노출되는 경우 그 의미를 상실한다.

첫째, 이미 구축한 생산방식이나 노하우가 기술상의 변화로 무력화되는 경우, 한순간에 원가우위의 장점이 소멸될 수 있다.

둘째, 신규진출기업이나 추종기업이 모방이나 최신설비 도입을 통해 더 낮은 가격을 실현하는 경우 원가우위의 이점이 소멸될 수 있다.

셋째, 원가를 낮추는 방법에만 집중한 나머지 차별적인 요소를 지나치게 소홀하면, 다양화를 원하는 소비자로부터 외면당할 수 있다.

넷째, 경쟁기업들의 차별적인 경쟁우위요소를 상쇄시킬 수 있는 가격 상의 만족을 주지 못하면 의미를 상실할 수 있다.

원가우위전략

원가우위전략이 성공하기 위해서는 경쟁제품보다 낮은 가격으로 제품과 서비스를 공급할 수 있어야 한다. 이를 위해서는 생산성 향상과 규모의 경제를 실현시킬 수 있는 생산설비의 구축, 기업의 모든 직·간접비(인건비, 재고비, 창고비, 물류비, 일반 관리비 등) 절감 등으로 비용을 극소화시켜야 한다.

원가우위전략을 추구하는 기업의 예는 무수히 많다. 예를 들면 중국의 많은 제조기업, 세계적인 대형 유통회사(월마트, 코스트코, 이케아, 샤오미 등), 저가 항공사 등 모든 업종과 분야에서 찾아볼 수 있다.

2) 차별화 전략

차별화 전략(differentiation strategy)이란 경쟁사보다 더 우수하고 독특한 경쟁우위요소[예를 들면 디자인, 품질, 납기, 서비스, 브랜드 이미지, 고기능성(specialty) 등]로 시장에 진출하는 전략이다.

차별화 전략의 장기적인 효율성은 경쟁자들이 얼마나 쉽게 기업이 제공하는 독특한 가치를 모방할 수 있느냐에 달려 있다. 왜냐하면 경쟁자가 기업의 차별적인 가치를 모방한다면 더 이상 효과적인 차별화 수단이 아니기 때문이다.

차별화 전략을 추구하는 경우에도 원가는 역시 무시할 수 없는 요인이지만, 그렇다고 원가우위전략처럼 원가만을 우선적인 전략목표로 삼지는 않는다.

일반적으로 차별화 전략을 추구하는 기업들은 연구개발이나 제품디자인, 양질의 원자재 사용, 고객들의 선호를 유도하기 위한 광고 및 판매촉진 활동의 강화 등을 위해 경쟁회사보다 더 많은 투자와 노력이 필요하다.

차별화 전략은 고객이 더 비싼 가격을 지불하고서라도 그 제품이 구매할 만한 가치가 있을 때 성공할 수 있다.

그러나 차별화 전략을 위해 너무 많은 원가가 들어가면 제품가격이 지나치게 비싸져 차별화의 장점을 상쇄시킬 수 있기 때문에 차별화 전략도 원가절감에 신경을 써야 한다.

자동차의 차별화

차별화 전략은 모든 산업에서 흔히 볼 수 있으며, 자동차산업도 예외가 아니다. 대부분의 자동차 제조업체는 차별적으로 어필할 수 있는 자사만의 가치를 부각시키는 이미지를 갖고 있다. 예를 들면 혁신적인 디자인의 BMW, 잔 고장이 적고 수명이 긴 탁월한 품질의 토요타(Toyota), 고전적인 디자인과 브랜드 이미지를 갖춘 벤츠(Mercedes-Benz), 기술선도자의 혼다(Honda) 등이다.

전기차 시대를 맞이한 최근에도 이렇게 차별화된 이미지가 이어갈지는 두고 보아야 한다. 자동차 시장에서 전기차는 배터리의 수명, 충전시장, 재활용 여부 등을 차별화의 요소로 보고 있다.

차별화 전략은 산업 내에서 평균 이상의 수익을 올릴 수 있다고 하지만, 다음과 같은 위험부담도 있다.

첫째, 비용우위를 달성한 경쟁기업과 차별화를 달성한 기업 간의 비용 격차가 너무 큰 경우, 구매자는 차별화로 제공되는 제품의 특성, 서비스, 이미지를 포기할 수 있다.

둘째, 차별화 속에 내포된 독특한 요소에 대한 소비자의 피로도(fatigue)가 차별화 전략을 무력하게 만들 수도 있다.

셋째, 경쟁기업이 차별화 요소를 쉽게 모방하는 경우, 차별화의 가치가 희박해질 수 있다. 이러한 현상은 제품수명주기의 성숙기에서 흔히 볼 수 있다.

넷째, 차별화 전략에서 추구하는 차별적인 요소는 시간이 흐르면서 경쟁사에 의해 동질화되어가기 때문에 차별화의 요소를 오랫동안 지속하기 어렵다.

3) 집중화 전략

집중화 전략(focus strategy)은 특정 구매자집단이나 지역적으로 한정된 특정 시장을 원가우위나 차별화로 집중 공략하는 전략이다. 원가우위전략이나 차별화 전략이 광범위한 전체시장을 대상으로 하는 데 반해, 집중화 전략은 특정한 고객이나 시장에서 경쟁우위를 확보하는 전략이다.

집중화 전략에는 다음과 같은 두 가지 유형이 있다.

- **차별적 집중화(differentiation focus) 전략** : 차별적인 요소를 이용하여 세분된 시장을 공략하는 전략
- **원가 집중화(cost focus) 전략** : 세분된 시장에서 원가 상의 우위를 달성하는 전략

집중화 전략을 추구할 때는 다음과 같은 위험요인에 주의해야 한다.

첫째, 원가 집중화를 추구하는 기업과 원가우위전략을 추구하는 기업의 가격 차이가 크지 않으면 집중화의 차별성이 무의미해질 수 있다.

둘째, 세분화된 차별적 요소와 전체시장에서 유행하는 요소 간에 차별성이 없다면 전체시장을 상대하는 기업들이 세분시장을 쉽게 공략할 수 있다.

셋째, 전체시장을 대상으로 하는 기업이 집중화 전략을 취하는 기업을 전략적으로 공략하는 경우 대응력이 약하다.

본원적 전략을 제시한 마이클 포터는 차별화 전략이나 원가우위전략을 확실하게 추구하는 기업이 성공할 수 있다고 주장하면서, 이것도 저것도 아닌 어중간한 위치(stuck in the middle)의 전략은 실패할 가능성이 높다고 하였다([그림 13-2] 참조).

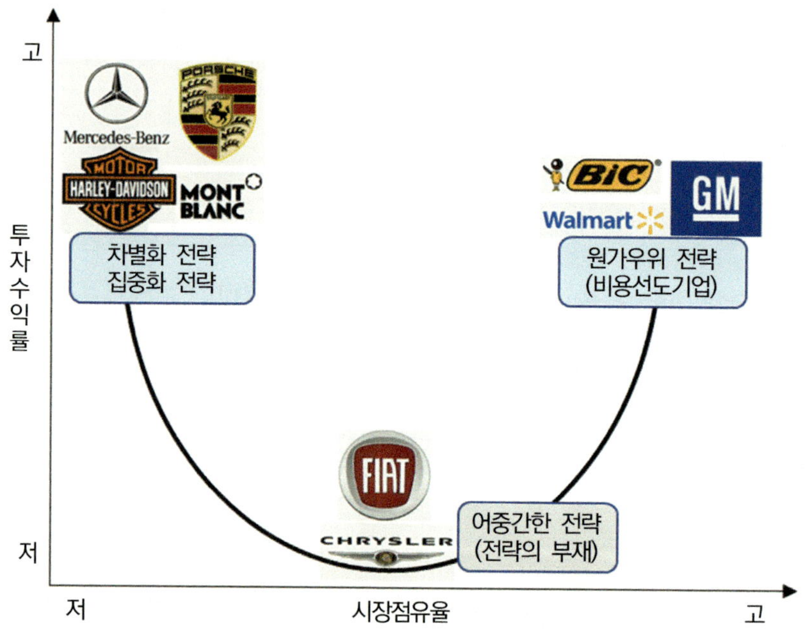

그림 13-2. 마이클 포터의 본원적 경쟁전략

3. 기능별 전략

기능별 전략(functional strategy)은 기업전략과 사업전략을 달성하기 위한 하위전략으로, 생산 · 마케팅 · 재무 · 인사조직 · 연구개발 등의 부문 전략을 말한다. 기능별 전략은 기업전략과 사업전략을 수행하는 과정에서 자금과 인력 등의 배분과 기능별 활동을 조정함으로써 기업의 목표 달성에 중요한 역할을 한다.

따라서 기능별 전략은 엄밀한 의미에서 전략계획이라는 개념보다 전술계획의 성격을 갖는다고 볼 수 있다.

기업전략과 사업전략에서 설정한 목표를 달성하기 위해서 인사 · 생산 · 마케팅 · 재무 · 연구개발(R&D) 등의 부문에서 행하는 기능별 전략의 간단한 내용은 다음과 같다.

1) 인적자원 전략

기업활동의 성공 여부를 결정하는 핵심요소는 인적자원이기 때문에 필요한 인적자원의 채용, 교육 · 훈련, 배치, 인사고과 등은 조직을 효율적으로 운용하는데 매우 중요하다.

특히 창의성과 독창성이 강조되는 최근의 경영환경에서는 자유로운 의사소통을 통하여 인적자원의 사기를 높일 수 있도록 인적자원 전략을 수립하여야 한다.

인적자원 전략의 내용을 단계별로 구분해 보면, 채용 단계에서는 조직에서 꼭 필요한 사람을 선발해야 하며, 교육 · 훈련 단계에서는 업무수행에 필요한 지식을 지속적으로 제공하여야 하고, 배치 단계에서는 가장 일을 잘 할 수 있는 부서에 배치해야 한다.

또한 인적자원 전략은 인적자원의 사기, 동기부여 등을 통하여 창의적이고 자발적인 행동을 유인해야 하며, 기업의 성장과 발전에 적합한 경영자의 양성 계획도 포함해야 한다.

교육 · 훈련의 내용

기술의 발전 속도가 빠른 경영환경에서는 교육 · 훈련의 중요성이 한층 강조되고 있다. 발전하는 기술을 활용하여 업무의 능률을 올려야 하기 때문이다.

* 교육(education) : 업무와 관련된 지식을 전달하는 과정으로, 주로 관리직에 사용하는 용어이다.

* 훈련(training) : 반복적인 연습을 통하여 기능을 습득시키는 과정으로, 주로 작업자에 사용하는 용어이다.

교육·훈련의 내용도 과거에는 업무나 직무의 처리 방법이나 내용을 습득·전달하는 것이었다면 최근에는 디지털기술교육이 주류를 이루는데, 4차산업기술을 업무와 연결하고 활용하는 방법, 비대면 근무에 적합한 가상 공간에서의 협업 방식, 도덕·윤리 교육, 인간관계 능력 향상 방법 등 그 방법이나 내용이 고도화되고 있다.

이 같은 교육·훈련이 적시에 이루어지지 않으면 다양해지는 경영환경에서 기술의 발전을 업무에 활용할 수 없기 때문에 결국 능률이나 생산성이 낮아질 수 밖에 없다.

2) 생산전략

생산전략은 기업이 생산하는 제품이나 서비스가 우수한 경쟁력을 갖도록 하는 모든 계획이다. 생산전략의 목표는 소비자 만족을 극대화시키는 제품이나 서비스를 낮은 가격에 생산하여 원하는 시기에 공급하는 것인데, 원자재의 투입, 변환, 산출의 모든 과정을 포함한다.

좀 더 구체적으로 살펴보면, 제품과 서비스의 설계, 원·부자재 구매 방법, 설비의 선정, 공장입지의 결정, 자동화 정책, 품질 정책 등을 가장 합리적으로 운영하기 위한 전략을 말한다.

특히 생산전략은 마케팅전략과 긴밀한 정보 교류를 통하여 효과를 극대화해야 하는데, 마케팅 영역이 소비자에 관한 정보를 가장 정확하게 보유하고 있기 때문이다.

만약 생산전략을 수행하는 과정에서 여러 의사결정이 트레이드오프(treadoff) 관계에 있을 때는 기업이 설정한 우선순위(priority)에 따라 결정하여야 한다. 예를 들면 마케팅전략이 고급화·차별화를 강조하고, 생산전략은 원가를 중시하여 서로 의견이 대립하는 경우, 사업전략이 낮은 가격으로 시장에 진출하는 원가우위전략으로 설정된 경우라면 생산전략이 채택되어야 한다.

상충관계에서의 우선순위

상충관계(tradeoff relation)란 의사결정을 해야 할 대안이 두 개 있을 때, 하나를 선택하면 다른 한 개의 결과나 성과는 희생되어야 한다는 것을 말한다.

대부분의 의사결정은 상충관계로 고민하게 되는데, 예를 들면 고객에게 더 나은 품질을 제공하기 위해서 비용을 더 지불해야 하고, 납기를 단축하기 위해서 비용을 더 지불해야 하며, 환경을 보호하기 위해서 더 많은 비용을 지불해야 하는 경우 등이다.

이러한 경우에 회사전략의 우선순위(priority)가 ESG경영의 친환경을 가장 우선하는 경우라면, 아무리 비용이 많이 들더라도 환경을 보호하는 전략을 택해야 하며, 품질로 차별화 전략을 추구하는 경우는 원가나 비용이 높아지더라도 품질을 선택해야 한다.

3) 마케팅전략

마케팅전략은 기업의 전략적 목표 중 하나인 매출 극대화를 달성하기 위하여 적절한 가격을 선택하고, 제품의 유통경로를 개선하며, 고객이 만족할 수 있는 서비스 제공하고, 고객충성도를 높일 수 있는 판매촉진을 강화하는 등에 관한 광범위한 전략이다.

일반적으로 STP(Segmentation, Targeting, Positioning), 4P(Product, Price, Place, Promotion), 4C(Consumer, Cost, Convenience, Communication) 등이 마케팅전략에서 중요하게 다루어지는 요소들이다.

마케팅전략의 핵심

마케팅전략의 핵심은 철저한 대내・외 환경 분석을 토대로 생산하는 제품・서비스를 누구에게, 어디에서, 얼마의 가격으로, 어떻게 팔 것인지를 결정하는 것이다.

경쟁력 있는 마케팅전략을 수립하기 위해서는 환경(경제, 사회, 문화, 정치 등) 분석과 함께 고객의 가치관 변화 추이, 경쟁자(제품) 분석, 기술의 변화 추세 등을 철저히 연구하여야 한다.

4) 재무전략

재무전략은 기업활동에 필요한 자본의 조달·운용에 관한 내용이 핵심으로, 최적의 재무구조를 결정하고 자본의 투자수익을 극대화하는데 초점을 맞춘다.

적합한 자본구조를 결정하기 위해서는 기업활동에 필요한 자본을 가장 저렴한 비용으로 어떻게 조달할 것인가를 결정하고, 자산을 어떤 수준에서 관리하며, 배당과 내부유보의 비중을 어떤 수준으로 결정할 것인가를 기업의 장기경영전략에 맞추어 결정해야 한다.

재무전략의 핵심

재무전략의 핵심은 자금과 관련된 모든 의사결정을 포함하는데, 크게 자금의 조달과 운용으로 나눌 수 있다.

* **자금의 조달** : 기업활동에 필요한 자금을 어디에서, 어떻게 조달할 것인가?에 관한 의사결정이다.
* **자금의 운용** : 조달된 자금을 가장 경제적·합리적으로 운용하여 이익을 극대화할 수 있는 의사결정이다.

5) 연구개발 전략

연구개발(R&D)이란 제품과 서비스를 생산할 수 있는 새로운 기술 및 생산방법 등을 개발하기 위해 투자하는 모든 활동을 말한다. 4차산업혁명시대의 급변하는 경영 및 기술환경에서는 연구개발의 중요성이 더욱 강조되고 있기 때문에 연구개발에 대한 투자에 적극적이어야 한다.

연구개발의 유형에는 다음과 같은 몇 가지가 있다.

- **혁신적 연구개발** : 신제품 개발에 중점을 두는 연구개발
- **방어적 연구개발** : 산업 내에서 기업이 확보하고 있는 현재의 위치를 유지하기 위하여 기존 제품이나 기술을 개선하는 연구개발
- **모방적 연구개발** : 경쟁기업의 우수한 기술이나 제품을 분석하여, 자사가 배워야 할 장점을 모방하는 연구개발

▸ **복합적 연구개발** : 여러 가지 주제를 동시에 추구하는 연구개발

혁신

기업에서 가장 많이 쓰는 용어 중 하나가 **혁신(innovation)**이다. 기업이 지속적으로 성장하기 위해서는 모든 영역에서 혁신을 꾀해야 하기 때문이다.

혁신의 사전적 의미는 '현상 유지의 반대 개념' 혹은 '기존의 모든 것(방법, 조직, 관습 등)을 개선하는 것'이지만, 경영학에서 혁신의 의미는 '고객을 더 편하게 하는 것', '더 저렴하게 제품이나 서비스를 만드는 것', '새로운 가치를 창출하는 것', '고객의 불편을 제거하는 것'으로 이해한다.

혁신의 유형은 다양하지만 다음과 같은 유형이 대표적이다.

* **창조적 혁신(creative innovation)** : 지금까지 없었던 독창적이고 새로운 아이디어를 바탕으로 하는 혁신
* **파괴적 혁신(disruptive innovation)** : 정상(1위)의 제품을 더 싸고 단순하게 만들어서 시장을 지배하는 혁신
* **존속적 혁신(sustaining innovation)** : 기존의 제품을 지속적으로 개선하여 더 높은 가치를 제공하는 혁신
* **모방적 혁신(imitative innovation)** : '모든 혁신은 모방을 바탕으로 한다'라는데 기초하여, 남으로부터 아이디어를 벤치마킹하여 행하는 혁신
* **코스토베이션(costovation : cost+innovation)** : 고객 만족의 수준은 그대로 유지하면서 비용을 최소화하는 혁신
* **관리혁신(management innovation)** : '최고의 혁신은 사람의 일하는 방식을 바꾸는 관리혁신'이라는데 바탕을 두고, 창조적인 능력을 발휘하도록 기업문화, 가치관, 업무 스타일을 새롭게 조성하는 혁신

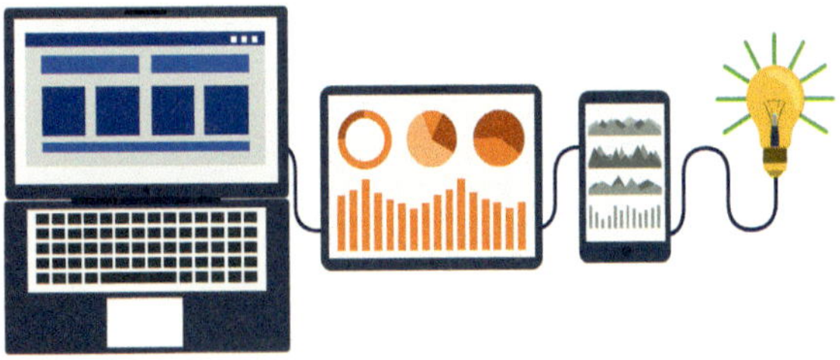

혁신이 성공하기 위해서는 다음과 같은 조건이 전제되어야 하는데, ① 위험(risk) 감수, ② CEO의 강력한 혁신 리더십, ③ 실패를 용인해 주는 기업문화, ④ 수평적인 조직 문화를 바탕으로 하는 팀웍, ⑤ 순혈주의(NIH : Not Invented Here)보다는 외부의 다양한 자원을 활용하는 집단지성(collective intelligence)의 활용 등이다.

※ 20세기 후반의 혁신가인 빌 게이츠(Bill Gates : 1955~)는 마이크로소프트 도스와 윈도우 등 범용 운영체제(OS)를 개발하여 정보기술(IT)혁명을 주도했고, 스티브 잡스(Steve Jobs : 1955~2011)는 애플의 아이폰과 아이패드를 출시하였으며, 21세기 초반의 혁신가인 일론 머스크(Elon Musk : 1971~)는 테슬라 전기차, 스페이스X, 우주선 재활용 등의 개발로 4차산업혁명을 주도한 혁신가로 평가받고 있다.

참고문헌 / 찾아보기

국내문헌

강승완 외, 경영학으로의 초대, 한경사, 2020.
길종구, 경영의사결정론(제2판), 탑북스, 2018.
김대수 외 5인, 경영학으로의 초대, 박영사, 2018.
김대식, 인간과 기계, 도서출판 동아시아, 2018.
김성국, 조직행동의 이해, 탑북스, 2018.
김세중, 경영학원론, 무역경영사, 2007.
김수욱 외, 공급사슬관리(제5판), 한경사, 2020.
노형봉, 서비스 경영, 한경사, 2020.
박상범, 전략경영(제3판), 탑북스, 2019.
박상범, 중소기업경영론(제2판), 탑북스, 2018.
박세홍 외 4인, 새경영학원론, 청목출판사, 2008.
신유근, 경영학원론, 다산출판사, 2009.
유필화 외 4인, 디지털 시대의 경영학, 박영사, 2008.
이범희, 4차산업혁명시대의 기술경영, 탑북스, 2018.
이종영, 기업윤리, 탑북스, 2011.
장영광 · 정기만, 생활속의 경영학, 신영사, 2018.

국외문헌

Brown, T. J., Suter, T., & Churchill, G. A., *Basic Marketing Research: Customer Insights and Managerial Action.*, 9th ed., Cengage, 2020.

Daft R. L., *The Leadership Experience*, 6th ed., Cengage, 2017.

Daft R. L., & Marcic D., *Management: the New Workplace*, 8th ed, South-Western, Cengage Learning, 2013.

Drucker, P.F., *Management Tasks, Responsibilities, Practices*, New York, Harper & Row, 1973.

Ferrell, O. C., Geoffrey. Hirt, Linda Ferrell, *Business Foundations : A Changing World,* McGraw-Hilll, 2020.

Hitt. M. A., Black. J. S., & Porter. L. W., *Management*, 3rd ed., Pearson Education, Inc., publishing as Prentice Hall, 2012.

Jones, G. R., George, J. M. & Hill, C. W. L. *Contemporary Management*, 2nd ed., McGraw-Hill, 2000.

Kathryn, M. Bartol and David C. Martin, *Management*, McGraw- Hill, Inc., 1991.

Kelly, M., & Williams, C., *BUSN: Introduction to Business.*, 11th ed., Cengage, 2021.

Kinicki, A., & Williams B. K., *Management : A Practical Introduction*, 9th ed., McGraw- Hill Education, 2020.

Koontz, H., C. O'Donnell & H. Weihrich, *Management*, McGraw-Hill, International Book Co., 7th ed., 1982.

Koontz, H., C. O'Donnell & H. Weihrich, *Management*, 8th ed., McGraw-Hill, 1984.

Locker, K., & Kienzler, D., *Business and Administrative Communication.*, 11th ed., McGraw-Hill, 2015.

Lussier, R. N., & Hendon, J. R., *Human Resource Management: Functions, Applications, and Skill Development*, 3rd ed., Saga, 2019.

Noe, R., Hollenbeck, J., Gerhart, B., & Wright, P., *Fundamentals of Human Resource Management*, 8th ed., McGraw-Hill, 2020.

Shavinia, L. V., *The international Handbook of Innovation*, Oxford, UK : Elservier Science, 2000.

찾아보기

ㄱ

ㄴ

ㄷ

ㄹ

ㅁ

ㅂ

ㅎ

대표 저자

박지연(朴智蓮)

Krannert School of Management, Purdue University
서울대학교 대학원 경영학 석사(인사·조직전공)
SMI전략경영연구소 선임연구원

쉽고 재미있는 **경영학**

저자와의
협의하에
인지생략

저자 | SMI전략경영연구소
발행인 | 도서출판 **탑 북 스**
조판 | 해인

초판 인쇄 | 2023년 2월 10일
초판 발행 | 2023년 2월 17일

등록 | 2009.12.21. 제2016-000101호
주소 | 서울특별시 영등포구 선유로3길 10, 617호
전화 | 02-365-2223
팩스 | 02-365-2224
홈페이지 | topbooks@topbooks.co.kr
정가 | 25,000
ISBN | ISBN 979-11-90247-68-9-93320

쉽고 재미있는 **경영학**

SMI전략경영연구소

93320

9 791190 247689

ISBN 979-11-90247-68-9